W0187942

Ausgeschieden

Naveed Jamali und Ellis Henican
Jagd auf Juri

Für Casey, Toby und Ava

Ev. Gemeindebücherei
Hausen/Westhausen
Kollwitzstraße 7
60488 Frankfurt am Main

15/ 39

Naveed Jamali und Ellis Henican

JAGD AUF JURI

Ich war ein US-Doppelagent

Aus dem Englischen von Ursula Pesch und Norbert Juraschitz

orell füssli Verlag

Die US-amerikanische Originalausgabe erscheint 2015 unter dem Titel »How to Catch a Russian Spy. The True Story of an American Civilian Turned Double Agent« bei Scribner, New York, (Simon & Schuster, Inc.)

© Naveed Jamali, 2015

Copyright der deutschen Ausgabe © 2015 Orell Füssli Verlag AG, Zürich
www.ofv.ch
Rechte vorbehalten

Dieses Werk ist urheberrechtlich geschützt. Dadurch begründete Rechte, insbesondere der Übersetzung, des Nachdrucks, des Vortrags, der Entnahme von Abbildungen und Tabellen, der Funksendung, der Mikroverfilmung oder der Vervielfältigung auf andern Wegen und der Speicherung in Datenverarbeitungsanlagen, bleiben, auch bei nur auszugsweiser Verwertung, vorbehalten. Vervielfältigungen des Werkes oder von Teilen des Werkes sind auch im Einzelfall nur in den Grenzen der gesetzlichen Bestimmungen des Urheberrechtsgesetzes in der jeweils geltenden Fassung zulässig. Sie sind grundsätzlich vergütungspflichtig.

Übersetzer: Ursula Pesch und Norbert Juraschitz
Redaktion: Werner Wahls
Umschlaggestaltung: Hauptmann & Kompanie Werbeagentur, Zürich, unter Verwendung eines Fotos von © Tim Robinson/Arcangel Images
Druck: fgb – Proost Industries

ISBN 978-3-280-05574-8

Bibliografische Information der Deutschen Nationalbibliothek: Die Deutsche Nationalbibliothek verzeichnet diese Publikation in der Deutschen Nationalbibliografie; detaillierte bibliografische Daten sind im Internet über http://dnb.d-nb.de abrufbar.

Inhaltsverzeichnis

Einleitung

Ich umklammerte das Steuer und lenkte den Jeep in Richtung Mietgarage. Mein Herz pochte so laut, dass ich fürchtete, Juri könne es auf dem Beifahrersitz hören.

»Alles okay mit Ihnen?«, fragte er in seinem ausdruckslosen, hölzernen Englisch.

»Ja, alles bestens«, log ich.

Die Luft war kühl für Anfang April, doch es war ein ungewöhnlich strahlender Morgen. Man zählte das Jahr 2008, fast zwei Jahrzehnte nachdem die Berliner Mauer gefallen und der Kalte Krieg in die Geschichtsbücher verbannt worden war. Der Jeep war ein tiefschwarzer Cherokee SRT8 mit einem 6.1-Liter-Hemi-V8-Motor, 425 PS und der Subtilität eines Betonklotzes, der durch eine riesige Glasplatte fliegt.

Auf diesen Tag hatte ich beinahe zwei Jahre gewartet. Ted und Terry, meine FBI-Betreuer, hatten die Situation fast sechs Monate lang immer wieder mit mir durchgespielt. Was sollte ich sagen, wenn Juri fragte, wie viel Geld ich haben wollte? Was sollte ich machen, wenn er eine Waffe zog? In letzter Zeit war die Atmosphäre zwischen uns ungewöhnlich angespannt. Die Agenten hatten ihr Bestes getan, um mich vorzubereiten, mir aber immer wieder gesagt: »Sie müssen darauf gefasst sein, schnell zu reagieren.«

Worauf, zum Teufel?

Als ich vor dem alten Backsteingebäude anhielt, sah Juri mir direkt in die Augen. Ich wusste, dass es auch für ihn ein großer Tag war. Die Dokumente, die ich versprochen hatte, Cockpit-Handbücher für zwei der wichtigsten Kampfjets der US Navy, unterlagen nicht der höchsten Geheimhaltungsstufe. Aber man konnte sie auch nicht einfach bei Amazon oder eBay kaufen. Hier ging es um die technischen Bedienungsabläufe für die im Irak und in Afghanistan eingesetzten US-Piloten. Diese zwei dicken blauen Ringordner enthielten alles, was man als Pilot wissen musste.

Mir war klar, dass diese Handbücher Juris Fantasie beflügeln würden. Aber sie würden auch helfen, seine Vorgesetzten in Moskau davon zu überzeugen, dass er in New York einen potenziell wertvollen Maulwurf rekrutiert hatte, einen amerikanischen Zivilisten, der in der Lage war, Daten des US-Militärs zu liefern. Ich war die Art von amerikanischem Spion, nach dem die geheimnishungrigen Russen suchten, jemand mit der Motivation und der technischen Kompetenz, ihre Erwartungen zu erfüllen.

»Wir sind ein gutes Team, Sie und ich«, konstatierte Juri.

Die Ordner befanden sich in einem großen Karton im Kofferraum meines anderen Wagens, einer Corvette Z06, die in dieser weitläufigen Mietgarage in einer ruhigen Seitenstraße in Westchester County stand, rund dreißig Kilometer von New York City entfernt. Der Karton war zu schwer, um ihn in ein Restaurant oder ein Café zu schleppen, wo Juri und ich uns gewöhnlich trafen. Also war Juri mit der Metro-North vom Grand Central bis zum Bahnhof in Hastings-on-Hudson gefahren und ich hatte ihn dort abgeholt. Die Garage für Langzeitparker befand sich zwei Querstraßen davon entfernt unten am Wasser.

»Sie könnten eine Menge Geld machen«, sagte Juri, als ich meinen PIN-Code in die Tastatur vor der Lagerhalle eingab und die Metalltüren sich ächzend öffneten.

»Was heißt denn 'ne Menge?«, fragte ich zurück.

»Sie schwärmen doch von dieser Corvette.«

»Ja, und?«

»Sie könnten zehn davon kaufen.«

Ich liebte diese geilen amerikanischen Sportwagen.

Drinnen war es kühl und dunkel. Im Licht der Scheinwerfer waren Reihe um Reihe geparkter Wagen zu sehen, teure Sportwagen unter mit Monogrammen versehenen Abdeckplanen: ein Mustang, ein Lotus, ein Porsche, verschiedene Mercedeslimousinen und BMWs – die Wochenendautos wohlhabender Städter. Es gab auch einen riesigen Kipplaster und ein paar alte Feuerwehrautos, die im Scheinwerferlicht rot aufschienen.

Totenstille. Soweit ich sehen konnte, waren Juri und ich allein.

Während ich weiter hineinfuhr, blickte Juri nach links und rechts und dann nach hinten. Was erwartete er? Dutzende FBI-Agenten, die auf den Jeep losstürmten? Ein SpezNas-Team der russischen GRU (Spezialeinheit des russischen Militärnachrichtendienstes)? Aber ich konnte seine Nervosität nachvollziehen. Ich war auch nervös. »Die Corvette steht am Ende dieser Reihe rechts«, sagte ich so gelassen wie möglich. Für Juri und mich stand so viel auf dem Spiel, dass ich es mir nicht leisten konnte, die Sache zu vermasseln.

Genau in diesem Moment war plötzlich ein fürchterlich schrilles Geräusch zu hören. Ich schnappte nach Luft und Juri erstarrte. Es dauerte einen Moment, bevor mir klar war, woher das Geräusch kam. Aus irgendeinem Grund war der Alarm meines Radardetektors ausgelöst worden.

Ich tastete nach dem Ausschaltknopf, doch der befand sich nicht dort, wo er meiner Meinung nach hätte sein sollen. Verdammt, das Ding war vielleicht laut! Das Geräusch sollte bei offenem Fenster oder laufender Klimaanlage und auf volle Lautstärke gestellter Musikanlage einen dröhnenden Motor übertönen. In einem geschlossenen Jeep, der sich mit fünf Stundenkilometern in einem ruhigen vorstädtischen Parkhaus fortbewegte, war der kleine Mistkerl wirklich extrem laut. Nach ein paar hektischen Augenblicken, die sich wie anderthalb Stunden anfühlten, fand ich endlich den richtigen Knopf. »Alles okay«, beruhigte ich Juri. »Es ist nur mein Radardetektor.«

Ich war mir nicht sicher, was den Alarm ausgelöst hatte. Vielleicht mein verstecktes Aufzeichnungsgerät. Vielleicht trug auch Juri etwas bei sich. Ich wusste es nicht. Ich wollte einfach nur nicht, dass ihn irgendetwas verstörte.

»Wir sind da«, sagte ich, erleichtert, dass es wieder still geworden war.

Die Handbücher in die Finger zu bekommen, war bei Weitem nicht so schwierig gewesen, wie ich erwartet hatte. Es hatte mich nur eine Fahrt nach Long Island und ein paar gut ausgedachte Lügen gekostet. Ted und Terry fuhren mich zum Büro eines großen Rüstungskonzerns und schickten mich allein hinein. Ich erzählte dem freundlichen Angestellten, ich sei Angestellter eines kleinen Technologieunternehmens, das ein digitales Datenbanksystem vorbereite, und bräuchte ein paar Testdokumente. Die Frage war nur, was ich wollte.

NATOPS stand auf den blauen Ordnern. *Naval Air Training and Operating Procedures Standardization.* »Wenn Sie einen Spion schnappen wollen, müssen Sie ein bisschen herumspionieren«, sagte Terry mit einem Achselzucken, als wir an jenem Tag zurück in die Stadt fuhren.

Gleich würde ich die Ordner Juri aushändigen, der endlich wieder gleichmäßig atmete. Ich parkte den Jeep hinter der schwarzen Corvette.

»Können Sie bitte Ihr Handy ausstellen, bevor wir anfangen?«, fragte Juri.

»Mein Handy? Okay.«

Darum hatte er mich noch nie gebeten. Ich wusste, dass er sich Sorgen machte, ich könnte ihn mit meinem Handy aufnehmen. Er hatte zwar recht damit, dass ich alles aufnahm, irrte sich jedoch in Bezug auf das Wie. Also schaltete ich das Handy nicht nur aus. Ich öffnete die Tür, sah mich rasch um und vergewisserte mich, dass niemand in der Lagerhalle war. Dann legte ich das Handy auf die Motorhaube eines schnittigen schwarzen BMW M6, der neben uns geparkt war.

»Gut so?«, fragte ich Juri.

»Ja, danke«, erwiderte er.

Ich hatte den Test bestanden.

»Wollen Sie sich die Sachen ansehen?«, fragte ich ihn. Juri stieg aus dem Jeep und stellte sich neben mich hinter die Corvette. Ich öffnete den Kofferraum. Die Handbücher befanden sich an Ort und Stelle.

Juri starrte einen Moment lang auf die Ordner. Dann nahm er sie in die Hand, um sich zu vergewissern, dass beide da waren. Eines der Handbücher war für die Grumman F14-Tomcat, das andere für die E-2 Hawkeye, ein Luftraumüberwachungs-Flugzeug.

Juri nahm sich als Erstes den F-14-Ordner vor. Als er die Seiten durchblätterte, erhaschte ich einen Blick auf ein Schaubild vom Instrumentenbrett des Kampfjets. Ich sah mehrere grobe Diagramme sowie Grafiken und Schaubilder. Es gab Zeichnungen und dichte, graue Textblöcke. Juri betrachtete sie gebannt.

»Wollen Sie sich in den Jeep setzen und sie sich genauer ansehen?«, fragte ich ihn.

Er nickte.

Ich hob den schweren Karton aus dem Kofferraum der Corvette und stellte ihn auf den Boden. Dann griff ich mit der rechten Hand nach der Kofferraumhaube, um sie zu schließen.

Ich weiß nicht, wo ich mit meinen Gedanken war. Offensichtlich dachte ich gar nichts. Zumindest achtete ich nicht darauf, wo sich Juris Kopf befand.

»*Auuuuu!*«, schrie er.

Ich hatte die Kofferraumhaube auf Juris Schädel geknallt. Ich hörte ein entsetzliches *Knacken*, als Metall auf Knochen traf, und dann zwei weitere laute Schreie. »*Auuu! Eewww!*«

Das Ganze ging so schnell, dass ich nicht wusste, was ich denken sollte.

Mir war klar, dass ich etwas äußerst Dummes getan hatte, und das zum denkbar schlechtesten Zeitpunkt. Ausgerechnet jetzt, wo Juri und ich ins Geschäft kamen. Wo sich die Schlinge um seinen Hals legte. Wo ich ihn davon überzeugt hatte, dass er mir wirklich vertrauen konnte, und ihm bewies, welch wertvoller Spion ich war. Wir unternahmen gemeinsam den Sprung in die Spionage – und ich hatte ihm den verdammten Kofferraumdeckel auf den Kopf geknallt!

Während ich nachsah, wie schwer ich ihn verletzt hatte, überschlugen sich meine Gedanken.

Ich hatte gerade das ganze Unternehmen vermasselt. Ich hatte einen hochrangigen russischen Diplomaten zum Krüppel gemacht. Sicherlich würde er denken, dass ich versuchen wollte, ihn umzubringen. Es wurde alles aufgezeichnet. Würde Juri nun glauben, dass er mit meinesgleichen nie wieder Geschäfte machen sollte?

Drei nervenaufreibende Jahre lang spionierte ich Amerika für die Russen aus, tauschte USB-Sticks mit vertraulichen technischen Daten gegen Umschläge mit Bargeld und verriet mein geliebtes Land an lauten Restauranttischen und auf ruhigen Parkplätzen.

Zumindest glaubten die Russen das.

Tatsächlich war ich ein Doppelagent, der eng mit dem FBI zusammenarbeitete. Der Kalte Krieg war nicht wirklich vorbei. Er war nur zum Hightech-Konflikt geworden.

Ich hatte keinerlei Erfahrung als Abwehragent gehabt. Mein Wissen über verdeckte Ermittlungen verdankte ich Büchern, Filmen, Schulaufgaben sowie *Magnum*-Episoden, *Ronin, Spy Game – Der finale Countdown* und allem mit Bond oder Bourne im Titel – ich hatte dieses Zeugs verschlungen. Inzwischen war ich Ende zwanzig, ein intelligenter, aber zielloser Absolvent der New York University, der mit seinen in die USA eingewanderten Eltern in einem Familienunternehmen arbeitete und herauszufinden versuchte, was er mit seinem Leben anfangen sollte. Ich hatte eine hübsche Wohnung in der Upper West Side von Manhattan, eine junge Frau, die gerade die Graduate School absolviert hatte, und die Neigung, viel zu viel Zeit vor Computerbildschirmen zu verbringen. Ich hatte eine Reihe von Büchern über den Kalten Krieg und die Sowjetunion gelesen und fast alle Kriegsfilme gesehen, die je gedreht worden waren. Aber ich sprach kein Russisch. Ich mochte kein Borschtsch. Und ich war Moskau oder St. Petersburg nie näher gekommen als mittels einer Flasche Stolitschnaja mittlerer Preislage, die ich bei International Wine & Spirits am Broadway und in der 113th Street erstanden hatte. Ich entsprach ganz bestimmt nicht dem Stereotyp eines aalglatten Doppelagenten.

Jamali, Naveed Jamali? Dass ich nicht lache!

Und doch befand ich mich nun mitten in einer seit langem laufenden Gegenspionageoperation, die ich mir weitgehend selbst ausgedacht hatte und von der ich dann das FBI und die Russen hatte überzeugen können. Sie war proaktiv, nicht reaktiv – und ich war der Aktive. Rückblickend kann ich kaum glauben, dass ich dies zuwege gebracht habe. Wie ich es tat, warum es funktionierte und was ich über mein Land, meine Familie und mich selbst dabei lernte – das ist die Geschichte, die ich erzählen möchte.

Am Ende der Operation hatten wir eine aktive Spionagekampagne aufgedeckt, die von der Ständigen Vertretung Russlands bei den Vereinten Nationen in New York aus geführt wurde. Wir hatten einen erfahrenen russischen Offizier des militärischen Geheimdienstes dazu verleitet, einem jungen amerikanischen Amateur zu vertrauen, der ihn und sein Land lächerlich machte. Wir hatten angesichts der zunehmenden Feindseligkeiten zwischen Moskau und Washington einen substanziellen Sieg davongetragen. Und wir hatten allen Zweiflern zum Trotz dazu beigetragen, die angeblich guten Absichten der russischen Führer aus der Ära nach dem Kalten Krieg zu widerlegen. Vor allem die von Wladimir Putin, der uns Amerikanern immer wieder versicherte, wie sehr sein Land sich wünsche, unser Partner und unser Freund zu sein.

An jenem Tag in der Mietgarage entschuldigte ich mich wortreich bei Juri. Er wirkte benommen, aber auf der Hut. »Ist alles in Ordnung mit Ihnen?«, fragte ich schließlich und legte ihm die Hand auf die Schulter.

»Alles in Ordnung. Ich habe einen ziemlichen Dickschädel.« Er deutete ein Lächeln an. »Einen Dickschädel«, wiederholte er.

Es war ein ziemlich lahmer Witz, in Russisch oder Englisch, aber ein willkommener. Und ich war erleichtert, dass Juri so weit bei Bewusstsein war, ihn überhaupt machen zu können. In diesem Moment wusste ich, dass er und ich eine wichtige Linie überschritten hatten. Trotz meines kreischenden Radardetektors, trotz meiner Tollpatschigkeit beim Schließen der Kofferraumhaube, trotz meiner schwachen Nerven: Ich wusste, dass ich für Juri genauso wichtig war wie er für mich. Wichtiger sogar. Als wir an jenem Tag die Garage verließen, hatte ich in meiner Jackentasche einen Umschlag mit Juris Bargeld. Ich hatte ihm eine Geschichte verkauft, die sich überprüfen ließ. Ich hatte sein Vertrauen in mich gestärkt.

Der erfahrene russische Mann des Militärs war überzeugt, dass er dem jungen amerikanischen Amateur vertrauen konnte. Er würde und wollte nicht kehrtmachen. Er war von meiner Aufrichtigkeit überzeugt. Juri wollte nicht zulassen, dass irgendetwas, einschließlich einer Kofferraumhaube auf seinem »Dickschädel«, uns von unserem weiteren Weg abhielt.

Neuamerikaner

Ich habe mich immer für einen ziemlich typischen, modernen amerikanischen Burschen gehalten – technisch bewandert, ein bisschen besserwisserisch und durch und durch multikulturell. Schauen Sie sich nur meinen olivfarbenen Teint an. Das ist das zukünftige Gesicht Amerikas, nicht das alberne Grinsen von Beaver Cleaver oder Richie Cunningham (Hauptfiguren aus den zwei sehr bekannten US-TV-Serien »Leave it to Beaver« und »Happy Days«). Ich wurde hier geboren, nicht aber meine Eltern. Sie waren Immigranten, die nicht nach New York gekommen waren, um wie Generationen von Immigranten vor ihnen in Ausbeuterbetrieben zu schuften oder mit Handkarren in der Lower East Side zu stehen. Sie kamen, um zur Graduate School zu gehen, meine Mutter aus Frankreich, mein Vater aus Pakistan. Sie lernten sich 1968 auf einer Party in der Nähe der Columbia University kennen, gerade als das Verwaltungsgebäude von protestierenden Studenten besetzt wurde, einschließlich eines jungen Mannes mit einer sehr coolen Sonnenbrille, der sich in den Ledersessel von Rektor Grayson Kirk fläzte und eine Zigarre anzündete. Davon gibt es ein berühmtes Foto. Ich verstehe vollkommen, was in dem Typen vor sich ging. Er verwandelte eine zunächst ernste Sache in unerwarteten Spaß.

Meine Vorfahren hatten immer einen Riecher dafür, wenn irgendetwas Bedeutendes bevorstand, egal, wohin der Lauf der Geschichte sie führte. Die Französische Revolution, die Teilung Indiens, der Vormarsch der Wissenschaft – wenn es irgendwo auf der Welt mal wieder einen Umbruch gab, waren die Chancen groß, dass ich dort Verwandte hatte. Mein Urururgroßvater mütterlicherseits, Jean-Antoine Chaptal, war ein weltberühmter Chemiker, der den Begriff Nitrogen prägte (schauen Sie bei Wikipedia nach). Genauso wichtig wie das Nitrogen – für seine weinliebenden Landsleute vielleicht sogar noch wichtiger – war die Entdeckung, dass der Alkoholgehalt von ungegorenem Wein auf wundersame Weise steigt, wenn man Zucker hinzufügt. Französische Weinliebhaber rümpften die Nase. Es gab sogar Demonstrationen auf den Straßen. Die Puristen lamentierten, der Extrakick werde nur dazu führen, dass die Bauern von dem billigen Zeug noch betrunkener würden. Doch das Verfahren erfreute sich in jenen Regionen Frankreichs, in denen weniger Wein angebaut wird, großer Beliebtheit und wird nach meinem *arrière-arrière-arrière-grand-père* noch heute Chaptalisation genannt.

À la vôtre!

Chaptal gründete 1802 die Hebammenschule l'Hospice de la Maternité de Paris, reorganisierte das französische Kreditsystem und war unter Kaiser Napoleon Bonaparte für kurze Zeit Arbeits- und Handelsminister. Er starb 1832 in Paris und wurde mit seiner Frau Rose auf dem Friedhof Père Lachaise begraben, von dem die meisten Amerikaner erst hörten, als Doors-Sänger Jim Morrison an einer Überdosis starb und Chaptal dorthin folgte. Heute ist Jean-Antoines Name in die Stufen des Eiffelturms eingraviert. Angesichts solcher Leistungen blieb es nicht aus, dass seine Nachfahren über Generationen hinweg wie Nichtstuer wirkten.

Bernard Chaptal, der Vater meiner Mutter, war ein Abenteurer. Er arbeitete als Gaucho in Argentinien, bereiste die Welt, kehrte nach Frankreich zurück und heiratete genau zu Beginn des Zweiten Weltkriegs eine russische Jüdin namens Alice Feldzer. Er trat der französischen Armee bei und kämpfte gegen die Nazis. Als die Deutschen im Frühjahr 1940 bei ihrer Blitzkrieg-Offensive die Maginot-Linie umgingen, floh mein Großvater in die Schweiz, wo er zwei Jahre in einem Kriegsgefangenenlager verbrachte. Seine Schwiegermutter und ihre Zwillingsschwester kamen im Holocaust ums Leben.

Meine Mutter, die 1943 geboren wurde, heißt mit Vornamen Claude, was in Frankreich nicht nur ein Jungenname ist. Claude und ihre Geschwister, ein Bruder und zwei Schwestern, stellten sich, so gut sie konnten, auf den Mangel in der Nachkriegszeit ein, obwohl ihre Mutter eine legendär schlechte Köchin war. »Sie kriegt nicht mal einen Toast hin, selbst wenn es in den Verkaufsregalen Brot gibt«, zogen die Kinder sie gern auf.

Meine Mutter war ein intelligentes, kreatives Mädchen, das wie ihr Vater ein starkes Unabhängigkeitsbedürfnis hatte. Sie fühlte sich hin- und hergerissen zwischen ihrer Leidenschaft für die Künste und ihrer Wissenschaftsliebe. Nach ihrem Examen an der medizinischen Fakultät in Paris zog sie nach New York, um an der Columbia University einen Abschluss in Kunst zu machen. Bei einer Studentenparty an einem der seltenen Abende, an denen sie ausging, lernte sie einen Doktoranden kennen, einen Fulbright-Stipendiaten an der New York University. Er hatte einen trockenen Humor, studierte Philosophie und war ein Jahr älter als sie. Sein Name war Naseem Zia Jamali. Er war auch neu in New York.

Die Geschichte der Familie Jamali reicht so weit zurück in die Geschichte Indiens wie die der Chaptals in die Geschichte Frankreichs – wahrscheinlich sogar noch weiter –, doch die Einzelheiten sind nicht so sorgfältig dokumentiert. Zia, mein muslimischer Großvater väterlicherseits, war in jungen Jahren als Physiker in Delhi tätig und hatte mit seiner Frau Zora sieben Kinder. 1947 – mein Vater war damals fünf – nahmen die Briten die Aufteilung Indiens vor: Sie schufen Pakistan für die

Muslime und überließen den Rest des Landes der Mehrheit der Hindus. Die junge Familie Jamali zog zunächst von Delhi nach Lahore und dann in die feuchte, am Musi gelegene Stadt Hyderabad.

Die Teilung Indiens war eine blutige und bittere Angelegenheit, zumindest für die meisten Menschen. Täglich trafen in Karatschi, Pakistan, Geisterzüge mit massakrierten Muslimen und in Delhi und Bombay mit massakrierten Hindus ein. Als ich meinen Vater eines Tages fragte, wie seine Familie die Geisterzüge überlebt habe, antwortete er mir mit dem für ihn typischen ironischen Schulterzucken.

»Wir sind geflogen«, sagte er. »Es war großartig.«

Mein Vater genoss eine Erziehung, wie es sich für den Sprössling einer wohlhabenden pakistanischen Familie gehörte – in einer Privatschule britischen Stils, in der die Schüler lange Passagen aus den Klassikern auswendig lernten und ordentlich gebügelte Uniformen trugen. Nach dem College bekam er ein Stipendium für die Graduiertenfakultät an der Universität Edinburgh in Schottland.

Er hasste Schottland. Das lag nicht nur an dem feuchten, kühlen Wetter oder dem faden schottischen Essen. Vielmehr fühlte er sich dort nicht willkommen. Wenn er versuchte, eine Wohnung zu mieten, dann hieß es: »Tut mir leid, sie ist bereits vermietet. Ich habe nichts für Sie.«

Doch schon bald wendete sich sein Schicksal. Er gewann ein Fulbright-Stipendium des US-Außenministeriums und zog nach New York, begann eine Promotion in Philosophie an der New York University, mietete eine winzige Wohnung in Greenwich Village und genoss die Offenheit, die Freiheit und die Turbulenzen der späten Sechzigerjahre. Er lernte andere junge Leute aus aller Welt kennen, einschließlich einer dunkelhaarigen Französin namens Claude.

Trotz – oder gerade wegen? – ihrer völlig unterschiedlichen Herkunft funkte es zwischen meinen Eltern sofort. Er war der selbstkritische, philosophische Intellektuelle, sie die Kunsthochschulabsolventin, die die unerschütterlicheren Wahrheiten der Wissenschaft entdeckte: Beide hatten das Gefühl, endlich dort angekommen zu sein, wo sie hingehörten. Sie zogen zusammen, heirateten, ließen sich aber Zeit damit, eine Familie zu gründen. Ihr Sohn mit den großen Augen und langen Wimpern, Naveed Alexis Jamali, wurde am 20. Februar 1976 geboren, ein Post-Vietnam-, Post-Watergate-, »Bicentennial«-Baby, das in einem Moment der relativen kulturellen Ruhe und des Patriotismus das Licht der Welt erblickte. Naveed bedeutet im Arabischen »Überbringer froher Botschaften«. Das »ee« ist die pakistanische Schreibweise, im Persischen wird der Name Navid geschrieben. Meine Eltern sprachen zu Hause Englisch und Französisch. Ich lernte beide Sprachen, so wie es nur ein Kleinkind vermag, und vermischte sie völlig willkürlich. Abgesehen von ein paar einfachen Wörtern habe ich nie das Urdu meines Vaters sprechen gelernt. Meine Mutter schwört, mein erstes Wort sei *Auto* gewesen, das in allen drei Sprachen dasselbe ist und – da bin ich mir sicher – das erste Anzeichen meiner lebenslangen Leidenschaft für Autos war.

Meine Mutter hatte bald herausgefunden, dass die medizinische Hochschule nicht das Richtige für sie war, und arbeitete als Wissenschaftlerin an der Rockefeller University. Mein Vater, der an der New York University seinen Doktor gemacht hatte, unterrichtete Philosophie an der NYU und der Adelphi University und gab an Polizeiwachen New Yorks in allen fünf Bezirken Kurse in Ethik und Philosophie. Die Polizisten genossen nach seiner Einschätzung das, was sie für die Sherlock-Holmes-Seite der Polizeiarbeit hielten. »Viele dieser Typen«, sagte er gern über seine Studenten in Blau, »wären als Kriminelle geendet, wenn sie nicht Polizisten geworden wären. Sie stehen immer mit einem Fuß im Gefängnis.« Mein Vater nahm nur selten ein Blatt vor den Mund.

Ich war ein Kind der Stadt und ein Kind der Welt. Unsere Dreizimmerwohnung in der West 112th Street lag nur eine Querstraße entfernt von der Columbia University und der Cathedral of St. John the Divine.

Meine Eltern nahmen mich in meinem kleinen Kinder-Sportwagen mit in die Parks in der Nachbarschaft, Central, Morningside und Riverside. Jeden Sommer besuchten wir die Verwandten in Frankreich und Pakistan. Mit drei ging ich in die Vorschule Columbia Greenhouse in der West 116th Street, eine der ältesten in Amerika, dann in eine Kleinkindergartengruppe in der progressiven Bank Street School for Children und anschließend in den Kindergarten der Calhoun School auf der West End Avenue. Bei allen handelte es sich um erstklassige Schulen mit einem hervorragenden Ruf. Wie ich kamen auch die anderen Kinder aus gebildeten Familien mit Wurzeln überall auf der Welt. Mein bester Freund in der Calhoun war ein japanischer Junge namens Jason, dessen Vater Ballettlehrer war. Das Leben war unbeschwert und machte Spaß. »Ich mag die Schule«, sagte ich nach der Hälfte der Kindergartenzeit zu meiner Mutter. »Ich gehe morgen wieder hin.«

Doch es war eine schwierige Zeit in New York. Die Kriminalität nahm zu. Alles war mit Graffiti beschmiert. Crack gab es in unserem Viertel noch nicht, aber Kokain. Plötzlich fühlten sich die winzigen Wohnungen und überfüllten U-Bahnen gefährlich und einengend an. Zufällig untersuchte meine Mutter dieses Phänomen gerade in ihrem Labor an der Rockefeller University. Als ich sie eines Tages dort besuchte, beschrieb sie mir ihr Forschungsprojekt. Sie untersuchten die Entwicklung des Gehirns mit Hilfe von Ratten. Den Tieren wurden zu diesem Zweck radioaktiv markierte Hormone injiziert, anschließend wurde der Weg der Isotope in den Gehirnen verfolgt. Auf meine Frage, was mit den Ratten passiere, erfuhr ich, dass das Experiment zwar gut für die Forschung sei, allerdings weniger für die Ratten.

Angst bekamen meine Eltern, als der Sohn des Hausmeisters vor unserem Wohnhaus tot aufgefunden wurde. Das entsprach nicht ihrer Vorstellung vom großen amerikanischen Traum. Sofort tauschten wir das Stadtleben gegen die ausgedehnten Rasenflächen und strengen staatlichen Schulen der nördlichen Vororte New Yorks ein. Hastings-on-Hudson, die Stadt, in der wir jetzt lebten, war keine Trabantenstadt für die Wall Street. Hastings war ein traditionsbewusstes, an einem Fluss gelegenes Städtchen, das Menschen wie meine Eltern anlockte, Akademiker und Berufstätige mit qualifizierter Ausbildung, die sich als Stadtmenschen verstanden hatten, bis das erste oder zweite Kind geboren wurde.

Diese Ecke von Westchester County fühlte sich für meine aufstiegsorientierten, immigrierten Eltern richtig an. Doch während die Grillen monoton zirpten und die Sterne am weiten Himmel von Westchester funkelten, dachte ich nur: *Wie soll ich* hier *jemals Spaß haben?*

Ich war fünf Jahre alt.

Wir hatten ein Zweifamilienhaus in der belaubten Cochrane Avenue. Kurz bevor mein Bruder Emmanuel geboren wurde, zogen wir dann in derselben Straße in ein zweistöckiges Kolonialhaus, das aus der Zeit um die Jahrhundertwende stammte. Meine Eltern rissen die weiße Aluminiumverkleidung ab, bauten eine Veranda an, gestalteten den Garten neu, rissen die Auffahrt auf, bauten einen Felsengarten und verwandelten die frei stehende Garage in ein möbliertes Studio. Tatsächlich leistete meine Mutter die ganze Arbeit, einschließlich des Aufreißens der Auffahrt mit dem Presslufthammer und des Rückbaus der speziellen Garagenerweiterung, die der Vorbesitzer vorgenommen hatte, um seinen 1962er Cadillac unterbringen zu können.

An den Stadtrand zu ziehen, behagte mir ganz und gar nicht. Ich hatte die Stadt nicht als bedrückend empfunden. Für mich war sie ein All-You-Can-Eat-Büfett der Entdeckungen, der Abwechslung und des Vergnügens. Weder das mahlende Geräusch von Müllwagen noch das Hupen von Taxis hatte je meinen Schlaf gestört. Die Nächte waren zu ruhig in Hastings-on-Hudson – was für ein Name war das überhaupt? – und anfangs fühlte ich mich in der Hillside Elementary School in der Lefurgy Avenue fehl am Platz. Die meisten Kinder kannten sich bereits aus dem Kindergarten. Ich war ein Jahr zu spät dran, um zum inneren Zirkel zu gehören, und ich sah anders aus als alle anderen. Glauben Sie mir: Da waren nicht viele französisch-pakistanische Kinder im Speisesaal oder auf dem Schulhof! In meiner ganzen Jahrgangsstufe gab es nur ein schwarzes Mädchen. Sie und ich, wir machten die Multikulturalität aus. Und sie hatte den Vorteil, dass sich ihr Name leicht aussprechen ließ. Ich musste meinen zwei- oder dreimal wiederholen, bevor die anderen Kinder es richtig hinbekamen. Ich spielte mit dem Gedanken, mich »N. J.« oder »Alex«, eine Abkürzung meines zweiten Vornamens, zu nennen. Aber keiner dieser Namen blieb haften. Ich wusste nur, dass bei den kleinen Namensschildern im Krimskramsregal des Karten-und-Geschenkartikelladens auf der Main Street auf Nancy sofort Norman folgte – und Naveed einfach übersprungen wurde.

Eines Tages erklärte Mrs Wassenberg, unsere Lehrerin im ersten Schuljahr, der Klasse, wen Christoph Kolumbus traf, als er in Amerika landete. Dabei erwähnte sie etwas von Indianern. Ich hob die Hand. »Wie mein Vater?«, fragte ich.

»Nein«, erwiderte Mrs Wassenberg. »Dein Vater ist eine *andere* Art von Indianer!« Ich hatte nicht das Gefühl, dass es als Kompliment gemeint war.

Im Laufe des Schuljahrs lebte ich mich jedoch in dieser seltsamen neuen Umgebung ein. Unsere Schule war klein. Wir hatten weniger als hundert Kinder in jedem Jahrgang. Nach und nach lernten wir uns alle kennen und fanden unsere Rolle in dieser Gruppe.

Wie sich herausstellte, war ich lustig, und lustig zu sein, war gut. Ich erzählte gern Witze. Ich wusste, wie ich die anderen Kinder zum Lachen bringen konnte. Ich konnte die Lehrer nachmachen und selbst einige dieser Lehrer schienen Spaß daran zu haben. Also beschloss ich, der offizielle Klassenclown zu werden. Mich *über* mich selbst lustig zu machen, wurde für mich zur Überlebensstrategie. Die Leute lachten schließlich nicht mehr über mich, sondern mit mir. Ich fand schnell Freunde. Mitte des ersten Schuljahres wurde mir klar, wie sehr ich mich danach sehnte, zum Klub zu gehören. Abseits zu stehen, war wirklich blöd.

Leider entsprachen meine schulischen Leistungen nicht meinen sozialen Fähigkeiten. So geschickt ich darin war, Leute dazu zu bringen, mich zu mögen, so schlecht schnitt ich bei Hausaufgaben und Tests ab. Und so musste ich mich nicht mehr nur beim Schließen von Freundschaften auf meinen Humor verlassen. Ich erkannte, dass die Leute nicht wütend auf mich wurden, solange ich sie zum Lachen brachte. Wenn sie nicht wütend auf mich wurden, konnte ich mir mehr herausnehmen.

»Also, Naveed«, fragte meine Lehrerin eines Tages, »wo sind deine Hausaufgaben?«

»Ich könnte Ihnen eine Lüge erzählen«, antwortete ich, »aber ich habe zu viel Respekt vor Ihnen, um das zu tun.«

Ich sah, dass sie nicht ärgerlich wurde, sondern sich über meinen Versuch amüsierte, eine erwachsen klingende Entschuldigung vorzubringen. »Setz dich! Bring sie morgen mit!«

Den Leuten Honig ums Maul zu schmieren, kam mir viel einfacher vor, als die eigentliche Arbeit zu erledigen. Ich glaube, die Lehrer bewunderten auch die Tatsache, dass ein französisch-pakistanischer Junge ein jiddisches Wort wie *schmooze* verwenden konnte.

Ich las immer gern. Ich liebte Abenteuergeschichten, die an exotischen Orten spielten, von *Thomas, die kleine Lokomotive* bis zu *Gullivers Reisen* und *Huckleberry Finn*. Doch wenn es ums Lernen ging, fiel es mir sehr schwer, mich ins Zeug zu legen. Meine Lehrer schienen mich für intelligent zu halten. Sie hatten meine Eltern kennengelernt und beobachtet, wie ich mit anderen interagierte. Doch bei einer Mathearbeit löste ich vielleicht die ersten vier Gleichungen problemlos, fand die fünfte Aufgabe dann jedoch schwierig und sagte mir: »Ich werde später darauf zurückkommen.« Was ich nie tat.

Ich vergaß, meine Hausaufgaben zu machen. Oder ich erledigte sie – schlecht – fünf Minuten vor Unterrichtsbeginn. Oder ich lernte fleißig und schnitt in einem Test hervorragend ab, lernte dann überhaupt nicht mehr und setzte die nächsten drei Tests in den Sand. So gern ich auch las, ich lernte es nie, dazusitzen und mich auf meine Hausaufgaben zu konzentrieren. Für mich war Selbstdisziplin wie das Urdu, das mein Vater fließend beherrschte, ich jedoch zu Hause nie lernte. Ich dachte nur, *wozu?* »Du bist so intelligent«, sagten meine Lehrer oft. »Warum gibst du dir keine Mühe?« Sie wussten, dass ich das nicht tat. Ich war das Kind, das hinten in der Klasse saß, Grimassen schnitt und Zettelchen herumreichte.

Ich nehme an, dass meine Eltern angesichts ihres Backgrounds entsetzt waren. Sie waren aufstiegsorientierte akademische Spitzenkräfte, Immigranten der ersten Generation. Sie hatten den Antrieb und die Zielgerichtetheit gehabt, um die halbe Welt zu reisen und sich ein erfolgreiches Leben aufzubauen. Sie arbeiteten beide unglaublich hart. Ich erinnere mich, dass sie um 7.30 Uhr aus dem Haus eilten, während ich mein Nutellabrot mampfte, Sunkist trank und mir sagte: »Ich *muss* diese Hausaufgabe nicht wirklich machen!«

Doch so ehrgeizig meine Eltern auch sein mochten, sie teilten den für die damalige Zeit typischen Glauben, dass man Kindern die Freiheit lassen sollte, ihren eigenen Weg zu finden. »Er wird es irgendwann verstehen – oder auch nicht«, seufzte mein Vater.

Inzwischen hatten sich meine Eltern selbstständig gemacht. »Warum für andere Leute arbeiten, wenn du dein eigener Boss sein kannst?«, sagte mein Vater eines Abends beim Essen. Er hatte seine Collegestudenten und Polizeirekruten unterrichtet. Meine Mutter hatte im Rockefeller-

Labor geschuftet. Es sei dahingestellt, wie vielen weiteren Ratten sie den Kopf abgeschlagen hatte. Es ließ sich nicht leugnen, dass beide immer hart arbeiteten. Doch sie hatten wohl das Gefühl, dort, wo sie waren, auf der Stelle zu treten.

Books & Research hieß ihr neues Unternehmen. Es war kein so großer Sprung von ihrem Leben in der akademischen Welt in diese neue Welt. Meine Eltern verstanden es beide hervorragend, obskure Themen zu recherchieren. Schließlich stellt die Graduate School hierfür ein hervorragendes Übungsgelände dar. Statt Daten für Professoren und Prüfungsausschüsse zu sammeln, taten sie dies nun für zahlende Kunden. Sie waren Google in einer Prä-Google-Ära, lieferten Artikel, Berichte und technische Daten an Unternehmen und Behörden in den USA und im Ausland. Die Bundessteuerbehörde brauchte vielleicht 1000 Schulungshandbücher, der Staat Arizona Muster von Umweltauflagen oder der Forschungsbibliothekar eines Militärstützpunkts in Florida einen Zeitschriftenartikel, den niemand finden konnte. Das neue Unternehmen meiner Eltern, eine Art Buchladen mit einem Stab von Forschungsassistenten, wurde zum Erfolg.

Während sie sich in ihrem Büro abrackerten und ich mir in der Schule einen faulen Lenz machte, wandte ich meine Fantasie Autos, Soldaten und Flugzeugen zu. Ich hatte Hot Wheels und G. I. Joes und Modelle aus dem Hobbyshop in Dobbs Ferry. Die Firma Hasbro brachte den G. I. Joe Skystriker XP-14F heraus, einen Kampfjet, der dem F14-Tomcat-Kampfjet der Navy sehr ähnlich sah. Das wusste ich, weil ich in der World Book Encyclopedia über die richtigen Kampfjets gelesen hatte. Ich bekam zwei Skystriker und verwandelte unsere Wohnzimmercouch in einen Flugzeugträger mit ständigen Starts und Landungen. Ich hatte ein Bilderbuch mit dem Titel *Sails, Rails and Wings* von einem Karikaturisten des Magazins Mad. Ich kannte jedes Detail der Schiffe, Züge und Flugzeuge in diesem Buch. Ich kopierte die Abbil-

25

dungen auf Pauspapier und malte die Bilder dann mit meinen Buntstiften aus.

Ich war zehn, als die Raumfähre Challenger 73 Sekunden nach dem Start explodierte und Stephen Coonts' Roman *Flug durch die Hölle* herauskam. Beides faszinierte mich. Ich stellte mir vor, die Lehrerin und Astronautin Christa McAuliffe wäre meine Gemeinschaftskundelehrerin. Ich wusste, dass sie mich nicht anschreien würde, wenn ich gelegentlich keine Hausaufgaben machte. Und ich konnte nicht genug kriegen von der Geschichte über ein Team von Marinefliegern und ihren zweisitzigen Angriffsflugzeugen A-6 Intruder. Diese Flieger weckten meine Begeisterung für den Vietnamkrieg. Ich sah mich zusammen mit Morg, Tiger und Jake »Cool Hand« Grafton im Norden »Gomers« jagen und über die dummen Einsatzregeln der Navy murren. Der Tom-Cruise-Film *Top Gun – Sie fürchten weder Tod noch Teufel* war gerade in die Kinos gekommen. Goose und Maverick, Cougar und Charlie – sie hatten denselben ungezwungenen Kameradschaftsgeist und perfekte Flieger-Spitznamen. Und die Spielzeuge, mit denen sie spielen durften! F-14A Tomcats, die vom Flugzeugträger *U.S.S. Enterprise* starteten und Luftkämpfe mit den bösen Sowjets austrugen. Am Wochenende, an dem der Film Premiere hatte, ging ich ins Regal Cinema in Yonkers. Dann sah ich den Film noch drei Mal.

Was soll ich sagen? Manche Kids lieben Feuerwehrautos. Andere Baseballkarten. Ich mochte Kriegsgeschichten und militärische Ausrüstung. Ich baute Soldaten-Dioramen. Ich hatte eine graue Pseudofliegerjacke. Als meine Eltern mit mir zu einem Army-Shop in der Stadt fuhren, kaufte ich mir Pilotenabzeichen und andere Abzeichen sowie eine VF-84 »Jolly Rogers« mit Totenkopf und gekreuzten Knochen. Mit einem Joystick und einem Keyboard spielte ich komplizierte Combat-Flight-Simulator-Videospiele. Das war idiotischer Kram, mein heimliches Vergnügen, während andere Kinder draußen Fußball oder Basketball spielten.

All dies war ein bisschen ungewöhnlich in Hastings, wo die meisten Eltern extrem liberal eingestellt waren und der Krieg ganz oben auf der Nicht-zu-glorifizieren-Liste stand. Viele meiner Freunde durften nicht einmal Spielzeugpistolen haben. Das war vielleicht einer der Gründe dafür, dass Kinder gern zu mir nach Hause kamen. Die wenigen Kids in unserer Schule, die sich für das Militär interessierten, stammten aus dem Arme-Leute-Viertel. Ihre Väter fuhren Laster für die Stadtwerke oder arbeiteten als Gefängniswärter. Für die neuen Familien, die nach Hastings zogen, war das Militär etwas, was nichts mit ihrem Leben zu tun hatte. Die Einberufung nach Vietnam war Vergangenheit. Keiner der älteren Brüder meiner Mitschüler wurde Soldat. Es waren die Achtzigerjahre. Eltern prangerten bereits den negativen sozialen Einfluss von gewaltsamen Videospielen an.

Ich weiß nicht genau, woher mein Interesse rührte. Vielleicht waren es die Bücher, die ich von klein auf gelesen hatte. Vielleicht lag es an den Geschichten über meinen französischen Großvater im Krieg. Ich hatte es ganz sicher nicht von meinen Eltern, die in kriegsgeschundenen Ländern zur Welt gekommen waren und dem Krieg nichts Romantisches abgewinnen konnten. Vielleicht wollte ich etwas haben – ein Hobby, eine Leidenschaft, ein Sachwissen –, das mich von den anderen Kindern unterschied und mir das Gefühl gab, etwas Besonders zu sein.

Ich machte mir in der Grundschule keinen Stress wegen der Hausaufgaben. Ich erledigte sie nur selten. Das Letzte, was mich interessierte, waren Noten. Doch als ich am Ende der achten Klasse wieder einmal mit einem Zeugnis voller schlechter Noten nach Hause kam, hatten meine Eltern die Nase voll. »Es wird Zeit, dass du dein Leben in Ordnung bringst«, sagte mein Vater in ungewöhnlich strengem Ton.

Die gefürchtete Lösung? Eine Privatschule. Genauer, die Hackley School of Tarrytown in New York, eine extravagante, weiterführende Privatschule, die 1899 von der Philantropin Caleb Brewster Hackley gegründet worden war. Gleich am ersten Schultag wurde mir bewusst, in was für einer Schule ich gelandet war, als ich kurz zum Schülerparkplatz hinsah, auf dem lauter glänzende neue Porsches, BMWs und Nissan 300Zs standen, letzterer ein Sportwagen, der erst im Jahr zuvor auf den Markt gekommen war. Plötzlich kamen mir die staatlichen Schulen in Hastings-on-Hudson ein bisschen wie *Boyz n the Hood-Jungs im Viertel* vor.

Wie immer tat ich mein Bestes, eine Gruppe zu finden, der ich mich anschließen konnte – und es waren nicht die Überflieger. Ich trat der Football-Mannschaft bei und spielte Halfback und Safety. Hackley war nicht gerade ein Machtzentrum des American-Football und ich schaffte es in der zehnten Klasse sogar in die Auswahlmannschaft. Doch irgendwie kamen meine Witze in der Hackley nicht ganz so gut an, und es gab an dieser Privatschule nichts, was dazu beigetragen hätte, meine Noten zu verbessern. Am Ende der zehnten Klasse meinte der Schulleiter höflich, aber bestimmt: »Wir glauben wirklich, dass du in einer staatlichen Schule glücklicher wärest.« Meine Eltern schienen ihm zuzustimmen. Sie sahen nicht viel Sinn darin, Schulgeld für eine Privatschule zu bezahlen, solange ich nicht bereit war, mich anzustrengen.

Es fühlte sich an, als sei ich gerade aus dem Bundesgefängnis Leavenworth entlassen worden.

Familienunternehmen

Die Russen tauchten einfach auf.

Im Frühjahr 1988, als ich zwölf Jahre alt war, spazierte eines Morgens ein Mann in die Büroetage meiner Eltern in der 250 West 57th Street in der Nähe des Columbus Circle. Er war groß und blond, schlank und athletisch gebaut und hatte blaue Augen. Seinem Aussehen nach zu urteilen, schien er etwa Mitte Vierzig zu sein. Er trug eine Schildpattbrille und einen feinen beigefarbenen Trenchcoat.

»Guten Morgen«, sagte mein Vater. »Womit kann ich Ihnen behilflich sein?«

»Ich möchte eine Bücherbestellung aufgeben«, erwiderte der Mann.

Er sprach ausgezeichnet Englisch mit einem nur ganz leichten osteuropäischen Akzent. Er klang gebildet, hätte Professor oder vielleicht Mitarbeiter eines Thinktanks für Außenpolitik sein können. Sein Ton war angenehm, aber steif.

»Leider verkaufen wir keine Bücher an Einzelpersonen«, erklärte ihm mein Vater. »Wir sind kein Buchladen, trotz unseres Namens. Es tut mir sehr leid.« Die Verwechslung war angesichts des Namens Books & Research nur verständlich.

»Natürlich«, sagte der Mann, so als wisse er dies bereits. »Bitte lassen Sie es mich erklären. Mein Name ist Tomachin. Ich arbeite bei den Vereinten Nationen. Ich gehöre zur Ständigen Vertretung der Sowjetunion in New York.«

Mein Vater nannte ihm ebenfalls seinen Namen. Der Russe zückte eine Visitenkarte – er gab sie meinem Vater nicht, sondern hielt sie ihm nur so hin, dass er lesen konnte, was dort in goldenen Buchstaben stand: Ständige Vertretung der UdSSR bei den Vereinten Nationen. Neben einer Telefonnummer mit der Vorwahl 212 war eine Adresse in Manhattan angegeben, 136 East 67th Street. Auch Tomachins Dienstgrad war aufgeführt: Oberst.

»Ich arbeite im Bereich Weitergabe von Waffen und Abrüstung«, sagte Oberst Tomachin.

Meine Eltern hatten nicht viel Laufkundschaft, schon gar nicht Oberste der Ständigen Vertretung der Sowjetunion bei den Vereinten Nationen. Nicht, dass mein Vater besonders argwöhnisch gewesen wäre. Er wollte sich nur ein klareres Bild davon machen, wer dieser Tomachin war. »Darf ich fragen, wie Sie von uns erfahren haben?«

»Sie wurden mir von einem Kollegen bei den Vereinten Nationen empfohlen. Mein Kollege meinte, Sie könnten uns vielleicht mit Material für ein Projekt helfen, an dem wir arbeiten.«

Mein Vater überlegte einen Augenblick. »Wissen Sie, was Sie wollen?«

»Aber natürlich«, erwiderte der sowjetische Oberst liebenswürdig. Er war gut vorbereitet. Er griff in die Tasche seines Trenchcoats und zog ein weißes, unliniertes, einmal gefaltetes Blatt Papier hervor, das eine säuberlich mit der Hand geschriebene Liste wissenschaftlicher Zeitschriften und Bücher enthielt.

Insgesamt waren es zehn Titel, obskure wissenschaftliche Titel, die für jemanden, der im Aufbaustudium Internationale Beziehungen studierte, oder ja, für einen UN-Militärattaché von Interesse sein mochten. Es handelte sich um das, was man in der Forschungswelt als »Open Source« bezeichnen würde, nicht als geheim eingestuft. Jeden dieser Titel hätte man in einer anständigen Collegebibliothek finden können, doch sicherlich nicht bei Coliseum Books in der 57th Street. Dies war schwerer Tobak: Das *SIPRI-Jahrbuch. Rüstung und Abrüstung* von 1987. Eine spezielle Ausgabe des *Bulletin of the Atomic Scientists. The Tables of World Military Expenditures*. Ein *Foreign-Affairs*-Bericht mit dem Titel »Reluctant Warriors. The United States, the Soviet Union and Arms Control«. Es gab andere ähnliche Titel von Oxford University Press, der Brookings Institution und dem Stockholmer internationalen Friedensforschungsinstitut – aber auch diese waren nichts Ungewöhnliches für einen Militärdiplomaten.

Nach einem Blick auf die Liste sagte mein Vater. »Das dürfte kein Problem sein. An welche Adresse sollen wir sie schicken?«

»Nein«, entgegnete der Russe bestimmt, »das wird nicht nötig sein. Ich werde sie hier abholen. Reichen zwei Wochen? Drei Wochen? Ich werde Sie bezahlen, wenn ich wiederkomme.«

»Zwei Wochen reichen«, sagte mein Vater, bevor er den sowjetischen Oberst zur Tür begleitete und ihm zum Abschied die Hand schüttelte.

Mein Vater wusste nicht, was er von all dem halten sollte. Aber er sah keinen besonderen Grund, beunruhigt zu sein. Er war offen dafür, neue Geschäftsbeziehungen bei den Vereinten Nationen zu entwickeln. All diese Diplomaten in der East Side von Manhattan könnten für Books & Research sehr gewinnbringend sein, dachte er. Doch es gab dringendere Angelegenheiten, um die er sich kümmern musste. Sobald der Mann zur Tür hinaus war, schob mein Vater die Gedanken an die eben geführte Unterhaltung beiseite, ging zurück in sein Büro, schloss die Tür und widmete sich wieder seiner Arbeit.

Aber nicht für lange.

Knapp eine halbe Stunde nachdem der Russe gegangen war, klopfte es an der Tür meines Vaters. »Zwei Herren möchten Sie sprechen«, sagte Usman, einer der Kundenbetreuer. Er schien sich irgendwie unbehaglich zu fühlen. »Sie haben gesagt, sie müssten vertraulich mit Ihnen reden.«

Einer der Männer war Mitte fünfzig, der andere Mitte dreißig. Beide trugen Brille und hatten kurz geschorenes Haar. Wie der Russe trugen auch diese beiden Besucher, die jetzt in der Tür standen, Trenchcoats. Ihre waren dunkel.

Warum all die Trenchcoats?, dachte mein Vater, als er die beiden Männer hereinbat. »Bitte, nehmen Sie Platz«, sagte er und schloss die Tür hinter sich. »Was kann ich für Sie tun?«

Die Männer stellten sich als Sonderermittler des Federal Bureau of Investigation vor. Erst die Vereinten Nationen, jetzt das FBI. Und es war noch nicht einmal Mittag!

Die Männer sagten, sie seien in der Spionageabwehr tätig. Mein Vater hatte kein Problem, dies zu glauben. Sie wirkten extrem ernst, wie Menschen, die eine schwere Last tragen, über die sie nicht sprechen können. Sie verschwendeten keine Zeit auf Small Talk, als würden sie für die Rolle des Efrem Zimbalist jr. in einem Remake der TV-Serie FBI aus den Sechzigerjahren proben. Der jüngere Agent zog ein rund 20 x 25 cm großes Hochglanzfoto aus einer Aktenmappe und legte es auf den Schreibtisch meines Vaters. Es war ein Porträt des Obersten aus der Ständigen Vertretung der Sowjetunion.

»Mr Jamali«, begann der ältere Agent.

Sie kennen meinen Namen, dachte mein Vater. *Sie kennen meinen Namen!*

»Vorhin«, fuhr der Agent fort, »ist dieser Mann in Ihr Büro gekommen. Worüber haben Sie mit ihm gesprochen?«

Er kam ohne Umschweife zur Sache, ohne eisbrechende Höflichkeiten. Die Agenten gingen nicht näher darauf ein, was sie wussten oder woher sie es wussten. Doch ihre Haltung legte nahe: »Sie können getrost antworten. Wir sind ohnehin schon über alles im Bilde.«

Tatsächlich wusste mein Vater so wenig, dass er keine Ahnung hatte, was *alles* beinhalten könnte. »Er war vorhin hier. Er ist von der Ständigen

Vertretung der Sowjetunion bei den Vereinten Nationen. Er hat mir seine Visitenkarte gezeigt, sie aber nicht dagelassen. Er hat ein paar Bücher bei uns bestellt. Gibt es ein Problem?«

Die Agenten beantworteten die Frage nicht direkt. »Wir würden gern wissen, was er bestellt hat«, sagte der Ältere von ihnen.

Mein Vater hielt es für sinnlos, Einwände zu erheben. »Ich habe die Liste hier.«

Er reichte sie dem jüngeren Agenten, der sie sorgfältig studierte und dann seinem Partner weiterreichte. Beide nickten wissend.

»Können wir eine Kopie davon haben?«, fragte der ältere Agent. Wie die meisten seiner Fragen endete auch diese nicht mit einem Fragezeichen.

»Natürlich«, sagte mein Vater. »Können Sie mir ein bisschen mehr dazu sagen, worum es hier eigentlich geht? Ich bin an so etwas nicht gewöhnt. Wer ist dieser Mann?«

»Mr Tomachin gehört zum sowjetischen Geheimdienst«, sagte der Agent.

»Zum sowjetischen Geheimdienst?«

»Zum sowjetischen Geheimdienst«, bestätigte der Agent. »Wir möchten, dass Sie uns helfen. Sind Sie bereit, uns zu helfen?«

Für meinen Vater war dies keine so leichte Frage wie vielleicht für manch anderen. Er liebte Amerika auf diese spezielle Art, wie sie für viele Immigranten typisch ist. Er war vom anderen Ende der Welt hierhergekommen und hatte sich entschieden, Amerika zu seinem Zuhause zu machen. Er empfand keine bestimmte Verbundenheit mit der Sowjetunion. Doch er stammte aus einem Land, in dem es Auswirkungen hatte, den Behörden dabei zu helfen, jemanden im Auge zu behalten. Mein Vater hatte sich nie als Informant verstanden.

»Ist es gefährlich?«, fragte er.

»Nein, überhaupt nicht«, versicherte ihm der ältere Agent. »Es sollte keinerlei Gefahr bestehen.«

»Und was soll ich tun? Soll ich seinen Auftrag ausführen?«

»Auf jeden Fall«, sagte der Agent. »Führen Sie seinen Auftrag aus. Behandeln Sie ihn wie jeden anderen Kunden. Wenn er zurückkehrt – *falls* er zurückkehrt –, werden wir uns melden.«

Mein Vater wusste nicht, was er von den Agenten und ihrer Bitte halten sollte. Doch würde er, so beschloss er, erst einmal mitspielen. Bevor sie meinem Vater die Hand schüttelten und sich verabschiedeten, reichte ihm jeder der Agenten eine Visitenkarte.

»Mr Jamali«, sagte der ältere Agent, »wir wissen Ihre Mitarbeit in dieser Angelegenheit sehr zu schätzen.«

Was für ein Vormittag!

Kurz nachdem die FBI-Agenten wieder gegangen waren, kam meine Mutter von einem Termin zurück. Mein Vater hatte sich inzwischen wieder gefasst. Er erzählte meiner Mutter von den Besuchern und erklärte, dass er gerade mit beiden Seiten des Kalten Krieges konfrontiert worden sei. »Lauter Spione«, sagte er. Und beide Seiten schienen Absichten direkt hier in der West 57th Street zu verfolgen.

»Wie fühlst du dich?«, fragte meine Mutter.

»Na ja, es ist irgendwie aufregend, das muss ich zugeben«, erwiderte mein Vater. »Aber auch nervenaufreibend.«

Er brauchte meiner Mutter nicht zu sagen, dass er nicht zu denen gehörte, die der Regierung, welcher auch immer, gern über jemanden Bericht erstatteten. Und er wollte auf keinen Fall in ein sowjetisch-amerikanisches Tauziehen hineingezogen werden. »Ich weiß, ehrlich gesagt, nicht genau, was ich denken soll«, sagte mein Vater.

Meine Mutter hatte tausend Fragen. »Wie hat der Russe uns gefunden?«

»Er hat gesagt, er habe unseren Namen von einem Kollegen.«

»Von wem?«, fragte meine Mutter.

»Das hat er nicht gesagt.«

»Und du hast ihn nicht gefragt?«

Mein Vater beantwortete die Frage nicht. Das brauchte er nicht.

»Ist irgendetwas davon illegal?«, wollte meine Mutter wissen.

»Ich glaube nicht«, sagte mein Vater. »Das FBI ist in die Sache verwickelt.«

»Was heißt das?«

»Ich weiß es nicht. Ich weiß es einfach nicht.«

»Schön, Sie wiederzusehen, Naseem«, sagte Oberst Tomachin, als er zwei Wochen später wieder auftauchte. Das musste man dem Mann lassen, er wurde schnell vertraulich. »Ich wollte nachfragen, ob meine Bücher eingetroffen sind.«

Mein Vater bejahte dies. Er ging ins Lager und kam mit einem unversiegelten Karton zurück, in dem sich neben den Büchern und Zeitschriften eine Rechnung über 163,75 Dollar befand.

Tomachin reichte meinem Vater zwei neue Hundert-Dollar-Scheine.

»Ich hole mal eben das Wechselgeld«, sagte mein Vater.

»Machen Sie sich darum keine Gedanken, mein Freund«, erwiderte der russische Oberst. »Das ist schon in Ordnung. Betrachten Sie es als Dankeschön dafür, dass Sie mir die Sachen so prompt besorgt haben.«

Die beiden Männer führten noch ein bisschen Small Talk, bevor der Russe sich verabschiedete. Mein Vater verstand es, mit jedermann zu scherzen.

»Und wie läuft es mit dem Abrüstungsgeschäft?«, fragte er.

»Eine in Ausführung befindliche Arbeit«, antwortete der Russe halb seufzend, halb lachend. »Es ist immer eine in Ausführung befindliche Arbeit. Aber wir geben den Versuch nicht auf.«

»Wir würden Sie nicht aus dem Markt drängen wollen«, sagte mein Vater.

Bevor er das Büro verließ, reichte der Russe meinem Vater wieder eine Liste mit Zeitschriftenartikeln und Büchern. Diese unterschied sich nicht sonderlich von der ersten, mit Ausnahme eines kleinen Problems: Dieses Mal handelte es sich bei den letzten beiden Titeln nicht um Bücher oder Zeitschriften, sondern um offizielle Veröffentlichungen der US-Regierung.

Wie beim letzten Mal enthielt die Liste nichts streng Geheimes. Nichts streng Vertrauliches. Nichts, das man nicht in der Bibliothek der Columbia oder der New York University (NYU) hätte finden können. Doch für Kunden von Books & Research mussten diese Titel über den National Technical Information Service (NTIS) bestellt werden, eine Clearingstelle für technische Berichte, die von der Bundesregierung produziert werden. Man kann davon ausgehen, dass die Ständige Vertretung einer feindlichen Regierung bei den Vereinten Nationen einige Schwierigkeiten haben würde, beim NTIS ein Einkaufskonto zu eröffnen.

»Ich komme etwa in einem Monat zurück«, sagte Tomachin.

»Bis dahin sollte die Lieferung da sein«, versicherte mein Vater ihm.

Die FBI-Agenten hatten meinen Vater nicht darum gebeten, sie anzurufen, wenn der russische Oberst zurückkomme. Sie hatten gesagt, *sie* würden sich melden. Drei Tage später rief der jüngere von ihnen an. Das FBI schien den Oberst unter genauer Beobachtung zu haben, dachte mein Vater. *Oder uns?*

»Er war hier«, sagte mein Vater.

»Das wissen wir«, erwiderte der Agent. »Haben Sie die Titel?«

»Die habe ich.«

»Mr Jamali«, sagte der Agent, »wir wissen, wie immer, Ihre Kooperation zu schätzen.«

Was für diese Agenten einfach eine andere Art war, auf Wiedersehen zu sagen.

Und so begann eine seltsame, zwei Jahrzehnte währende Beziehung zwischen meiner Familie und der Regierung des Erzfeinds der USA, der Sowjetunion – eine Nation, die die Kinder im ganzen Land zu hassen gelernt hatten und die ihre Eltern oft fürchteten. Die Kubakrise. Bombenalarmübungen in den Schulen. Unterirdische Bunker in vorstädtischen Hinterhöfen. Der Kalte Krieg verursachte Albträume und die Angst vor einem sowjetischen Atomangriff.

Und so begann gleichzeitig auch die Beziehung unserer Familie zum FBI, da Amerikas Abwehragenten immer in der Nähe waren. Während sich diese beiden Beziehungen entwickelten, zeigten sich die ersten Risse im großen Sowjetreich. Russische Truppen zogen sich geschlagen aus Afghanistan zurück. In der Lenin-Hütte von Nowa Huta brach ein Streik aus, der Beginn monatelanger Arbeiterunruhen in Polen. Rufe nach Freiheit waren in Estland, Litauen und Lettland zu hören. Perestroika, das Versprechen einer größeren Offenheit, das der sowjetische Generalsekretär und Staatspräsident Michail Gorbatschow gegeben hatte, reichte bei Weitem nicht aus, um den Ruf nach Veränderung zu unterdrücken. Überall in Osteuropa kam es zu demokratischen Protestbewegungen. Die Berliner Mauer fiel. Das Sowjetreich zerbrach wie ein Fabergé-Ei. Der Kapitalismus, ein unverwechselbar russischer Kapitalismus, wurde zum Gebot der Stunde.

Die Russen verkündeten lauthals, dass sie nun unsere Freunde seien. Und während all dieser weltverändernden Umwälzungen – den Höhen und Tiefen, den ermutigenden Signalen und zerschlagenen Hoffnungen – tauchten immer wieder Männer mit Moskauer, Odessaer und St. Petersburger Akzent in den Büros von Books & Research auf.

Den Regimewechsel in Moskau, den vollständigen Zusammenbruch der Sowjetunion, den Verrat von US-Agenten wie Aldrich Ames und Robert Hanssen – all das überlebte die Beziehung meiner Eltern zu den Russen. Über all die Jahre war das Verhalten meiner Eltern reaktiv gewesen – sie warteten auf die Rückkehr der Russen, unterrichteten das FBI und kehrten zurück zur Arbeit. Sie waren nicht darauf aus, mehr daraus zu machen, möglicherweise einer der Gründe dafür, dass die Beziehung so lange anhielt.

Ein solch zwangloses Arrangement ist heutzutage nur schwer vorstellbar. Doch damals herrschten andere Zeiten. Meine Eltern zogen keinen Anwalt zurate. Sie verlangten nichts Schriftliches vom FBI. Sie hatten keine Vorstandsmitglieder oder Anteilseigner oder externe Berater, mit denen sie die Probleme hätten besprechen können. Ihre größte Sorge war die, dass die Verstrickung in diese Angelegenheit ihre Lebensgrundlage beeinträchtigen könnte. Sie machten sich zuweilen Gedanken um ihre Sicherheit. Doch darüber hinaus gab es keine Diskussionen. Mein Vater, ein klassisch ausgebildeter Ethiker, sah in all dem weder eine moralische Ambiguität noch ein moralisches Dilemma. Meine Eltern fühlten sich auch nicht auf irgendeine Weise vom FBI bedroht oder unter Druck gesetzt. Sie empfanden sich einfach als dankbare neue Staatsbürger ihres neuen Heimatlandes, eines Landes, das sie liebten und in dem sie sich ein Zuhause geschaffen und eine Familie gegründet hatten. Beide waren nach einer Ära des Krieges und der Gewalt geboren worden.

Sie nahmen die Sicherheit, die die USA ihnen boten, nie als gegeben hin. Was gab es da zu diskutieren? Worüber sollten sie sich Sorgen machen? In ihren Augen taten sie genau das Richtige.

Selbstfindung

Während meine Eltern im Büro arbeiteten, erneuerte ich an der High-school von Hastings die Bekanntschaft mit vielen meiner alten Freunde aus meiner Zeit an der dortigen staatlichen Schule. Ich hatte mich mehr denn je dem Prinzip verschrieben, dass die schulische Arbeit nie das Rum-hängen oder Spaßhaben beeinträchtigen sollte. Eines Tages hatten wir eine Vertretungslehrerin in Gesundheitslehre. Ich beschloss, aus dem Fenster zu springen. Und so hob ich gegen Ende der Stunde die Hand.

»Ja, Naveed?«

»Darf ich heute früher gehen?«, fragte ich höflich.

Vielleicht dachte sie, dass der Unterricht reibungsloser ablaufen würde, wenn sie den Klassenclown eher gehen ließ. »Ja«, antwortete sie.

»Danke«, sagte ich und unterdrückte ein selbstgefälliges Grinsen. Ich stand auf, warf einen Blick zur Tür, die auf den Gang hinausführte, drehte mich dann schnell um, kletterte durchs Fenster und sprang auf den Rasen. Als ich mich nach diesem Sprung aus rund 1,20 Meter Höhe wie-der hochhievte, hörte ich von drinnen das brüllende Gelächter meiner Klassenkameraden.

Die Lehrerin allerdings fand das gar nicht komisch. Sie bestellte mich ins Büro des Schulleiters. Stolz zeigte ich meinen Freunden das Formular, auf dem der Verstoß festgehalten war. »Schüler verließ das Klassenzimmer durchs Fenster. Kehrte nicht zurück.« Ich entwickelte meinen eigenen merkwürdigen Humor.

In jenem Sommer überließen mir meine Eltern ihren alten silbergrauen 1984er Honda Civic. Mit einem Auto wie diesem hätte ich in der Hackley schon fast als obdachlos gegolten. An der Hastings war es nicht das coolste Auto auf dem Campus, aber meine Freunde freute es mitzufahren. Im Frühjahr verkauften meine Eltern ihn, und ich überredete sie zu einem schwarzgoldenen 1984er Pontic Trans Am mit Fünfganggetriebe. Der Wagen hatte bessere Tage gesehen. Er war langsamer als ein Minivan. Doch was für ein grandioses Auto! Meine Orlando-Magic-Kappe falsch herum auf dem Kopf und einen kleinen goldenen Ring im linken Ohr, fuhr ich mit offenem Verdeck, heruntergelassenen Fenstern und voll aufgedrehtem Radio einfach nur, um gesehen zu werden, die Central Avenue entlang oder ins Stadtzentrum. Wie stark konnte ich mich von meinen Eltern in ihrem schwarzen Peugeot unterscheiden? Darum ging es. Sie waren einfach nur Nerds, die keine Ahnung hatten. Ich dagegen wollte aussehen, als stamme ich aus der Bronx.

Ich traf meine Freunde an den Freitag- und Samstagabenden draußen vor der Schule, und dann fuhren wir zum Haus desjenigen, dessen Eltern gerade nicht da waren. Wir waren keine schlechten Jungs, nur ein Haufen privilegierter Rotzbengel, die sich wie viele Teenager als unantastbar betrachteten (genau so, wie meine eigenen Kinder hoffentlich niemals werden). Wir hatten zu viel Geld, zu viel Alkohol und viel zu viel Zeit. Selbst wir verstanden das. Die »Hastings-Blase« nannten wir unser Leben damals. Die Cops mochten uns und alles, wofür wir standen, hassen – doch was konnten sie schon tun? Wenn sie tatsächlich versuchten, uns festzunehmen, dann rief einer von unseren Eltern beim Polizeipräsidenten an, um sein Missfallen zu bekunden. Jeder wusste, wie die Sache ausgehen würde.

Meine eigenen Eltern beobachteten all dies mit ihrer üblichen distanzierten Betroffenheit. Sie waren überzeugt, dass ich meine Talente verschleuderte, hofften jedoch, dass ich irgendwann die Kurve kriegen würde. Allerdings war davon noch rein gar nichts zu sehen.

Im Abschlussjahr bewarb sich der Sohn eines Vaters mit einem Doktortitel und einer Mutter mit einem Magistergrad an keinem einzigen College. Ich schwänzte einfach die Termine bei der Berufsberatung. Ich wich allen Fragen besorgter Erwachsener aus. Ich sah keinen Grund, mich in das zu stürzen, was auch immer als Nächstes kommen würde. Besser als jetzt konnte es einfach nicht werden. Bei der Abschlussfeier rief der Schulleiter meinen Namen auf. Ich ging mit Talar und Hut auf die Bühne. Meine Eltern saßen mit den anderen Eltern im Publikum. Doch ich war derjenige, der die Ledermappe ohne Diplom bekam. Als man die Wochenstunden all meiner Kurse zusammengezählt hatte, stellte sich heraus, dass mir unerklärlicherweise ein Kurs fehlte. Ich sagte mir, dass ich mich davon nicht unterkriegen lassen durfte. Es gab immer einen Weg, eine Scharte wieder auszuwetzen. Um meinen offiziellen Highschool-Abschluss zu bekommen, schrieb ich mich deswegen am Westchester Community College für einen Kurs im Aktzeichnen ein. Ich wählte diesen Kurs, weil ich gehört hatte, die Modelle dort seien nackt.

Wie sich herausstellte, waren meine Zeichenkünste nicht sonderlich vielversprechend. Doch ich war hocherfreut, dass die Modelle tatsächlich nackt waren, allerdings nur bis zum zweiten Kurs, in dem die anziehenden Studentinnen gegen eine dickliche Fünfundfünfzigjährige mit Männerbrüsten und Bart ausgetauscht wurden. Das musste die Lehrerin wohl mit ihrer Aussage »für eure Kunst leiden« gemeint haben.

In jenem August fuhr ich mit meinen Eltern mit einem richtigen Highschool-Diplom in der Hand in die Stadt und schrieb mich für Kurse am Hunter College ein, das der City University von New York angeschlossen war. Es handelte sich nicht um einen Diplomstudiengang, doch die Kurse, die ich belegte, konnte ich später für ein Diplom anrechnen lassen. Zumindest aber konnte ich jetzt zu Hause ausziehen, Hastings verlassen und sagen, dass ich das College besuchte. Und ich durfte in einer Wohnung meiner Eltern auf dem Riverside Drive wohnen. Und mir meine Mitbewohner aussuchen. Ich fragte mich, ob ich nicht im Hauptfach »Einfach Abhängen« studieren konnte.

Ich belegte ein paar Kurse in Politikwissenschaften und wurde Mitglied des Reserve Officer's Training Corps (Ausbildungskorps für Reserveoffiziere). Das ROTC war auf dem Campus des Hunter Colleges nicht sonderlich beliebt – und auch nicht, soweit ich wusste, auf dem Campus irgendeines anderen New Yorker Colleges. Die Einheit des Hunter war so klein, dass wir uns zusammen mit Studenten der Columbia, der NYU und ein paar anderen Colleges auf dem Campus der Fordham University trafen.

Meine Collegeerfahrung beschränkte sich jedoch nicht nur auf diesen kleinen Kreis von ROTC-Offiziersschülern. Ich hatte jede Menge Freunde und Freunde von Freunden, die in der Stadt lebten, und nahm mir Zeit für viele von ihnen. Gleich zu Beginn des ersten Studienjahres lernte ich Peter kennen, der mit meinem alten Kindergartenkumpel Jason zur Schule gegangen war. Peter studierte am Columbia College und lebte im 5. Stock des Studentenwohnheims Shapiro Hall an der Ecke 115th Street und Riverside Drive, nur fünf Minuten von meiner Wohnung entfernt.

Ich besuchte ihn ein paarmal und lernte ein paar seiner Freunde vom Columbia College kennen. Das Columbia war ein Ivy-League-College, doch Peter verbrachte trotzdem nicht seine gesamte Zeit an diesem Eliteinstitut mit Tests und Hausaufgaben. Wir spielten stundenlang *Doom* und *Duke Nukem,* Third-Person-Shooter-Videospiele.

Schräg gegenüber von Peter, auf der anderen Seite des Flurs, lebte ein süßes Mädchen namens Ava Brent. Sie hatte dunkles, welliges Haar, war sehr schlank und auf ungezwungene, ruhige Art charmant – freundlich und offen, ohne aufdringlich oder laut zu sein. Ich hörte, dass sie Biologie studierte.

»Hübsche Socken«, sagte ich eines Tages, als sie im Fernsehzimmer im fünften Stock saß, die Füße auf dem Couchtisch. Sie lachte nur und schwieg.

Hübsche Socken?, dachte ich. *Bei diesem Mädchen solltest du dir etwas Clevereres einfallen lassen.* Ich schwor mir, noch mehr Gründe dafür zu finden, in Peters Studentenwohnheim abzuhängen. Eine Woche nach dem ersten Flirt sah ich Ava in ihrem Zimmer sitzen. Die Tür stand offen. Ich steckte den Kopf hinein und sagte »Hi«. Während wir nichtssagende Höflichkeiten austauschten, fiel mir ein Buch in ihrem Bücherregal ins Auge, Thomas Pynchons Roman *Die Versteigerung von No. 49.* In dieser Geschichte geht es um eine kalifornische Hausfrau namens Oedipa Maas, deren reicher Exlover stirbt. Als seine Testamentsvollstreckerin deckt sie nach und nach das auf, was eine weltweite Verschwörung gewesen sein könnte oder auch nicht.

»Hast du das gelesen?« Ich trat einen Schritt vor und zog das Buch aus dem Regal.

»Ja.«

»Das Buch hat mich tief beeindruckt«, erklärte ich ihr.

»Ja, es ist großartig«, stimmte sie mir zu.

Ich kannte niemanden, der dieses Buch gelesen, geschweige denn, es großartig genannt hatte. »Denkst du, ihr Freund ist ein Geheimagent oder wird die Frau verrückt?«, fragte ich Ava.

»Beides ist möglich«, sagte sie. »Es sind die Grauschattierungen, die die Geschichte interessant machen.«

Ich hatte keine Ahnung, als welch gewaltige Lektion fürs Leben sich dies noch erweisen sollte. Aber ich erinnere mich noch genau, was ich dachte, als ich dort in der Tür stand und wir Pynchons Postmodernismus diskutierten: *Wow! Sie ist intelligent, sie ist hübsch – und sie liest Pynchon?* Das konnte gut werden.

Vielleicht ist es das, was Männer schließlich doch erwachsen werden lässt. Ich hatte einen wachen Geist, doch wirklich gefesselt hatte mich, abgesehen von meiner seltsamen Leidenschaft für militärische Hardware, eigentlich nichts. Dann kam Ava, ein Mädchen, mit dem ich reden konnte. Sie hing nicht nur auf dem Campus herum und machte »die Collegeerfahrung«. Sie *besuchte* tatsächlich das College – studierte und lernte. Und ich hatte sogar das Gefühl, dass sie mich ein wenig mochte.

Ich fragte sie, wann sie Geburtstag habe.

»Am 14. Februar.«

»Ich am 20.«, sagte ich.

Das muss doch etwas bedeuten, oder?

Wir trafen an jenem Abend eine Vereinbarung. Wir würden unsere Geburtstage in mehr als zwei Monaten zusammen feiern. »Keiner von uns sollte seinen Geburtstag allein verbringen«, sagte ich.

Schon besser als meine Bemerkung über die Socken!

Unser erstes richtiges Date fand am 12. Februar 1995 in einem chinesischen Restaurant statt, das Ava mochte, dem Empire Szechuan in der West 96th Street. Bei unserem zweiten Date ging ich mit ihr zu einem Italiener, den ich mochte, in der Nähe der Off-Broadway-Theater in der West 42nd Street.

Sie erzählte mir von ihren Studien und fragte mich, was ich in letzter Zeit gelesen hätte. Die neuesten Vietnambücher, erzählte ich ihr. Ich besuchte gerade ein Seminar über das Massaker von My Lai. Die Kriege und politischen Unruhen im Mittleren Osten würden mich nicht so stark interessieren, fügte ich hinzu, auch wenn ich halb Pakistani sei. »Vor allem globalere Themen«, sagte ich. »Der Kalte Krieg. Die Sowjets. Der Mittlere Osten weckt nicht wirklich meine Neugier.«

Wir stellten fest, dass wir viele Gemeinsamkeiten hatten. Ava war in der Stadt geboren worden und mit ihrer Familie nach Westchester gezogen, aber ihre Eltern zogen wieder zurück in die Stadt. Wir waren beide in der Stadt in den Kindergarten gegangen – sie in den der Bank Street, ich in den der Calhoun – und hatten nur vier Querstraßen voneinander entfernt gewohnt. Im Sommer nach der siebten Klasse wären wir uns beinahe im Bucks-Rock-Ferienlager über den Weg gelaufen. Wir begegneten uns nur deshalb nicht, weil ich während des ersten Abschnitts wegen Windpocken nach Hause geschickt wurde und sie nur zum zweiten Abschnitt kam.

»Ich erinnere mich, dass ich in jenem Sommer einen Hamburger aß, versuchte, mir nicht die Windpocken aufzukratzen, und den Soundtrack zu *Good Morning Vietnam* hörte«, erzählte ich ihr. »Louis Armstrong sang ›What a Wonderful World‹. Den Song habe ich mir immer wieder angehört – als Zwölfjähriger!«

Sie lachte nicht über die Verschrobenheiten meiner Kindheit. Und jetzt befanden wir beide uns nur wenige Straßen von dem Ort entfernt, an dem meine Mutter und mein Vater sich vor drei Jahrzehnten kennengelernt hatten.

»Das ist ein bisschen unheimlich«, sagte Ava, als ich es ihr erzählte.

»Ich weiß«, erwiderte ich. »Aber was soll's.«

Trotz der vielen Gemeinsamkeiten in unserer Biografie war Ava in vielerlei Hinsicht das genaue Gegenteil von mir. Sie war geerdet und fokussiert und unglaublich engagiert. Sie arbeitete in einem Labor und belegte in einem Semester sage und schreibe sieben Kurse, einschließlich Entwicklungsbiologie und James Joyce.

Unsere Beziehung wurde ernster. Zu Beginn des zweiten Studienjahres zog Ava aus dem Wohnheim bei der Columbia aus und wohnte abwechselnd bei mir in der 112th Street und in ihrem alten Zimmer zu

45

Hause. Wir legten uns zwei Fische zu, Franny und Zooey (nach dem Buch von J. D. Salinger), und auch ich nahm ein paar kleine Änderungen vor. Ich schrieb mich für einen Diplomstudiengang am Hunter College ein. Es ließ sich nicht leugnen: Die Ernsthaftigkeit, mit der Ava ihr Studium betrieb, färbte auf mich ab. Ich war nicht bereit, so wie sie sieben Kurse in einem Semester zu besuchen, doch ich beobachtete sie voller Bewunderung und wusste, dass auch ich mich meinen Studien viel intensiver widmen könnte. Sie beeindruckte ihre Lehrer und natürlich auch mich und bekam wahnsinnig gute Noten. Es lag nicht in ihrer Absicht, mir deswegen ein schlechtes Gefühl zu vermitteln, aber ich bemerkte natürlich den Unterschied.

Schließlich dachte ich: *Vielleicht kann ich mir ja höhere Ziele setzen. Vielleicht kann ich mein vor ewigen Zeiten angekündigtes Versprechen einlösen. Vielleicht kann ich mehr tun.*

Im Herbst meines zweiten Studienjahrs schrieb ich auf der Schreibmaschine in der Wohnung von Avas Eltern, während Ava neben mir saß, eine Bewerbung für die New York University. Im Frühjahr erfuhr ich, dass man mich angenommen hatte, rechtzeitig zu meinem dritten Studienjahr.

Was mich letztlich motiviert hatte?

Ich wollte Ava gefallen, wollte ihr zeigen, dass ich nicht einfach nur ein charmanter Blindgänger war. Aber da war auch etwas in mir, eine Stimme, die ich immer nach Kräften zu überhören versucht hatte, eine Stimme, die ich während der gesamten Highschool – ja sogar schon davor – einfach ignoriert hatte. Doch jetzt, wo mich die ehrgeizigste junge Frau, der ich je begegnet war, in ihren Bann gezogen hatte, war ich endlich bereit, dieser Stimme zu lauschen. »Zeit, mit dem Versteckspiel aufzuhören«, sagte die Stimme. »Zeit, Gas zu geben und sich zu einem Ziel aufzumachen. Zeit, zur Sache zu kommen.« Ich antwortete der Stimme mit einer eigenen ernsten Botschaft: »Vermassel. Das. Hier. Nicht.«

Angriff auf die USA

Ich wusste, dass Ava es zu etwas bringen würde. Deswegen überraschte es mich nicht im Geringsten, als man ihr im Bereich biologische und biomedizinische Wissenschaften mit Schwerpunkt Genetik einen Platz in einem Doktorandenprogramm der Harvard University anbot, für das äußerst strenge Auswahlkriterien galten. Weder sie noch ich hatte das Bedürfnis, New York zu verlassen. Doch die Harvard University befand sich in Cambridge, Massachusetts, und schien fest entschlossen, auch dort zu bleiben. Also beluden Ava und ich den Firehawk und fuhren auf die Interstate 95 aufgeregt diesem neuen gemeinsamen Abenteuer entgegen.

Wir fanden in der Queensberry Street in Bostons Stadtteil Fenway eine gemütliche Wohnung im zweiten Stock. Ava stürzte sich in ihr Doktorandenprogramm, und ich hatte das Glück, an der Harvard eine Stelle als Programmierer zu bekommen.

Computerprogrammierer sind nicht dafür bekannt, früh aus den Federn zu kommen. Von mittags bis zwei Uhr nachts – das ist ihre Arbeitszeit. Die meisten Programmierer, die ich kenne, arbeiten stundenlang, oft verrückt lange. Doch selbst in großen Unternehmen und Universitäten beginnen sie selten vor neun oder zehn Uhr.

Wie in so vieler anderer Hinsicht passte ich überhaupt nicht in dieses Schema. Ich stand gern früh auf. Ich frühstückte im Morgengrauen mit Ava, bevor sie zu ihrem Labor eilte. Dann fuhr ich zum University-

Information-Systems-Büro (UIS) in der 1730 Cambridge Street, wo ich zwischen halb und Viertel vor acht eintraf. Ich verschaffte mir mit meinem Ausweis Zutritt zu dem Gebäude, holte mir in der Cafeteria erst einmal einen Kaffee, stieg dann die Treppe zum UIS-Zentrum im zweiten Stock hoch und schlängelte mich an all den leeren beigefarbenen Arbeitsnischen und verdunkelten Bildschirmen, den Sitzsäcken und der Dartscheibe, den ferngesteuerten Autos und den Schalen mit Lakritz vorbei zum anderen Ende unseres Großraumbüros. Ich ließ mich in meiner eigenen beigefarbenen Nische auf meinem ergonomischen Bürostuhl nieder und verbrachte dann ein paar ruhige Stunden mit dem Schreiben von Codes, bevor der Rest der Herde eintrudelte.

Das Büro war im Grunde genommen ein Verbindungshaus für Computerfreaks, in dem der Umgangston so lässig wie die Arbeit intensiv war. Dies war Harvard, aber mitnichten popperhaft. Wenn ich im Büro eine Khakihose und ein Button-down-Hemd trug, wurde ich sofort gefragt: »Gehst du zu einer Hochzeit oder hast du ein Vorstellungsgespräch?« Dieselben Leute, die die technische Unterstützung für diese Milliarden Dollar schwere Universität lieferten, machten sich auch daran, auf den Computern ihrer Kollegen sämtliche Icons durch grinsende Fotos von *Baywatch*-Adonis David Hasselhoff zu ersetzen. Zwischen halb neun und neun, kurz bevor die meisten von ihnen eintrudelten, ging ich nach unten, um kurz mit anderen Frühankömmlingen zu plaudern.

Der 11. September 2001 begann wie jeder andere Tag im Büro. Doch als ich kurz vor neun nach unten ging, fiel mir auf, dass sich am hinteren Ende des Raums Leute um mehrere Monitore geschart hatten. Ich war zu weit entfernt, um Gesichter zu erkennen. Doch mir fiel auf, wie ruhig alle waren.

Als ich näher kam, schaute niemand hoch. Sie starrten wie gebannt auf das CNN.com-Logo und die Schlagzeile: »Flugzeug trifft World Trade Center.«

Zu diesem Zeitpunkt waren es nur Blitzmeldungen. Keine Erklärungen. Keine offiziellen Bestätigungen. Wenig genaue Einzelheiten. Noch wusste niemand, ob es sich um einen Unfall oder etwas noch Beängstigenderes handelte. Es wurde lediglich berichtet, dass an diesem strahlenden, klaren Morgen eine Boeing 767 der American Airlines um 8.46 Uhr in eins der oberen Stockwerke des Nordturms des World Trade Center in Lower Manhattan geflogen war. Notfallhelfer waren vor Ort. Es gab zahlreiche Verletzte und Tote.

Rückblickend wünsche ich mir, ich hätte etwas Einfühlsames, Eloquentes oder Tiefgründiges gesagt. Doch ich sagte nur: »Ach, du heilige Scheiße!« Dann wiederholte ich es noch einmal: »Ach, du heilige Scheiße!«

Und es war erst der Anfang. Kurz nach dieser entsetzlichen Nachricht gab es so vieles, das wir noch nicht wussten. Zum Beispiel dass das Flugzeug von Bostons Logan International Airport, nur wenige Meilen von unserem Büro entfernt, gestartet und zum Los Angeles International Airport unterwegs gewesen war. Dass eine Viertelstunde später fünf Al-Quaida-Mitglieder mit Teppichmessern den Flugkapitän und den Co-Piloten überwältigt hatten. Dass einer der Entführer, Mohammed Atta, die Kontrolle übernommen und das Flugzeug nach Süden in Richtung New York gesteuert hatte. Dass der Nordturm 102 Minuten nach dem Einschlag mit verheerenden Folgen einstürzen würde. Dass dieses Flugzeug nur das erste von vieren war, davon zwei aus Boston, die an jenem Morgen entführt wurden, jedes von ihnen mit tödlichen Folgen.

Als dann das zweite Flugzeug nur 17 Minuten später in den Südturm krachte, wussten wir es. Dies war kein Unfall. Dies war ein koordinierter Angriff auf die USA. Doch das volle Ausmaß der Katastrophe wurde erst nach und nach deutlich, für mich und für alle anderen. Überall im Büro waren Fernsehbildschirme angebracht. Aber alles, was sie zeigten, waren Nachrichten, die die Website auf den Bildschirm brachte – es war keine

Fernsehsendung. Und als sich immer mehr Menschen auf der Welt ins Internet einloggten, um Updates zu den Ereignissen zu erhalten, dauerte es immer länger, bis die CNN-Website aktualisiert wurde. Schließlich tat sich gar nichts mehr. Selbst damals erkannte ich, wie lächerlich es war, sich im Technologiezentrum der größten Universität auf diesem Planeten zu befinden und im schlimmstmöglichen Augenblick dieses sich gerade entfaltende, weltverändernde Ereignis nicht verfolgen zu können.

Wir eilten in einen Konferenzraum im dritten Stock des Gebäudes, wo jemand einen Fernseher aus den Achtzigerjahren mit Kaninchenohr-Antennen fand. Zenith Electronics sei Dank.

Inzwischen hatte das zweite Flugzeug den Südturm getroffen, und im Fernsehen waren Live-Bilder von verzweifelten Menschen zu sehen, die aus den oberen Stockwerken winkten, während Sanitäter genauso verzweifelt in die Gebäude eilten.

Und die ganze Zeit über trafen weitere Kollegen ein. Einige hatten es gehört. Andere nicht. Eine Frau namens Susan, die früher im World Trade Center gearbeitet hatte, brach bei dem Gedanken an all ihre früheren Kollegen, die immer noch dort arbeiteten, in Tränen aus. Jemand anderer erwähnte, dass ein halbes Dutzend Mitarbeiter des UIS am Morgen vom Logan aus zu einer Konferenz hatte fliegen sollen.

»Ist es möglich, dass sie in einem der Flugzeuge saßen?«, fragte jemand. Niemand antwortete. Niemand wusste es. Es war zu schrecklich, um darüber nachzudenken.

Ich rief Ava im Labor an, konnte sie aber nicht erreichen. Mit dem Firehawk verließ ich Cambridge und stellte den Wagen zwei Querstraßen von unserer Wohnung in der Queensberry Street entfernt in der Garage ab. Unterwegs nach Hause sah ich ein junges Paar auf dem Bürgersteig, das sein Auto mit zwei Mountainbikes belud. Wussten die beiden überhaupt nicht, was los war? Fuhren sie vor lauter Panik aufs Land? Ich war mir nicht sicher, glaubte aber, die Antwort zu kennen. In diesen ersten Stunden hatte die Wirklichkeit dessen, was passiert war, noch nicht das Leben aller erreicht. Noch nicht.

Die Atmosphäre in der Stadt war seltsam. Zwar spazierten Menschen herum, doch niemand schien zu reden. Auch der Himmel war ruhig. Normalerweise flogen ständig Flugzeuge vom Logan über Fenway, doch nicht an diesem Tag. Der Flughafen war zweifellos geschlossen worden. Ich schaute hoch und sah zwei F-15-Kampfjets. Sie flogen so tief, dass ich erkennen konnte, dass sie Raketen geladen hatten.

Da brach ich in Tränen aus, etwas, das mir wohl seit zehn Jahren nicht mehr passiert war. Doch hier ging ich, ein unsicherer erwachsener Mann, weinend die Queensberry Street entlang. Es war mir egal, ob mich jemand sah. Ich weinte den ganzen Weg nach Hause über.

Ich betrat die leere Wohnung und verriegelte die Tür. Ich weiß nicht, was ich mir dabei dachte, wovor ich mich schützen wollte. Es war rein instinktiv. Endlich konnte ich einen richtigen Fernseher einschalten. Das Kabel funktionierte perfekt. Ich zappte mich durch die verschiedenen Nachrichtenkanäle, CNN, FOX, MSNBC und die Lokalsender von Boston. Jeder dieser Sender berichtete rund um die Uhr. Ich begann, Leute in New York anzurufen. Meine Eltern in Westchester. Ein paar Freunde, die Jobs in Lower Manhattan hatten. Ich hatte das Gefühl, mit allen sprechen zu müssen.

Amerika wurde angegriffen, und niemand wusste genau, wer für diesen Angriff verantwortlich war. Unsere Militäranlagen überall auf der Welt befanden sich auf defcon 3, der höchsten Alarmstufe seit dem Jom-Kippur-Krieg. Als die Türme einstürzten, führten US-Truppen gerade Militärübungen entlang der russischen Grenze durch.

Wir waren im Lauf der Jahre in viele Konflikte mit feindlichen Nationen verwickelt gewesen. Doch am 11. September war unser erbittertster, langjähriger Feind der Erste, der anrief. Wladimir Putin rief George W. Bush an. Der US-Präsident befand sich an Bord der *Air Force One,* als der Anruf einging. Putin sprach sein Beileid aus und bot seine Solidarität im Kampf gegen den Terror an. Er sagte Bush, dass die russischen Truppen angesichts dessen, was gerade passiert sei, sofort abgezogen würden.

Später äußerte sich Bush anerkennend über Putins Anruf und sagte, dass unsere erhöhte militärische Präsenz unter fast allen anderen Umständen »zwangsläufig Spannungen« hervorgerufen hätte. Doch Putins Anruf habe ihm eindeutig gezeigt, »dass er versteht, dass der Kalte Krieg vorbei ist«.

In meinen Kopf herrschte ein heilloses Durcheinander.

Schließlich kam Ava nach Hause. »Ist es schlimm?«, fragte sie.

»Es ist schlimm«, antwortete ich.

Wir starrten auf den Fernseher und telefonierten den Rest des Nachmittags. Schließlich legte ich eine Pause ein.

Innerhalb weniger Stunden hatte sich in mir ein kompletter Wandel vollzogen: Hatte ich mir vorher keinerlei Gedanken über meine Sicherheit oder die Sicherheit der Menschen, die ich liebte, oder die Stabilität der amerikanischen Gesellschaft gemacht, dachte ich nun an kaum etwas anderes mehr.

Wenn jemand mir in diesen Stunden erzählt hätte, die Kanadier würden sich bis an die Zähne bewaffnen und Amerika erobern, hätte ich gesagt. »Warum nicht?« Alles schien möglich. Wer wusste noch, was normal war?

Ava hatte das Attentat von 1993 auf das World Trade Center miterlebt. Sie war damals Schülerin der Stuyvesant High School gewesen, die nur wenige Straßen von dort entfernt lag. Ihre persönliche Betroffenheit über diesen neuen Angriff, der weitaus mehr Todesopfer forderte als der erste, war, falls überhaupt möglich, noch größer als meine. Sie sagte, sie verspüre das überwältigende Bedürfnis, nach Hause zu fahren.

»Warum sind wir dann noch in Boston?«, fragte ich.

Am Freitag, dem 14. September, drei Tage nach dem Angriff, fuhren wir im Firehawk Richtung Süden. Mit dem Auto zu fahren, war die einzige Möglichkeit. Die Verkehrsflugzeuge flogen noch nicht wieder. Wir hatten die ganze Fahrt über das Radio eingeschaltet. Als wir auf die Interstate 95 einbogen, fand in der National Cathedral in Washington unter Leitung von Reverend Billy Graham ein nationaler Tag des Gebets und Gedenkens statt. Die Hälfte der politischen Prominenz Amerikas schien dort zu sein, einschließlich Präsident George W. Bush.

»Wir sind hier in der Stunde unseres größten Schmerzes versammelt«, sagte der Präsident den Anwesenden. Niemand konnte leugnen, dass Amerikas Genesung sich noch ganz im Anfangsstadium befand. An jenem Nachmittag flog Bush nach New York. Der Präsident erreichte Ground Zero, gerade als wir über den West Side Highway zur Upper West Side fuhren. Ich stellte das Radio lauter, als er wieder sprach.

»Ich möchte Sie alle wissen lassen, dass Amerika heute im Gebet niederkniet für die Menschen, die ihr Leben verloren haben, die Arbeiter, die dort arbeiten, die Familien, die trauern«, sagte er durch ein Megafon zu einer Gruppe von Bauarbeitern und Rettungshelfern in der schwelenden Grube. »Vereint mit den guten Menschen von New York City und New Jersey und Connecticut betrauert die Nation den Verlust von Tausenden unserer Bürger.«

An dieser Stelle wurde der Präsident unterbrochen. »Ich kann Sie nicht hören«, rief einer der Rettungskräfte von hinten.

»Ich kann Sie hören!«, rief Bush durch das Megafon. »Ich kann Sie hören! Der Rest der Welt hört Sie! Und die Leute, die Leute, die diese Gebäude zerstört haben, werden bald von uns hören!«

Da begannen die Arbeiter mit lauter, rauer Stimme zu skandieren: »USA! USA! USA! USA!« Sie machten eine ganze Weile lang so weiter.

Als wir den Highway verließen und in die Straßen der Upper West Side einbogen, schien Boston tausend Meilen und ein Menschenalter von dort entfernt zu sein, wo sich das eigentliche Geschehen abspielte. In diesem Moment wussten Ava und ich, dass wir zurück nach New York ziehen mussten.

Am nächsten Morgen machten wir uns von der Wohnung ihrer Eltern aus auf den langen Weg ins Stadtzentrum. Die Straßen waren nicht ruhig oder leer. Doch alle schienen in derselben düsteren Stimmung zu sein. Je weiter wir nach Süden kamen, desto seltsamer wirkte alles. Bei der 23rd Straße bogen wir nach Westen ab und gingen am Hudson River entlang an Chelsea und Greenwich Village vorbei.

Wir wussten, dass die Grube noch immer schwelte. Sie würde es noch mehrere Wochen lang tun. Asche und kleine Papierfetzen schwebten in der Luft, in der ein scharfer Geruch lag. Der Himmel war ein verschwommenes Glühen. Unsere Augen brannten. Unsere Lungen auch.

Die meiste Zeit gingen wir schweigend, sagten kaum etwas. Wir waren völlig in Gedanken versunken.

Wir hatten von den strengen Sicherheitsvorkehrungen gehört und nahmen an, dass die Polizei oder die Wachposten uns etwa in Höhe der Houston oder Canal Street zurückschicken würden. Doch noch hielt uns niemand auf.

Wir gingen weiter Richtung Süden, bis wir zu Avas alter Highschool kamen. Auf der Straße vor der Stuyvesant standen eine Reihe ramponierter New Yorker Polizeiautos. Bei einigen waren die Fensterscheiben rausgeflogen. Alle waren staubbedeckt. Ersthelfer, eingefroren in der Zeit.

Ava kannte die Gegend gut. Wir gingen nach Osten, dann nach Norden, wieder nach Osten und schließlich wieder nach Süden. Von dort, wo wir uns befanden, konnten wir den verbogenen Stahl und den

riesigen Schutthaufen der eingestürzten Türme sehen. Vier National-
gardisten standen dort. Sie hatten Gewehre und trugen Gasmasken. Sie
sahen sehr jung und verängstigt aus. Genauso wie wir.

Wir kehrten zurück zur Canal Street, wo riesige Menschenschlangen
versuchten, nach Süden zu gelangen. Die Leute wussten nicht, dass sie in
einem Bogen um die Absperrungen herumgehen konnten.

Wir gingen weiter Richtung Norden, bis wir den Washington Square
erreichten. Schließlich blieben wir stehen und begannen zu reden.

»Es ist wie eine Stadt ohne Menschen«, sagte Ava. »So, als gäbe es
hier keine Zivilisation mehr.«

»Die Plakate sind es, die mir am meisten unter die Haut gehen«,
sagte ich. Überall in Lower Manhattan hatten verzweifelte Menschen auf
der Suche nach Informationen über vermisste Freunde und Verwandte
Plakate aufgehängt. Die meisten von ihnen würden, wie wir bereits
wussten, nie gefunden werden. Wir machten uns Richtung Westen und
schließlich Norden auf den langen Nachhauseweg.

Als wir am St. Vincent's Hospital vorbeikamen, standen dort Menschen Schlange, um Blut zu spenden. Hierher brachte man die Überle-
benden. Doch in der Notaufnahme war es an diesem Tag gespenstisch
ruhig.

Etwa in Höhe der 14th Street trafen wir auf vier Feuerwehrleute in
Uniformen, die uns nicht vertraut vorkamen. Sie gehörten eindeutig
nicht zur New Yorker Feuerwehr. Wir fragten die Männer, woher sie
kämen.

»Australien«, erwiderten zwei von ihnen.

»San Bernardino, Kalifornien«, sagten die beiden anderen.

»Danke, danke«, sagte ich und schüttelte allen vieren die Hand.

Es war einfach beeindruckend – all diese Leute waren so schnell von
so weither gekommen, aus keinem anderen Grund, als zu helfen und ihr
Talent, ihre Erfahrung und ihre Energie einzubringen.

Da konnte man einfach nur Danke sagen.

Meine Erfahrung mit dem 11. September ähnelte der vieler Amerikaner. All meine Angehörigen kamen an diesem Tag sicher nach Hause. Doch alles schien eine viel größere Bedeutung zu erlangen. Angst und Besorgnis waren mit Händen zu greifen. Handys funktionierten nur zeitweise. Viele Menschen in New York, die keine Möglichkeit hatten, nach Hause zu gelangen, schliefen bei Freunden oder Kollegen. Es dauerte mehrere Tage, bis wir meinen Cousin JD fanden, der im Bankenviertel arbeitete. Es ging ihm gut, aber es war nervenaufreibend gewesen.

An jenem Morgen wurde mir klar, dass es so etwas wie eine sichere Welt nicht mehr gab. Dieser Kokon, in dem ich gelebt hatte – die Zeit beim ROTC, die Arbeit an der Harvard University mit den bequemen Bürostühlen und den Schalen voll Lakritz, unsere gemütliche Wohnung in Fenway, der angenehme Job und die sichere Karriere, das anständige Gehalt und die schönen Autos –, nichts davon konnte unsere Sicherheit garantieren. Die Welt konnte sich von einer Sekunde zur nächsten dramatisch verändern. Tatsächlich hatte sie das gerade getan.

Das war es, was ich fühlte. Dann begann ich nachzudenken: *Was zum Teufel kann ich tun?* Ich hatte das Gefühl, dass irgendwo dort draußen echte Arbeit geleistet werden musste, und ich saß zu Hause und schaute mir das Ganze im Fernsehen an.

»Ich möchte Teil davon sein«, sagte ich mir. »Ich möchte das Gefühl haben, meinen Beitrag zu leisten. Ich möchte das Gefühl haben, die Welt sicherer zu machen. Ich will nicht mehr an der Seitenlinie sitzen.«

In den folgenden Monaten verwandelte ich mich von jemandem, der es sich gern gut gehen ließ, in jemanden, der erkannte, dass es etwas Größeres gab, an dem er teilhaben wollte. Die einzige Frage war: Wie?

Navy-Träume

Mein Leben zu verändern, dauerte länger, als ich es mir gewünscht hatte.

Wir blieben in Boston, wo Ava mit ihrem Doktorandenstudium sehr schnell vorankam. Meine Eltern in New York arbeiteten schwer, bauten ihr Unternehmen Books & Research aus, genossen ihr Leben in Hastings und waren sehr zufrieden, dass sie als Immigranten der ersten Generation so viel erreicht hatten. Mein pakistanischer Vater war sogar amerikanischer Staatsbürger geworden. Für ihn war dies weder Ausdruck seines amerikanischen Patriotismus noch eine Frage der nationalen Identität, obwohl er Amerika liebte. Er interessierte sich inzwischen für die Lokalpolitik in Hastings und war völlig aufgebracht über eine Erhöhung der Grundsteuer. Es widerstrebte ihm zutiefst, dass er bei Kommunalwahlen nicht wählen durfte. Also machte er den US-Staatsbürgerschaftstest – natürlich mit links – und erhielt seine Staatsbürgerschaft im August 2001, kurz bevor Lower Manhattan zum Ort eines schweren Verbrechens wurde.

Die meisten meiner Freunde aus der Highschool und dem College verdienten inzwischen Geld an der Wall Street oder versteckten sich in der Graduate School. Keinen von ihnen schien der Zustand der Welt sonderlich zu beunruhigen. Warum also hatte ich dieses Gefühl der Leere?

Es war nicht so, dass mein Leben sich in einem desolaten Zustand befand. Tatsächlich lief alles sehr gut. Ich hatte kaum ein Jahr an der

Harvard University gearbeitet, als ich vom Programmierer in der Personalabteilung zum Leiter eines eigenen Teams des Universitäts-Informati-
onssystems befördert wurde. Dies war eine große Chance für mich und
das System etwas Neues für die Universität. Es war, als würden wir unser
eigenes Business unter dem Dach der Universität betreiben. Wir durften
kreativ und unternehmerisch sein, wurden sogar dazu ermutigt. Ich
konnte mein Team so leiten, wie ich es mir vorstellte. Und wenn ich
meinen Job gut machte, würde die Zukunft sicher noch mehr Gutes für
mich bereithalten.

Ich hatte eine hervorragende Ausbildung, war mein Leben lang ver-
hätschelt worden und hatte das Glück gehabt, in New Yorks wohlhabenden Vorstädten aufzuwachsen. Ava und ich waren jung und verliebt. Wir
hatten eine tolle Wohnung und diesen fantastischen Firehawk-Sportwa-
gen. Und wir hatten ein Stadtauto gekauft, einen leicht zu parkenden
schwarzen 1993er Honda Civic. All diese Chancen und Vorteile waren
mir vergönnt gewesen – und was hatte ich daraus gemacht?

Nicht annähernd genug. Nichts von dem, was ich tat, kam mir wichtig vor.

Was war das nur für ein Leben? Websites für den Harvard-Rektor
Larry Sommers zu kreieren! Endlose Sitzungen mit überheblichen Menschen über mich ergehen zu lassen, die Initiativen diskutierten, die mir
nicht gleichgültiger hätten sein können! Wollte ich so die nächsten vierzig Jahre meines Lebens verbringen? Mich hinter hohen Elfenbeinmau-
ern verstecken? Es war ein angenehmer Job mit einer angenehmen Zukunft, ja, er hätte angenehmer nicht sein können. Aber ich fühlte mich
seltsam abgekoppelt von allem. Ich war Peter Gibbons, der missmutige
Programmierer in Mike Judges Film *Alles Routine*. »Wir haben nicht viel
Zeit auf dieser Erde«, begreift Peter schließlich. »Wir sind nicht dazu
bestimmt, sie auf diese Weise zu verbringen. Die Menschen sind nicht
dazu bestimmt, in kleinen Arbeitsnischen zu hocken und den ganzen

Tag auf Computerbildschirme zu starren.« Er hatte recht. Ich hatte das Gefühl, dahinzutreiben und das wahre Leben zu verpassen. Nicht, dass ich gewusst hätte, wie das wahre Leben wohl aussehen könnte. Mein Urururgroßvater – er hatte es gekannt. Ich hatte einfach das Gefühl, mein Leben zu vergeuden. Der 11. September hatte mir dies auf unangenehme Weise deutlich gemacht. In meinem bisherigen Leben war es nur um Sicherheit und Bequemlichkeit gegangen. Das fühlte sich jetzt nicht mehr richtig an. Ich war fünfundzwanzig, verhielt mich aber eher wie ein selbstzufriedener, sesshaft gewordener Vierzigjähriger. Ich musste etwas unternehmen. Etwas verändern.

Aber was? Wie? Wo?

Der 11. September hatte nicht nur den Patriotismus befeuert. Er hatte viele Menschen daran erinnert, dass es Möglichkeiten gab, etwas wirklich Sinnvolles zu tun. Je länger ich darüber nachdachte, desto sicherer war ich mir: Es musste etwas Größeres, etwas Bedeutsameres geben, das ich tun konnte. Da kam mir zum ersten Mal die Idee, zum Marinenachrichtendienst zu gehen.

Ich hatte immer viel über das Militär gelesen, schon als kleiner Junge mit Spielzeugsoldaten und Modellflugzeugen gespielt und jede Menge Kriegs- und Spionagefilme gesehen. In letzter Zeit beschäftigte ich mich sogar noch intensiver mit diesen Themen. Jedes Mal, wenn Ava und ich an einem Samstag die Buchhandlung Barnes & Noble in Newton besuchten, kaufte ich mir eine Reihe von geopolitischen Büchern, Titel wie Con Coughlins *Saddam Hussein: King of Terror*. Nichts davon hatte etwas mit meinem IT-Job zu tun. Ich liebte es einfach, über weit entfernte Abenteuer und schwierige internationale Krisen zu lesen. Ich stellte mir dann vor, in ein großes Weltereignis verwickelt zu sein, und überlegte, wie ich mit den Problemen fertig werden würde. Ich las von großen Führern, die sich großen Entscheidungen gegenübersahen, und verschlang Bücher, in denen die Geschichten vom Standpunkt eines Insiders erzählt wurden und die Details enthielten, die in den üblichen Geschichtsbüchern fehlten. Ich wollte wissen, wie diese Menschen reagierten, wenn sie sich unvorstellbaren Schwierigkeiten und unmöglichen Entscheidungen gegenübersahen. Taten sie das Richtige? Beeinflussten ihre Entscheidungen den Lauf der Geschichte? Gab John F. Kennedy während der Kubakrise klein bei? Nein. Wäre die Berliner Mauer auch ohne Ronald Reagan gefallen? Nein. War General Westmoreland ein brillanter Stratege oder hatte er den Karren im Vietnamkrieg völlig in den Dreck gefahren? Beides. Ich versuchte, all diese Rätsel zu lösen, und nahm eine Bewertung der Erfolge und Misserfolge »großer« Männer vor. Und so wie mich das reale Militär gefangen nahm, war ich auch vom fiktionalen besessen. In Gedanken spielte ich alle möglichen verrückten Situationen durch. In welcher Rolle sah ich mich? War ich eher James Ryan *(Der Soldat James Ryan)* oder Kenneth »Kenny« O'Donnel *(Thirteen Days)?* War ich ein Taktiker oder ein Stratege? War ich der Typ, der Türen eintrat und Menschen erschoss, oder der Typ, der sich zurücklehnte und die Puzzleteile zusammensetzte? Beide Rollen sind von Bedeutung, aber ich war mir ziemlich sicher, dass meine Talente im intellektuellen Bereich lagen.

Ich hatte all die Filme gesehen, all die Bücher gelesen und die Szenen im Kopf durchgespielt, seit ich als kleiner Junge meine Leidenschaft für G. I. Joe Skystrikers entdeckt und stolz meine graue Pseudofliegerjacke mit den Jolly-Roger-Abzeichen getragen hatte. Als Kind hatte ich diese Spiele in der Zeit zwischen den Hausaufgaben und dem Zubettgehen gespielt. Jetzt, wo ich erwachsen war und Freunde hatte, die echte Air-Force- oder Navy-Fliegerjacken trugen, war eines unverändert geblieben: Ich hatte die wirklichen Abenteuer anderen Leuten überlassen.

Doch damit war jetzt Schluss.

Ich hatte einen Plan. Ich würde das tun, worin ich bereits ein Experte war – die Technologie nutzen, um an Informationen zu gelangen. Wenn es etwas gab, worin ich überdurchschnittliche Fertigkeiten besaß, dann war es die »Datenschürfung«. Ich hoffte, dass meine technischen Fähigkeiten mich nun dorthin führen würden, wo meine Bestimmung lag.

Wir arbeiteten noch immer mit rudimentären Suchmaschinen wie WebCrawler, Dogpile und Ask Jeeves und wir posteten in Foren. Das Internet wuchs und ermöglichte Verbindungen mit Menschen, denen wir wahrscheinlich nie begegnen würden. Jemand, den ich in einem IRC-Chatroom kennenlernte, verwies mich auf military.com. Dort würde ich, so sagte er, alle möglichen Ratschläge dazu erhalten, wie ich einen Job beim Marinenachrichtendienst bekommen könnte, und zwar schnell.

Schnell war entscheidend. Geduld war nicht gerade meine Stärke. Ich hatte keine zwanzig Jahre Zeit. Ich wollte nicht draußen auf dem Meer auf einem Schiff hocken. *Komm schon,* dachte ich. *Du hast beinahe ein Drittel deines Lebens hinter dir. Du wirst nicht jünger. Wie lange willst du noch warten?*

Die Leute, die auf military.com posteten – derzeitige und ehemalige Offiziere und Militärpersonen –, wussten erstaunlich viel und hätten nicht freundlicher sein oder ihre Informationen bereitwilliger mit mir teilen können, sobald sie überzeugt waren, dass ich es ernst meinte. Ich hatte keine Hemmungen, Fragen zu stellen. Ich erklärte, ich wolle für den Marinenachrichtendienst arbeiten, hätte einen technischen Hintergrund und suche einen Weg, schnell bei der Navy reinzukommen. Einige Poster erwähnten das »Direct Commission Officer Program« (die direkte Ernennung zum Offizier), von dem ich noch nie gehört hatte. Aber es klang perfekt. Es war ein Ausbildungsprogramm der US Navy Reserve. Dies war nicht der berufliche Weg für draufgängerische Achtzehnjährige, die gerade die Highschool verlassen hatten. Das DCO-Programm war für Leute, die bereits eine zivilberufliche Laufbahn eingeschlagen hatten und über spezielle Fähigkeiten verfügten, die die Navy möglicherweise gebrauchen konnte. Physiker, Ingenieure, Anwälte, Seelsorger, Meteorologen. Ich konnte mir vorstellen, wie der örtliche TV-Wetterfrosch der Elf-Uhr-Nachrichten mit einem Feuchttuch sein Make-up entfernte und hinüber zum örtlichen Stützpunkt eilte, um die Kapitäne von Zerstörern per Funk über bevorstehende Sturmböen zu informieren. Hey, warum nicht?

Ich hatte vielleicht nicht das Wissen, um Tiefs vorherzusagen. Aber der Anforderungskatalog für Offiziere des Marinenachrichtendiensts war nicht sonderlich präzise. Man brauchte nur »bedeutende zivilberufliche Erfahrung in Disziplinen, die in einem gewissen Zusammenhang mit dem Geheimdienst oder internetbezogenen Berufen standen«. Das konnte alles bedeuten, oder? Ich wusste, dass ich auf dem richtigen Weg war. Ich hatte die Grundfertigkeiten, um zu spionieren.

Ich hatte zigtausend Stunden im Computerlabor der NYU verbracht. Wo immer ich gearbeitet hatte, galt ich als Kung-Fu-Meister des Recherchierens und war bekannt dafür, vage Ideen in einen Code verwandeln zu können. Ich konnte in meinem Lebenslauf namhafte Colleges und Arbeitgeber aufführen – NYU, Columbia und Harvard –, die sicher beeindrucken würden. Ich musste weder meine glücklose Zeit an der Hackley noch die leere Diplommappe an der Highschool von Hastings erwähnen. Ich gehörte zu jenen Technikfreaks, die mit allen sprechen konnten: mit den superintelligenten Codeschreibern, wie sie in meinem Team zu finden waren, und mit den ahnungslosen Akademikern, die zu unseren Kunden zählten. Und ein halber Pakistani zu sein konnte sicher auch nicht schaden. Ich sprach kein Arabisch, konnte aber wahrscheinlich an einer Straßenecke als jemand durchgehen, der dies tat.

Der Gedanke, für das Office of Naval Intelligence tätig zu werden, gefiel mir. Der Marinenachrichtendienst war ein wichtiger Teil unserer Militärstrategie. Doch es ging nicht darum, den Feind zu überrennen. Es ging darum, ihn zu überlisten. Das war ein Gebiet, auf dem ich mich, wie ich glaubte, voll entfalten konnte.

So sehr dies den abenteuerliebenden Jugendlichen in mir auch reizen mochte, ich wusste, dass das Leben eines Offiziers des Marinenachrichtendienstes nicht allein aus Verfolgungsjagden mit dem Auto, geheimen Übergaben und John le Carré bestand. Es umfasste auch Routinearbeiten wie Forschen, Berichte schreiben und all den anderen langweiligen Kram. Aber es machte sicher mehr Spaß und war bestimmt aufregender und bei Weitem bedeutender als die Arbeit im Computerraum einer Universität.

Ich machte es mir zur Aufgabe, so viel wie möglich über die Marineaufklärung zu erfahren. Falls ich in das Programm aufgenommen würde – und warum nicht angesichts meines Hintergrunds? –, würde mir eine zweiwöchige Schulung in der Direct Commission Officer School in Pensacola, Florida, bevorstehen. Ab dem Tag, an dem ich meinen Vertrag unterschreiben würde, wäre ich ein Offizier der US Navy Reserve. Keine Militärakademie, kein ROTC, keine Offiziersschule, kein endloses Warten auf die nächste Phase meines Lebens. Wie einer der Poster bei military.com mir sagte: »Du wirst deinen ersten Einsatz haben. Die Leute werden dir mit Respekt begegnen.«

Ich konnte es kaum abwarten. Ich würde mich für acht Jahre verpflichten müssen. Das konnte ein Wochenende pro Monat Training und zwei Wochen Sommerlager bedeuten, angesichts der Entwicklungen in der Ära nach dem 11. September aber auch eine längere Stationierung auf einem Marinestützpunkt in den USA oder in einer Kriegszone in Afghanistan, im Irak oder wer weiß wo. Wahrscheinlich ein bisschen von beidem, hatten die Leute auf military.com mir erklärt. Ein Weg, der für mich perfekt war. Ein Abenteuer, für das ich der Richtige und für das ich reif war.

Mit einem Ziel aufzuwachen, war unglaublich belebend. Und es dauerte nicht lange, bis ich mich an dessen Verfolgung machte.

Ich füllte das Formular »nähere Informationen« auf der Website der Direct Commission der Navy aus. Ich kreuzte das Kästchen für »Nachrichtenoffizier« an. Ein paar Tage später erhielt ich eine Antwort-E-Mail. Sie stammte von einem gewissen Lieutenant Commander Lino Covarrubias, dem Offiziers-Anwerber in Neuengland für das Direct Commission Program. Angesichts von Titeln wie diesem schien die Navy genauso bürokratisch zu sein, wie es die Armee während der Zeit meiner Mitgliedschaft beim ROTC gewesen war. Der Lieutenant Commander schrieb, er würde sich freuen, mich kennenzulernen. Doch zunächst solle ich an einer Direct-Commission-Kurzeinweisung für mein beabsichtigtes Spezialgebiet, Marineaufklärung, in Fort Devens teilnehmen, einer Militäreinrichtung für Reservisten in der Nähe von Worchester, Massachusetts, etwa eine Autostunde östlich von Boston. Und ich solle mich einer Musterung bei der Military Entrance Processing Station (MEPS) in South Boston unterziehen.

»Die Einführung wird durch einen Nachrichtenoffizier der Navy erfolgen«, fuhr der Lieutenant Commander fort. »Das ist für Sie die beste Möglichkeit, eine Vorstellung davon zu erhalten, ob dies das Richtige für Sie sein könnte. Schicken Sie mir anschließend eine E-Mail, falls Sie dann noch immer interessiert sind.«

Mir war sofort klar, dass sich hier gut situierte Teilnehmer versammelt hatten, als ich die Autos auf dem Parkplatz von Fort Devens sah. Ein Mercedes. Ein Jaguar. Ein paar BMWs. Was ihren Wert anging, befand sich mein Firehawk am unteren Ende der Skala. Ich traf einige Zeit vor Beginn der Informationsveranstaltung, die auf 19 Uhr angesetzt war, in dem hell erleuchteten Schulungsraum ein. Dort waren schon rund zwei Dutzend Leute versammelt, vor allem Männer, aber auch drei oder vier Frauen. Ich unterhielt mich mit zwei Anwälten, einem Börsenmakler, einem Verkaufsleiter, einem Steuerberater und ein paar Typen aus der mittleren Unternehmensebene. Niemand war alt, aber ich war einer der Jüngeren im Raum. Und vielleicht einer der weniger Erfolgreichen. Offensichtlich hatte die Navy in den Wochen seit dem 11. September ihre Rekrutierungspolitik geändert.

Eine gedrungene Frau in Khakihose und Khakihemd, die eine Stahlhelmfrisur trug, betrat den Raum und stellte sich als Lieutenant Commander der Naval Intelligence Reserve vor. Dann wiederholte sie viel von dem, was ich auf der Website gelesen hatte. Nur dass es so klang, als wolle sie uns davon überzeugen, uns erst gar nicht zu bewerben.

»Sie haben möglicherweise ein falsches Bild vom Leben eines Nachrichtenoffiziers«, sagte sie. »Es ist nicht das permanente große Abenteuer. Es ist nicht alles James Bond. Tatsächlich ist es weitestgehend *nicht James Bond*. Es hat viel mit Informationsgewinnung zu tun. Mit Analysen. Damit, etwas herauszufinden, von dem die Feinde unserer Nation vielleicht nicht wollen, dass wir es entdecken.«

»Meine Aufgabe ist es, die Sache nicht zu glorifizieren«, fuhr sie fort. »Mein Job ist, Ihnen die Wahrheit zu sagen. Die Navy weiß Ihr Interesse zu schätzen. Aber wir möchten, dass Sie dies hier mit offenen Augen tun – falls Sie beschließen, es zu tun. Wir befinden uns zurzeit an einem ganz besonderen Punkt der Geschichte.« Auf keinen Fall sollten wir die reale Möglichkeit einer Stationierung in Übersee auf die leichte Schulter nehmen. »Ich weiß, dass wir von Reserves sprechen, und ich weiß, dass sich dies vom aktiven Dienst unterscheidet. Aber ich muss Sie warnen: Es ist kein ruhiger Job mehr bei den Reserves. Treten Sie der Navy nicht bei, wenn Sie nicht wollen, dass Ihr Leben auf den Kopf gestellt wird.«

65

Ich wusste, dass dies als Warnung gemeint war. Diese Frau war eine Expertin darin, jeden zu entmutigen, der sich nicht zu 110 Prozent sicher war. Doch ich hörte eine andere Botschaft. *Mein Leben auf den Kopf stellen?,* dachte ich. *Ja! Nur zu!*

»Wenn Sie in dieses Programm aufgenommen werden, ist die Wahrscheinlichkeit groß, dass Sie irgendwo eingesetzt werden.« Sie hielt inne und wartete darauf, dass dies in unser Bewusstsein drang. »Es gibt beträchtliche Risiken, die Sie sorgfältig bedenken sollten.« Sie begann, sie aufzuzählen. »Risiken für Ihren Job, Ihre Familie, Ihr Einkommen – Leute mit gut bezahlten Jobs werden wahrscheinlich Gehaltseinbußen hinnehmen müssen.« Mehrere Leute erstarrten, als sie dies erwähnte. »Ich habe eine Reihe ausgefallener Autos auf den Parkplatz fahren sehen«, fuhr sie fort. »Wenn Sie diese Autos mögen, ist dies wahrscheinlich nicht das richtige Programm für Sie. Wir haben Leute, die Börsenmakler waren und vier- oder fünfhunderttausend Dollar im Jahr verdienten. Jetzt verdienen sie als Leutnant zur See 70000. Bereiten Sie sich darauf vor. Fragen Sie sich: ›Kann ich das tun?‹ Es wird Ihnen keiner übel nehmen, wenn Sie sich dagegen entscheiden.«

Mir fiel auf, dass einige der Anwesenden den Kopf schüttelten und unbehaglich auf ihrem Stuhl hin und her rutschten. Ich nickte. Beugte mich vor Aufregung vor.

Ein wenig Kopfzerbrechen machte mir meine körperliche Verfassung. Genauer gesagt war ich mir in einem Punkt unsicher. Auf dem offiziellen Gesundheitsfragebogen der Navy konnte ich die »Nein«-Kästchen für Krebs, Herzkrankheiten und unzählige andere schlimme und nicht so schlimme Leiden ankreuzen. Nein, ich bin nicht heroin- oder kokainsüchtig und auch nicht von anderen Drogen abhängig! Nein, ich leide an keinem Hirntumor! Nein, ich habe keine Plattfüße! Aber die Wahrheit war, dass meine Fitness zu wünschen übrig ließ. Die Arbeit an der Harvard unterschied sich nicht so stark von vielen anderen technischen Berufen: Wir arbeiteten absurd viel. Wir saßen an ergonomischen Arbeitsplätzen in ergonomischen Stühlen, ständig auf der Hut vor dem Mausarm. Wir schlürften ununterbrochen stark zuckerhaltige und stark koffeinhaltige Getränke. Kaum einer von uns ging in der Mittagspause nach draußen. Unsere Arbeitsstätte war so konzipiert, dass wir ständig vor oder in der Nähe unserer Tastatur hocken blieben und die System-Anwendungs-Architektur aktualisierten, Websites der nächsten Generation entwarfen und unentwegt Programmiercodes schrieben. Die Schalen mit Lakritz, die summenden Cappuccino-Maschinen, der Büfetttisch, an dem man sich rund um die Uhr etwas zu essen holen konnte – sie alle förderten unsere sitzende Lebensweise. Wobei wir jedoch nicht darbten. Es *gab* so etwas wie ein kostenloses Mittagessen an der Harvard – und auch ein kostenloses Frühstück und Abendessen. Den Preis bezahlten unsere Taillen und unser Cholesterienspiegel.

Ich wusste also, dass dies ein Problem für mich sein könnte. Deswegen hatte ich, direkt nach Erhalt der E-Mail des Anwerbers und noch bevor ich zu der großen Entmutigungskünstlerin in Fort Devens gegangen war, mit einer Atkins-Diät begonnen und wieder Sport betrieben. Ich wog bei einer Größe von 1,70 Meter rund 80 Kilo. Laut Gewichtstabelle musste ich vier Kilo abnehmen. Ich aß Schinkenspeck, Hamburger ohne das Brötchen und Unmengen von Broccoli. Ich aß kein Brot, keine Pasta, rein gar nichts, was Kohlenhydrate enthält, und, um ehrlich zu sein, nicht sonderlich viele andere Gemüsesorten. Die fehlende Abwechslung machte ich durch Entschlossenheit wett. Am Abend vor meinem Termin bei der MEPS zeigte meine Badezimmerwaage 76 Kilo an.

Ich musste um vier Uhr morgens in South Boston sein. Das war so früh – so verdammt früh –, dass Ava sich bereit erklärte, mit mir dorthin zu fahren. Gerade waren die Druckfahnen eines Artikels in einer Wissenschaftszeitschrift eingetroffen. Sie würde im Auto warten und

Korrektur lesen, während man mich, wie sie sagte, von Kopf bis Fuß durchchecken und sicher anblaffen würde. Ava unterstützte mich, aber ich glaube, sie schmunzelte über das, was ich mir antat.

Ich suchte alle Papiere zusammen, die ich brauchte – Gesundheitsfragebogen, Impfpass, eine Kopie meines Highschool-Diploms, Personalausweis. Wir verließen Fenway um Viertel nach drei und fuhren mit dem wendigen Honda nach South Boston.

»Viel Glück«, sagte Ava, als ich sie zum Abschied küsste.

Mir fiel auf, wie anders die Autos auf diesem Parkplatz waren. Statt der glänzenden Mercedes und Jaguars, die ich in Fort Devens gesehen hatte, standen hier alte Chevys, Toyotas und Fords herum. Ich sah ein paar Familien-Minivans und einen verbeulten Pick-up. Und anstelle von Börsenmaklern, Anwälten und Steuerberatern hingen im Warteraum vorrangig Achtzehn- und Neunzehnjährige herum. Einige von ihnen unterhielten sich über die Nacht, die sie gerade im Holiday Inn Express verbracht hatten. Möglicherweise waren sie das erste Mal allein von zu Hause weg. Nicht wenige schienen zugleich aufgeregt und verängstigt zu sein. Diese Jungs würden zur richtigen Navy gehen. Falls sie die Musterung überstanden, würden sie am nächsten Morgen auslaufen, um irgendwo ihre Grundausbildung zu absolvieren.

Auch das hiesige Personal schien anders zu sein. Statt eines Lieutenant Commanders, der geduldig herablassende Fragen von Börsenmaklern beantwortete, sah das barsche MEPS-Personal nicht danach aus, als würde es sich irgendetwas bieten lassen. War Fort Devens *Ein Offizier und Gentleman,* so war die MEPS *Platoon,* und ich wurde hindurchgeschleust, als würde ich durch eine automatische Autowaschanlage gezogen, Station für Station für Station, jede mit einer ganz bestimmten Funktion, bis jeder Quadratzentimeter von mir untersucht worden war. Muskeltests. Gelenktests. Sehtest. Hörtest. Urin- und Bluttest. Drogen- und Alkoholtest.

»Lauft wie eine Ente«, forderte uns einer der Aufsichtsführenden auf, und eine lange Reihe von Rekruten tat genau das: im Entengang durch den Raum zu watscheln.

Ich trug meine Papiere in einem großen braunen Briefumschlag bei mir. Das Wiegen kam zum Schluss. Diese Station machte mich am nervösesten. Ein Sanitäter mit einem Klemmbrett stand neben einer alten Arzt-Standwaage.

»Hier endet alles für mich«, sagte ich und versuchte, ein charmantes Lächeln auf mein Gesicht zu zaubern. »Irgendein Ratschlag?«

Er ging nicht darauf ein. »Rauf!«, sagte er nur, und ich kletterte auf die Waage und erinnerte mich an all die Burger ohne Brötchen und den vielen Schinkenspeck.

Er schob das kleinere Gewicht nach rechts, bis der Metallarm sich bei genau 76 Kilo einpendelte. »Wo wollen Sie hin?«, fragte er mich.

»Zur Navy«, antwortete ich.

»Dann ist alles okay«, meinte er. »Wir geben 75,5 Kilo an.«

Er stempelte meine Karte und entließ mich. Es war schon nach halb sieben, als ich fertig war. Die meisten Leute in Boston lagen noch im Bett, doch Ava hatte fast drei Stunden lang in meinem Wagen auf mich gewartet. Ich konnte es kaum abwarten, ihr zu erzählen, dass ich das Wiegen überstanden hatte. Und ich hatte einen Wunsch: bei *Au Bon Pain* einen köstlichen getoasteten Bagel mit mehr als nur einer dünnen Schicht Rahmkäse und Frühlingszwiebeln zu essen.

Als sie fragte, wie es gelaufen sei, antwortete ich. »Gut. Und verlang bitte nie von mir, wie eine Ente zu watscheln.«

Commander Lino

Ich wollte Lino Covarrubias *sein*. Das wusste ich, fünf Minuten nachdem wir uns im Restaurant *Imperial Terrace Chinese* in Quincy, Massachusetts, niedergelassen und ich ihn gefragt hatte, was er bei der Navy getan habe, bevor er Anwerber geworden sei.

»Überwasserseekriegs-Offizier«, antwortete er. »Ich verstand von jedem Handwerk etwas, war jedoch Meister von keinem. Auf dem Mittelmeer und der Adria. Auf Fregatten, Kreuzern und einem Flugzeugträger.«

Genau so sprach er – einfach, direkt, als habe er es nicht nötig, etwas auszuschmücken oder mit etwas anzugeben. Ich nickte ihm über die Frühlingsrollen hinweg zu.

»Während des Balkankonflikts in den Neunzigerjahren«, sagte er, »schlossen wir uns einer NATO Task Force an, um zu versuchen, Waffen aus Serbien und Montenegro rauszuhalten. Der Gedanke dahinter war der, die Lieferung von Waffen und Munition zu unterbinden und damit die Gewalt einzudämmen. Wir kontrollierten dort Schiffe und verhinderten, dass aus Italien Schwarzmarktwaffen eintrafen. Ein paar wurden nachts auf Zigarettenbooten geschmuggelt, die mit fast hundert Stundenkilometern fuhren. Wir konnten nicht auf die Boote schießen. Aber es waren jeweils nur ein paar Dutzend Feuerwaffen. Wir konzentrierten uns auf die größeren Schiffe, die Tausende von Waffen bei sich führten. Es war ein fürchterlicher Winter. Das Meer war sehr kabbelig, kalter

Wind blies von den Alpen herüber. Doch wir stoppten viele Lieferungen nach Serbien, das können Sie mir glauben.«

Ich war fasziniert. Ich hatte all diese Bücher über das Militär gelesen, all die Kriegsfilme gesehen, als Junge von meinem Großvater Geschichten über seine grauenvollen Erfahrungen im Zweiten Weltkrieg gehört und meine kurze Karriere beim ROTC gehabt, was immer die auch wert sein mochte. Aber nichts davon ließ sich mit dem Gefühl vergleichen, diesem Lieutenant Commander der Navy gegenüberzusitzen und mit ihm eine Unterhaltung von Erwachsenem zu Erwachsenem über das Leben in der Navy zu führen.

»Das muss aufregend gewesen sein«, sagte ich.

»Das war es.«

Ich hatte die Schritte unternommen, um die Lino mich in seiner E-Mail gebeten hatte: Ich hatte einen ganzen Stapel von Formularen und Bewerbungsbögen ausgefüllt. Ich war mit meinem Firehawk zum U.S. Naval Reserve Center in der 85 Sea Street gefahren. Jetzt war es Zeit, den Mann kennenzulernen, der mir den Weg gewiesen hatte.

Quincy ist eine alte Industriestadt an Bostons Südufer. Auf Fremde wirkt sie nicht so sehr wie eine eigene Stadt, sondern eher wie ein Stadtteil von Boston, der gerade luxussaniert wird. Doch trotz der dreistöckigen Häuser und zu Büros und Eigentumswohnungen umgebauten Fabrikgebäude hat Quincy eine starke eigene Identität. »QUIN-zy«, sagen die Alten gern, so als sei das »C« ein »Z«. Ich hatte mich über Quincys Platz in der amerikanischen Geschichte informiert. Der 1625 besiedelte Ort verdankte seinen Namen Oberst John Quincy, dem Großvater mütterlicherseits von Abigail Adams. Deren Ehemann, John Adams, der zweite Präsident der Vereinigten Staaten, wurde in Quincy geboren, ebenso sein Sohn, John Quincy Adams, der sechste Präsident. Und auch John Hancock, der Gouverneur von Massachusetts, den jedes Kind in

Amerika wegen seiner schwungvollen, eleganten Unterschrift auf der Unabhängigkeitserklärung kennt.

Der Teil von Quincy, in dem ich mich gerade befand, wirkte nicht sonderlich historisch auf mich. Der Architekturstil war zu betonlastig. Ich fuhr an ein paar Einkaufszentren und einem Blockbuster Store vorbei, einem McDonald's, einem Burger King und einem Friendly's Ice Cream. Das bräunliche, einstöckige Navy-Gebäude sah eher wie eine ehemalige Junior High School aus. Ich stellte mein Auto auf dem Parkplatz ab und ging nach drinnen.

Die Navy-Anwerber teilten dieses Gebäude mit den Polizei-Anwerbern der MBTA Transit Police Academy, sie hatten jeweils ihren eigenen Flur.

»Ich habe einen Termin bei Lieutenant Commander Covarrubias«, sagte ich dem Mann bei der Anmeldung und gab mir die größte Mühe mit dem fünfsilbigen Nachnamen. Der Mann nickte und ich nahm im Warteraum Platz.

Ich wartete etwa zehn Minuten, während Leute in blauen Uniformen kamen und gingen. Ich konnte nicht sagen, was sie taten, aber sie wirkten alle sehr beschäftigt. Ich starrte auf die Anwerbungsposter, auf denen fitte junge Männer und Frauen zu sehen waren, die von Schiffsdecks herabblickten, aus Helikoptern sprangen und zielstrebig durch die Brandung liefen. Die Polizeirekruten am anderen Ende des Gangs waren bis hierher zu hören.

Plötzlich betrat ein gedrungener Mann Anfang vierzig in kakifarbener Offiziersuniform den Warteraum und wünschte den Leuten in den blauen Hemden einen »Guten Morgen«, bevor er zu mir herüberkam. Er war etwa so groß wie ich und hatte dichtes, schwarzes, an der Seite gescheiteltes Haar. An seinem Hemd prangten fünf Reihen mit Abzeichen. Ich kannte sie nicht alle, sah aber ein silbernes Fallschirmspringerabzeichen, eine Anwerber-Anstecknadel und ein goldenes Überwasserseekriegs-Abzeichen.

73

»Hey«, sagte er freundlich und streckte mir die rechte Hand entgegen. »Wie geht's? Ich bin Lino. Lust auf ein Mittagessen?«

Seine unbekümmerte Freundlichkeit traf mich völlig unvorbereitet.

»Ja, Sir.« Ich erhob mich schnell.

»Nennen Sie mich Lino«, wehrte er die Förmlichkeit ab.

»Ja, Sir«, antwortete ich. »Lino.« Ehrlich gesagt, hätte ich mich genauso gut damit gefühlt, ihn »Lieutenant Commander« zu nennen.

Wir gingen zu einem Chinesen einen Häuserblock weiter, den er wahrscheinlich aus Bequemlichkeit ausgewählt hatte. Am Ambiente konnte es nicht liegen. Der Raum war dunkel und weitgehend leer. Das Essen war All-you-can-eat, mehr gibt's dazu nicht zu sagen. Lino belud seinen Teller mit Klößen und Frühlingsrollen und ich folgte seinem Beispiel.

»Wie sind Sie zur Navy gekommen?«, fragte ich ihn.

Ich begann zu essen und Lino zu reden. Selbst in diesem dämmrigen Licht sah ich das Fett auf seinem Teller glänzen.

»Ich habe immer gewusst, dass ich das tun werde«, sagte er. »Man lernt bei der Navy großartige Menschen kennen und fühlt sich wirklich als Teil einer Gemeinschaft. Es war eine tolle Zeit für mich.« Er zählte die Häfen auf, die er und seine Schiffskameraden angelaufen hatten. »Toulon, Frankreich. Malaga, Spanien. Korfu, eine der Ionischen Inseln. Haifa, Israel.«

»Das war sicher überwältigend, oder?«, fragte ich.

»Oh ja, das war es. Es gibt nichts Besseres auf der Welt, als nach ein paar Monaten auf See mit der Atlantikflotte in einen Hafen einzulaufen. Bei uns in der Navy herrscht an Bord Alkoholverbot. Bei vielen anderen Kriegsmarinen kann man, solange man keinen Dienst hat, Bier oder Rum trinken, sich einen Film anschauen und schlafen gehen. Aber nicht bei der U.S. Navy. Man ist Wochen oder noch länger auf See ohne etwas, was einen ablenkt. Und dann läuft man in einen Hafen ein. Man hat sechs Wochen lang kein Bier gehabt. Dieses erste Bier haut einen regelrecht um. Das Bild vom US-Matrosen, der sich betrinkt, entspricht so ziemlich der Wahrheit. An den zwei oder drei Tagen tankst du so viel, wie du kannst.«

So wie Lino es erzählte, klangen selbst die weniger erfreulichen Dinge gut. Kein Bier auf dem Schiff – egal, für wie lange – schien angesichts des Kameradschaftsgeistes, den er beschrieb, kein Problem zu sein. Die Matrosen, erklärte Lino, taten mehr an Land als nur trinken, den Frauen nachzustellen und zu relaxen. Sie versuchten auch, wann immer sie konnten, Menschen zu helfen.

»Wir haben zum Beispiel einen Spielplatz gebaut«, sagte er. »Oder ein Waisenhaus saniert. Wir bringen Geld in die Restaurants und Bars, aber wir führen auch diese Projekte durch. Die Menschen wissen es zu schätzen. An den meisten Orten, an die wir geschickt werden, sind die Leute sehr glücklich, wenn sie die US-Flotte einfahren sehen. Die meisten Menschen mögen die Amerikaner.«

Es schien ihm Spaß zu machen, zu reden, als sei es eine Erleichterung, einen Rekruten zu haben, der Fragen über *ihn* stellte. Ich wusste, dass er irgendwann dazu übergehen würde, über das Direct Commission Program zu sprechen und meine Chancen, darin aufgenommen zu werden. Doch ich fragte ihn weiter über seinen eigenen Background aus.

»Covarrubias – ist das ein griechischer Name?«

»Spanisch«, antwortete er. »Meine Familie ist mexikanisch-amerikanischer Herkunft. Ich bin in Südkalifornien außerhalb von El Centro aufgewachsen, eine arme Gegend nahe der mexikanischen Grenze. In El Centro gibt es einen Marineluftwaffenstützpunkt. Im Winter sind dort die Blue Angels stationiert. Haben Sie von ihnen gehört?«

Natürlich hatte ich von den Blue Angels gehört, der legendären Kunstflugstaffel. »Ich habe die Angels von Kind auf bis zum Ende der Highschool jeden Winter beobachtet«, erklärte Lino. »Sie veranstalteten

Luftshows auf dem Stützpunkt. Ich war von Anfang an von der Navy begeistert. Es war das Einzige, was ich tun wollte. Das war der Weg, um der Armut des Barrio zu entkommen.«

Er verpflichtete sich 1984, direkt nach der Highschool. Nach der Grundausbildung wurde er für das BOOST-Programm (Broadened Opportunity for Officer Selection and Training) ausgewählt. »Die Navy brauchte mehr Offiziere«, erklärte er. »BOOST war für Flottenangehörige bestimmt, ein einjähriger Lehrgang in San Diego, der einen auf ein ROTC-Programm an einem College vorbereitete.«

Lino muss sich in diesem Lehrgang sehr gut geschlagen haben. Er war der Einzige von nur zehn Studenten in seiner Klasse, dem man einen Platz in der U.S. Naval Academy in Annapolis, Maryland, anbot. Aber er war sich nicht sicher, ob es das war, was er tun wollte. Er hatte auch die Aufnahme in das ROTC-Programm an der UCLA, der University of California, Los Angeles, geschafft. Und der Campus von Los Angeles, den er in Farbbroschüren gesehen hatte, wirkte sehr ansprechend.

»Mein Vorgesetzter nahm mich zur Seite«, erinnerte Lino sich. »Er sagte zu mir: ›Covarrubias, du stammst aus armen Verhältnissen, richtig? Deine Eltern haben kein Geld. Das ROTC bezahlt für den Unterricht und die Bücher, aber nicht für Kost und Logis. Wer soll für Kost und Logis bezahlen? Deine Eltern? Die meisten Leute müssen arbeiten. Ich sage dir, was du tun wirst. Du wirst Burger wenden. Bist du je in Maryland gewesen?‹ Ich war noch nirgendwo gewesen. ›Die besten Meeresfrüchte der Welt. Du musst nicht arbeiten. Alles wird bezahlt. Es ist rund um die Uhr Navy. Kein Wenden von Frikadellen.‹

Ich bin nicht nach Annapolis gegangen, weil es eine gute Einrichtung oder eine prestigeträchtige Schule oder dergleichen war. Ich ging, weil meine Familie sich Kost und Logis nicht leisten konnte und ich keine Burger wenden wollte.«

1989 machte er seinen Abschluss an der Naval Academy und ging zur See – dieses Mal als Offizier, der eine große Karriere vor sich hatte.

Die Richtung unserer Unterhaltung änderte sich. Er begann jetzt, Fragen zu meinem Background zu stellen. Ich erzählte ihm von der französischen Mutter, dem pakistanischen Vater, dem Sohn, der ein Technikfreak war und jetzt mit einer brillanten jüdischen Frau aus New York liiert war.

All das schien ihm zu gefallen.

»Amerika ist eine Nation von Einwanderern«, sagte er. »Ich mag Kandidaten aus Immigrantenfamilien der ersten oder zweiten Generation.«

Ich erzählte ihm, Ava und ich hätten uns angesichts der Ereignisse des 11. September schlecht gefühlt, nicht in New York zu sein. Wir würden wahrscheinlich dorthin zurückziehen, wenn sie ihren Doktor gemacht habe.

Das sei gut, sagte er. Falls ich in das Programm aufgenommen werde, würde die Navy mir sagen, wo ich mich zu melden habe, doch es spiele keine Rolle, wo ich außerhalb der Arbeitszeit wohne.

Im Laufe des Gesprächs wiederholte er einige Dinge über die extrem strengen Auswahlkriterien für das Programm, von denen ich bereits wusste, und betonte, dass die Kriterien für die Marineaufklärung die strengsten seien.

»Wir brauchen dafür qualifizierte Leute«, sagte er. »Ein Großteil der Überwachung läuft heutzutage per Computer. Wir brauchen Technikfreaks. Vielleicht haben wir nächstes Jahr zu viele Technikfreaks und brauchen Leute, die denken können. Dann werden sie mir sagen: ›Schick uns alle Professoren und Doktoranden.‹«

»Nach dem 11. September«, fuhr er fort, »riefen ständig Leute an, die vorher nie daran gedacht hatten, zum Militär zu gehen. Berufstätige mit qualifizierter Ausbildung. Leute mit Ivy-League-Diplomen. Leute, die bereits Karriere gemacht hatten. Sie alle sagten dasselbe: ›Ich habe ein großartiges Leben. Ich habe eine großartige Familie. Ich habe eine hervorragende Ausbildung. Ich verdiene viel Geld. Aber ich habe nichts für mein Land getan und das kommt mir falsch vor.‹ Klingt das vertraut?«

Ich antwortete, er könne wohl Gedanken lesen.

»Sie könnten gut zu uns passen«, meinte er.

Er sagte, er habe sich meine Bewerbung angesehen. Es gäbe natürlich keine Garantie. Doch ich hätte eine gute Chance, angenommen zu werden. »Sie haben gute Zeugnisse. Sie haben sehr gute technische Fähigkeiten. An der Harvard zu arbeiten ist gut. Sie haben breit gefächerte Fähigkeiten. Sie scheinen die richtige Motivation zu haben. Sie wissen, worauf Sie sich einlassen.«

Ein wenig Bedenken habe er, ob meine Berufserfahrung ausreiche. »Sie stehen gerade erst am Anfang Ihrer beruflichen Laufbahn. Aber ich glaube, Sie werden in die engere Auswahl kommen. Was mich anbelangt, erfüllen Sie die Anforderungen.«

Lino redete weiter. Und ich hörte nicht auf, ihm Fragen zu stellen. Über die großartigen Leute, die er in der Navy kennengelernt hatte. Wie der Dienst seinem Leben Sinn verliehen habe. Zu dem Spaß, den er gehabt hatte. Er strahlte richtig, als er eine denkwürdige Fahrt über das Mittelmeer und ein Austauschprogramm mit der türkischen Marine beschrieb. »Es gibt einfach viele Möglichkeiten, einen Beitrag zu leisten«, sagte er.

Bis zu diesem Zeitpunkt hatte ich keine Ahnung, wie die tägliche Arbeit eines Nachrichtenoffiziers aussah. In den offiziellen Unterlagen gab es dazu, abgesehen von der Tatsache, dass die Bewerber einen Collegeabschluss haben mussten, keine weiteren Erklärungen. Ich hatte versucht, den Rest in militärischen Chat-Rooms zu erfahren. Allerdings fiel mir auf, dass die Nachrichtenoffiziere erst dann Einzelheiten weitergaben, wenn sie einem wirklich vertrauten. Ich fragte Lino, ob er je persönlich mit Nachrichtenoffizieren zu tun gehabt habe. Er nickte, ohne viel dazu zu sagen. »Sie waren immer sehr professionell.«

Ich fragte, wie meine Tätigkeit aussehen könnte, wenn ich angenommen würde.

»Sobald Sie einem Kommando unterstehen, werden Sie dies wissen. Man wird Ihnen sagen, worin Ihre Aufgabe besteht.«

Es war alles ein bisschen vage, klang stark nach Maverick in *Top Gun:* »Es ist geheim. Ich könnte es dir sagen, aber dann müsste ich dich umbringen.« Doch es gefiel mir, dass er mit mir sprach, als werde man mich wahrscheinlich nehmen. »Wenn Sie da reinkommen«, sagte er, »werden Sie vielleicht eine Einheit wählen wollen, die nicht weit von zu Hause stationiert ist, sodass Ihr Privat- und Ihr Berufsleben nicht zu stark beeinträchtigt werden. Die Navy Reserve lässt sich gut mit einer normalen zivilen Laufbahn vereinbaren.«

Er wurde nicht sehr viel konkreter, und ich konnte nicht sagen, wie viel er tatsächlich wusste. Ich fragte, ob er glaube, ich könne als Nachrichtenoffizier eine Pilotenausbildung machen. Er verstand es sehr gut, nicht viel zu sagen und trotzdem ermutigend zu klingen. »Das ist nicht ausgeschlossen«, erwiderte er. »Alles ist möglich. Da kann vieles passieren.«

Ich wünschte mir, das Mittagessen würde nie enden. Ich schaute auf und sah ein paar andere Leute in Uniform im Restaurant. »Ich habe Gutes und Schlechtes über das Essen bei der Navy gehört«, sagte ich. »Sie sind viel herumgekommen. Wo gibt es das beste?«

»Beim Submarine Service gibt's das beste Essen. Die Jungs verbringen viel Zeit unter Wasser und haben wenig Ablenkung.«

»Das leuchtet ein«, sagte ich.

Ich hätte Lino den ganzen Nachmittag zuhören können. Aber das Wichtigste war: Er ließ mich mit dem Gefühl zurück, dass ich als Navy-Nachrichtendienstoffizier sofort meinen Teil dazu beitragen würde, dem

Land zu helfen, und dass ich gute Aussichten hatte, einer zu werden. Das war alles, was ich hören wollte.

Ich wusste, dass ich mich in der Gesellschaft eines knallharten Typen befand. Ich wollte tun, was er getan hatte. Er war als junger Mann zu exotischen Gefahrenherden der Welt gereist, als Teil der großartigsten Navy der Welt.

Als ich das chinesische Restaurant in Quincy verließ, war ich Feuer und Flamme.

Der Brief traf am Morgen des 7. Juni 2003, einem Samstag, in der Queensbury Street ein. Ava war bei mir, als ich die Post aus dem Briefkasten holte. Auf dem Absender stand: Navy Recruiting Command, 5722 Integrity Drive, Millington, TN 38054-5057. Der Umschlag war dünn.

Als wir nach oben in den zweiten Stock gingen, erinnerte ich mich daran, was meine Highschool-Freunde gesagt hatten, wenn sie darauf warteten, von Colleges zu hören: Gut sei immer ein dicker Umschlag, vollgepackt mit einer Kursauswahl, Wohnungsformularen, Tipps zum Umzugstag und Rückumschlägen. Wenn es um eine wichtige Nachricht gehe, seien dünne Umschläge nie gut.

»Sehr geehrter Herr Jamali«, begann der Brief.

»Ihre Bewerbung um Aufnahme in das U.S. Navy Reserve Direct Commissioning Program wurde sorgfältig geprüft, doch bedauerlicherweise wurden Sie wegen der begrenzten Teilnehmerzahl nicht ausgewählt.«

Ich las diesen ersten Absatz noch einmal. Es wurde beim zweiten Mal nicht besser.

Es folgten die üblichen Phrasen. »Ihre Bewerbung wird zwei Jahre lang aufbewahrt. Sie sollten für den Fall, dass das Programm in Zukunft noch einmal durchgeführt wird, in Kontakt mit einem Offiziers-anwerber bleiben. In diesem Fall wird er oder sie Sie möglicherweise um Ihre erneute Bewerbung bitten.«

Und dann der »Sie sollten dies nicht zu schwer nehmen«-Teil: »Seien Sie versichert, dass die Tatsache, dass Sie nicht ausgewählt wurden, keine negative Bewertung Ihrer Person ist, sondern ein Indiz für die überaus strengen Auswahlkriterien des Naval Reserve Program.« Und schließlich: »Ich bedauere, dass in Ihrem Fall keine positive Entscheidung getroffen werden konnte. Ihr Interesse daran, in das Naval Reserve Intelligence Officer Program aufgenommen zu werden, wissen wir sehr zu schätzen.«

Der Brief war folgendermaßen unterzeichnet: »Mit freundlichen Grüßen, S. M. Heller, Lieutenant Commander, U.S. Naval Reserve.« Der vollständige Titel lautete: Leiter der Inactive Reserve Section, Officer Programs Division, Operations Department.

Unten stand eine letzte Zeile: »Auf Anweisung des Commanders.« Das ließ die Ablehnung noch offizieller klingen.

Ich habe Leute sagen hören, es habe sich wie ein Tritt in die Magengrube angefühlt, als sie schlechte Nachrichten bekommen hätten. In der Tat, ich fühlte mich, als hätte ich einen Tritt in die Magengrube bekommen – von einem Clydesdale.

»Du wolltest da wirklich hin, oder?« Ava klang sehr besorgt. »Zuerst habe ich gedacht, du würdest nur mit der Idee spielen und denken, es sei vielleicht cool oder würde einfach interessant klingen. Ich hab geglaubt, du würdest irgendwann das Interesse verlieren.«

»Ich glaube nicht, dass ich je im Leben etwas mehr gewollt habe«, sagte ich. »Wie soll ich am Montag wieder zur Arbeit gehen? Mir kommt alles so sinnlos vor.« Ich schwelgte in Selbstmitleid, verhielt mich wie ein Opfer.

Ava war nicht willens, sich in Mitleid mit mir zu ergehen. Sie nahm vielmehr meine Hand und zwang mich, ihr in die Augen zu sehen, als sie mit Nachdruck sagte: »Hey! Was ist mit dem Jungen passiert, der es nicht aufs College geschafft hat und sich dann beworben und einen Platz an der NYU bekommen hat? Hat dieser Junge aufgegeben? Hör auf, dich selbst zu bemitleiden. Du wirst genau das tun, was du am Hunter getan hast. Du setzt einen Fuß vor den anderen und versuchst es noch einmal. Wenn du das hier willst, dann spielt es keine Rolle, wie oft du dich bewerben musst oder wie lange es dauert. Gib. Nicht. Auf.«

Einen kurzen Moment lang dachte ich, sie würde mir einen Faustschlag geben. Doch dann breitete sich auf ihrem Gesicht ein strahlendes Lächeln aus. »Es ist wunderschön draußen und ich muss nicht ins Labor. Warum öffnen wir nicht das Verdeck des Hawk und fahren am Strand entlang?«

Am Montagmorgen rief ich Lino an. Er hatte es bereits gehört. »Nehmen Sie es nicht persönlich«, sagte er.

Ich wusste, dass er das sagen würde. Ich wusste auch, dass ich es persönlich nehmen würde. Wie hätte es anders sein können?

»Was ist Ihrer Meinung nach passiert?«, fragte ich ihn.

»Es liegt wahrscheinlich an der Berufserfahrung«, antwortete er. »Sie sind noch nicht lange mit Ihrer Ausbildung fertig. Ihre berufliche Laufbahn beginnt gerade erst.«

Ich bin schon seit fünf Jahren aus dem College raus, dachte ich. *Wie lange soll ich noch warten?*

»Vielleicht spielt auch die Geografie eine Rolle«, fuhr er fort. »Bei einem Programm wie diesem ist die Konkurrenz in Neuengland wahrscheinlich am größten. Da gibt es ja nicht nur Harvard, sondern auch das MIT, Yale, Brown – ich meine, es gibt viele davon. Vielleicht wäre es für Sie leichter gewesen, wenn Sie aus Texas wären. Hier gibt es sehr viele gute Bewerber.«

Er wiederholte, was er und andere mir gesagt hatten: dass es nicht ungewöhnlich sei, beim ersten Mal abgelehnt zu werden. Es gebe mehrere Möglichkeiten, sagte er. Ich könne mich bei der Navy verpflichten, dort Erfahrung sammeln und auf diesem Weg zum Nachrichtendienst gelangen. Oder mehr Erfahrung außerhalb sammeln und mich dann wieder bewerben.

»Wenn Sie etwas wirklich wollen«, sagte er, »versuchen Sie es immer wieder. Sie werden vielleicht nicht beim ersten Mal ausgewählt. Ich kenne Leute, die es beim zweiten und dritten Mal nicht geschafft haben – und sie haben es weiterhin versucht und wurden schließlich angenommen. Sie wollten es. Sie taten, was sie tun mussten. Sie haben es geschafft.«

Er fragte, ob Ava und ich immer noch vorhätten, wieder nach New York zu ziehen. Ich bejahte die Frage.

»Ich würde Folgendes tun«, schlug er vor. »Das Wichtigste ist, dass Sie Erfahrung in Bereichen sammeln, die für das Programm relevant sind. Als Informationstechnologe an der Harvard zu arbeiten, ist großartig. Aber Harvard allein reicht nicht aus. Was Sie wirklich brauchen, ist Erfahrung im nachrichtendienstlichen Bereich, etwas, das Ihnen einen Wettbewerbsvorteil gegenüber den anderen Bewerbern gibt. Sie könnten zum Beispiel für das State Department, das FBI oder eine Strafverfolgungsbehörde arbeiten, die auch geheimdienstlich tätig ist. Für so was sollten Sie sich bewerben. Wir haben Leute, die sowohl bei der Navy Reserve als auch bei staatlichen oder bundesstaatlichen Strafverfolgungsbehörden arbeiten. Das ist für alle von großem Vorteil. Es muss nicht genau das sein, nur etwas, womit Sie zeigen können: ›Ich habe unmittelbare Erfahrung in diesem Bereich.‹ Leuchtet das ein?«

»Okay.« Ich versuchte, nicht zu entmutigt zu klingen.

»Und – Naveed?«, sagte Lino, bevor er mir Glück wünschte und sich verabschiedete, »lassen Sie von sich hören, ja? Lassen Sie mich wissen, wie es Ihnen geht.«

Ich wusste, dass Ava und Lino recht hatten. Ich durfte nicht aufgeben. Ich versuchte sofort herauszufinden, was ich als Nächstes tun könnte. Das Naheliegendste war, den Master zu machen. Wenn du zweifelst, dann versteck dich in der Graduate School. *Wieso nicht?*, dachte ich, wo Harvard doch ein kostenloses Aufbaustudium anbot. Also bewarb ich mich und wurde zu meiner großen Freude in das Master-of-Liberal-Arts-Programm aufgenommen. Nachdem ich Samantha Powers *A Problem from Hell: America and the Age of Genocide* gelesen hatte, beschloss ich, meine Studien auf staatliche Souveränität und die These zu konzentrieren, dass einige Verbrechen so abscheulich sind, dass sie einen Verstoß gegen diese Souveränität rechtfertigen. Ich diskutierte mit meinen Kommilitonen leidenschaftlich darüber, ob in diesem Fall eine Militärintervention erlaubt oder gar zwingend sei. Dies war während der ersten Monate des Irakkriegs und der wachsenden Verurteilung des US-Imperialismus. Ehrlich gesagt kamen meine Pro-Interventions-Argumente auf dem Campus nicht sonderlich gut an. Neben meinem Masterstudium beschloss ich, an der Harvard die Rolle eines Tutors für Studienanfänger zu übernehmen, und half einer Schar Achtzehn- und Neunzehnjähriger, sich auf einem fremden Campus zurechtzufinden. Ich tauschte meinen alten 1999er Firehawk gegen eine silberne Corvette Z06 mit 405 PS ein. Ich tauchte tief in die Autoszene in Boston ein und nahm an Rennen auf dem New Hampshire International Speedway und im Lime Rock Park sowie an Wochenendfahrten durch Neuengland teil.

Auf Außenstehende muss all dies den Eindruck gemacht haben, als habe ich mich wieder in der Zufriedenheit eingerichtet, die vor dem 11. September so typisch für mich gewesen war. Aber ich hatte immer noch das Gefühl, dass alles ein erbärmlicher Ersatz für das war, was ich wirklich wollte: die Berufung in das Offizierskorps der United States Navy. Ich kam immer noch nicht voran. Nachdem Ava im Januar 2005

der Doktortitel in Genetik verliehen worden war, luden die frisch gebackene Frau *Dr.* Brent und ich unsere beiden Katzen in einen Kasten-
wagen und fuhren mit all unseren weltlichen Besitztümern zurück in die
Stadt unserer Geburt.

Special Agents

Boston war uns schnell Vergangenheit. Ava und ich waren in unserem Innersten New Yorker. Da meine Hoffnungen, zur Navy zu gehen, auf Eis lagen, war es mir nicht schwergefallen, die Stadt zu verlassen – und mein Masterstudium aufzugeben. Zuerst hatte ich überlegt, ein Urlaubssemester zu nehmen und anschließend zu pendeln oder zu einem Graduiertenprogramm in New York überzuwechseln. Aber auch das fühlte sich wie eine weitere Ausrede an, mein eigentliches Vorhaben hinauszuschieben.

New York war für uns beide ein Neuanfang. Ich arbeitete wieder – vorübergehend, wie ich mir sagte – bei Books & Research. Wir hatten kaum ausgepackt, da schlug ich Ava vor, jetzt, wo wir wieder zu Hause seien, etwas Bedeutendes zu tun. »Lass uns heiraten«, sagte ich.

Es war keine große Hochzeit. Keiner von uns wollte das. Am 9. Februar 2005, eine Woche vor unseren Geburtstagen, gingen wir zum Rathaus und sagten beide »Ja«.

Wenige Wochen später las Ava Brent Jamali an einem Samstagmorgen Zeitschriftenartikel, während ich im Wohnzimmer auf und ab ging. »Hey Ave«, fragte ich zum vielleicht 37. Mal, »was hältst du davon, wenn ich jetzt, wo ich nicht mehr zum College gehe, versuche, ein bisschen Arbeitserfahrung für die Navy zu sammeln? Denkst du, das würde helfen?«

»Hm-hm«, murmelte sie, ohne aufzusehen.

»Also, ich hab gedacht, ich sollte vielleicht versuchen, ein Praktikum zu machen, vielleicht beim FBI. Was denkst du?«

Mir fiel auf, dass meine Stimme angespannt und schrill klang. Ava hatte ihre Artikel beiseitegelegt und blickte mich an. »Im Ernst, Naveed«, sagte sie. »Schmiedest du wieder Pläne?« Beim letzten Mal hatte ich beschlossen, zur Navy zu gehen.

»Nein, hör mir zu.«

»Okay, Naveed, warum rufst du nicht einfach beim FBI an und bietest deine Dienste an? Aber wenn du in der Zwischenzeit die Welt retten willst, könntest du dann bitte Katzenstreu besorgen? Wir haben keins mehr.«

Herausforderung angenommen – in beiderlei Hinsicht.

Am Montag fragte ich meine Mutter nach der Telefonnummer des FBI-Agenten, mit dem sie und mein Vater es zuletzt zu tun gehabt hatten. Ich erklärte ihr, dass ich sehen wolle, ob einer der Agenten mir ein paar Ratschläge wegen der Navy geben könne. Vielleicht aus Mitleid mit mir – ihr kleiner Junge versuchte noch immer herauszufinden, was er tun sollte, wenn er erwachsen war – gab sie mir die Nummer. Und sagte mit ihrem starken französischen Akzent: »Sei vorsichtig. Diesen Leuten kann man nicht trauen.«

Ein Produkt der Siebziger, dachte ich. *Misstrauisch gegenüber »dem männlichen Geschlecht«.*

Aufgeregt wählte ich die Nummer, die meine Mutter mir gegeben hatte. Die Agentin ging beim zweiten Klingeln ran.

»Ist es in Ordnung, wenn ich Sie Bambi nenne?«, fragte ich, nachdem ich mich vorgestellt hatte. Ich versuchte, freundlich zu klingen.

»Wenn Sie möchten, klar.« Sie klang ein wenig verwirrt. »Aber wenn Sie wollen, dass ich Ihnen antworte, ist es wahrscheinlich besser, meinen richtigen Namen zu verwenden. Ich bin Randi.«

Ich hätte es wissen müssen! Mit dem französischen Akzent meiner Mutter hatte »Randi« wie »Bambi« geklungen, und ich hatte mich bei der Agentin, die ich beeindrucken wollte, zum Affen gemacht. So viel zu unserem sofortigen guten Draht!

Ich erklärte, dass ich im Auftrag meiner Eltern anrufe. Das war nicht ganz gelogen und meiner Meinung nach eine bessere Art, das Gespräch zu eröffnen, als mit: »Hi, stellen Sie Leute in Teilzeit ein?« Ich sagte, der Mann von der Ständigen Vertretung Russlands sei vorbeigekommen, und ich hätte seine Bestellung entgegengenommen. »Wie Sie wissen, werden meine Eltern älter. Sie gehen bald in Rente. Von jetzt an werde ich derjenige sein, der sich um die Russen kümmert.«

Vielleicht hatte sie gerade nicht viel zu tun. Vielleicht wollte sie auch einfach nur den idiotischen Jungen in Augenschein nehmen, der sie »Bambi« genannt hatte. Jedenfalls schlug sie mir vor, mich mit ihr und ihrem Partner zu treffen. Wir vereinbarten einen Treffpunkt vor dem New Yorker Büro des FBI in Lower Manhattan. »Wir können von dort aus irgendwohin gehen«, sagte Randi.

Es war ein wunderschöner Frühlingsmorgen, als ich mich zu meiner Verabredung mit den Agenten aufmachte. Sie erweckten den Eindruck, froh darüber zu sein, mich zu treffen.

Randi schien eine gewitzte, kluge junge Frau zu sein. Ihre Familie stammte aus Kolumbien. Sie erzählte, sie sei kürzlich aus Seattle nach New York zurückgekehrt. In Seattle hätten die Fahrzeuge angehalten, sobald sie vom Bürgersteig getreten sei, egal, ob sie Grün gehabt habe oder nicht. »Die sind völlig anders dort«, sagte sie.

Ihr Partner, Terry, schien der Junior Agent zu sein und war sicher nicht viel älter als ich. Terry war dünn, trug eine Brille und sprach mit leicht nasaler Stimme. Er stammte aus einer italienisch-amerikanischen Familie in Pennsylvania.

Wir eilten über den Broadway, auf dem dichter Verkehr herrschte, zu einem Dunkin' Donuts. Als Randi »Pass auf, Terry« ausrief, zog er sie damit auf, dass seine Art, Straßen zu überqueren, sie beunruhigte. »Du bist zu lange in Seattle gewesen«, meinte er lachend.

Terry fragte, ob ich etwas essen wolle. »Nein, danke«, sagte ich. »Nur ein Wasser.«

»Und du? Möchtest du vielleicht ein bisschen Obst?«, fragte Randi ihren Partner mit einem leichten Grinsen. Terry sah verärgert aus und antwortete nicht. »Wie wär's mit einer Apfeltasche?«, schlug sie vor. »Ich hab gehört, dass sie hier gute Apfeltaschen haben sollen.«

Terry blickte finster drein. Es gefiel mir, dass die beiden miteinander schäkerten. Sie wirkten einfach lockerer als das Stereotyp des FBI-Agenten. »Terry isst keine natürlichen Produkte oder Produkte mit bestimmten Farben«, erklärte mir Randi. »Er hat seit Jahren kein Obst, kein Gemüse oder irgendetwas Grünes mehr gegessen.«

Das war seltsam. Aber Terry zuckte nur die Achseln, sodass ich nicht weiter darauf einging.

Er holte drei Flaschen Wasser und wir nahmen an einem Ecktisch Platz und plauderten ein wenig. Ich wiederholte, was ich Randi am Telefon gesagt hatte. Dass meine Eltern sich langsam aus dem Unternehmen zurückzogen und ich mich um die Russen kümmern würde. »Ich weiß, dass eine langjährige Beziehung zwischen dem FBI und meinen Eltern besteht. Ich habe den größten Teil meines Lebens immer wieder davon gehört. Jetzt ist es für mich an der Zeit, direkter involviert zu sein.«

Ich sagte den Agenten nicht, wie ich mir das vorstellte. Offen gesagt waren mir die Einzelheiten noch selbst nicht so klar. Aber russische Diplomaten, FBI, verstohlene Besuche, Geheimberichte – das musste auf etwas Interessantes hinauslaufen. Ich war mir sehr sicher, dass ich Teil davon sein wollte, auch wenn ich nicht wusste, wie.

Die Agenten dachten offensichtlich in kleineren Dimensionen. »Wir schätzen Ihre Kooperation«, sagte Randi schließlich. »Wir würden uns freuen, wenn sie fortgesetzt wird. Aber das liegt ganz bei Ihnen. Wenn Sie weitermachen wollen, ist das prima. Wenn nicht, verstehen wir das. Ihre Kooperation ist völlig freiwillig.«

Das sei mir klar, entgegnete ich, und ich würde gern weitermachen. Sehr gern sogar. »Wie also sollen wir verfahren?«

»Wie meinen Sie das?«, fragte Randi.

»Helfen Sie mir, zu verstehen, wonach Sie suchen«, sagte ich. »Was soll ich für Sie tun? Ich werde Ihnen die Listen geben, aber gibt es noch andere Dinge, mit denen ich Ihnen behilflich sein kann?«

Die Agenten schienen nicht zu begreifen, dass ich erpicht darauf war, mehr zu tun, als ihnen Kopien der Einkaufslisten des Russen zu liefern.

»Wir haben eine gute Beziehung mit Ihrer Familie, Mr Jamali. Alles scheint bestens zu laufen. Halten Sie uns auf dem Laufenden. Lassen Sie uns wissen, was passiert. Tun Sie einfach das, womit Sie sich wohlfühlen. Und bitte informieren Sie uns, wenn Sie wieder von ihnen hören.«

Ich versprach es.

Die Agenten waren äußerst freundlich und professionell. Sie widmeten mir an jenem Tag viel Zeit. Doch mein Bestreben, stärker involviert zu werden als meine Eltern oder meinen Lebenslauf mit Geheimdiensterfahrung aufzupolieren – das musste eindeutig warten. Es sprang nichts Neues für mich heraus bei diesem ersten Treffen, und ich kann nicht behaupten, die Agenten hätten großes Interesse daran gezeigt, mich kennenzulernen. Sie schlugen mir jedenfalls kein Praktikum vor. Dennoch lernte ich an diesem Tag etwas über den Geheimdienst. Mir fiel auf, dass keiner der Agenten aufstand, um zu gehen, als unsere Unterhaltung sich dem Ende zugeneigt hatte.

»Soll ich als Erster gehen?«, fragte ich schließlich. Beide Agenten nickten. Und ich ging. Ohne es zu wissen, erhielt ich einen flüchtigen

Einblick in die Methoden der Spionageabwehr-Agenten, etwas, was für mich in den kommenden Monaten und Jahren von größter Bedeutung sein würde. Wie sich herausstellte, gab es viele Regeln zu beachten. Rede mit den Leuten persönlich, nicht am Telefon. Agenten arbeiten zu zweit. Sie nehmen eine sorgfältige Einschätzung der Leute vor, mit denen sie zusammenarbeiten wollen. Die Beziehung muss geheim gehalten werden. Vertrauen entsteht erst im Laufe der Zeit.

Allein schon, dass ich den Agenten gesagt hatte, ich würde die Rolle meiner Eltern übernehmen, hieß, dass ich in etwas Geheimes involviert war. Ich würde die Liste des Russen dem FBI zukommen lassen. Ich war, auf unterster Ebene, ein FBI-Spion. Ich fühlte mich wie ein kleiner Ed Norton in *Fight Club* und lernte die Regeln in dem Moment, in dem ich nach ihnen spielen sollte.

Wie versprochen hielt ich Kontakt mit den Agenten. Nach der nächsten Bestellung eines Russen von der Ständigen Vertretung rief ich Randi an und berichtete, was auf der neuen Liste stand. Wir erledigten alles am Telefon. Ich war freundlich. Sie war freundlich. Aber das war es auch schon. Über meine Frage, ob ich sonst noch behilflich sein könnte, ging sie hinweg. »Wir wissen das, was Sie tun, zu schätzen«, sagte sie. »Es ist sehr hilfreich.« Ich glaube nicht, dass sie wusste, worum es bei dem, was ich sonst noch tun wollte, ging. Ehrlich gesagt wusste ich es selbst nicht. Noch nicht. Ich hatte noch keine Vorstellung, worauf das Ganze, wenn überhaupt, hinauslief.

Randi und ich sprachen drei Monate später wieder miteinander. Ich war nicht im Büro gewesen, als der Russe auftauchte. Er hatte seine Bestellung abgeholt und meinem Vater eine neue Liste dagelassen. Als ich zurückkam, erinnerte ich meinen Dad daran, dass ich gern das Telefonat mit den Agenten führen würde. Ihm war es recht.

»Ich habe die Informationen für Sie«, teilte ich Randi mit, als ich sie am Telefon hatte. »Können wir ein Treffen vereinbaren?«

Seit meinem ersten Treffen mit Randi und Terry hatte ich nie aufgehört darüber nachzudenken, wie ich unsere sachlich-nüchterne Beziehung ausbauen könnte. Aber ich wusste, dass ich auf eine Weise für das FBI tätig werden wollte, die die Verantwortlichen des Direct Commission Officer Program beeindrucken würde. Es musste etwas geben, was ich tun konnte. Ich dachte immer wieder zurück an die Unterhaltungen, die meine Familie während meiner Kindheit am Abendbrottisch geführt hatte. Meine Eltern und ich hatten immer gewitzelt, die russischen Männer in Trenchcoats *müssten* Spione sein. Zwanzig Jahre später kamen die Russen, selbst nachdem die Sowjetunion sich aufgelöst und sich so vieles andere in der Welt geändert hatte, noch immer zu Books & Research und wurden noch immer vom FBI beobachtet. Dafür musste es einen Grund geben, oder? Auf beiden Seiten, da war ich mir sicher. Welche Gründe es auch sein mochten, ich versicherte mir immer wieder, dass ich mich an einem großartigen Ort befand, um ein bisschen zu graben und vielleicht etwas zu finden, von dem ich dann Lino und seinen Kollegen berichten könnte.

Ich wollte nichts über Telefon berichten. Und es passte mir ganz und gar nicht, dass FBI-Agenten in unser Büro kamen. Da waren einfach zu viele Leute, um ungestört miteinander reden zu können. »Könnten wir uns vielleicht vor der Arbeit in der Nähe meiner Wohnung treffen?«, schlug ich Randi vor. Sie fragte nicht, warum, doch wir vereinbarten, am nächsten Morgen um 8.30 Uhr, bevor ich zur Arbeit fuhr, in Kontakt zu treten.

Ich glaube, ich erwähnte Ava gegenüber, dass ich mich morgens mit den Agenten treffen wolle. Vielleicht aber auch nicht. Ich bin mir nicht sicher. Wie dem auch sei, es war kein großes Thema zwischen uns. Und sie war bereits unterwegs zu ihrem Labor an der NYU, als Terry anrief.

»Wir stehen auf der Straße gegenüber von Ihrem Gebäude«, sagte er.

Ich nahm den Fahrstuhl nach unten und traf mich mit den beiden Agenten auf dem Bürgersteig neben ihrem Wagen, einem schwarzen Ford Taurus der vierten Generation. Aus der Ferne konnte ich sehen, dass sie lachten. Sicherlich erzählten sie sich einen Special-Agent-Insiderwitz. Terry trug einen grauen Anzug mit roter Krawatte, Randi einen dunkelblauen Hosenanzug. Sie fielen in einem Yuppie-Viertel wie diesem nicht auf. Sie hätten auf dem Weg zur Arbeit in einer Bank oder einer Anwaltskanzlei sein können. Niemand hätte zweimal hingeschaut oder »FBI«, geschweige denn »Spionageabwehr« gedacht.

Als ich mich den Agenten näherte, änderte sich ihr Verhalten. Sie wirkten viel ernster.

»Warum gehen wir nicht irgendwohin und unterhalten uns«, schlug Randi vor.

»Wollen Sie nach oben kommen?«, fragte ich.

Randi und Terry zögerten. Doch dann sahen sie einander an und zuckten die Achseln. »Okay«, meinte Randi.

Wir überquerten die Straße und betraten das Gebäude. Als wir am Pförtner vorbeikamen, nickte ich, sagte aber nichts. Schweigend fuhren wir mit dem Fahrstuhl nach oben, bis die Türen aufglitten. Ich schloss die Wohnung auf und führte die Agenten hinein.

Der gesunde Menschenverstand und die gute altmodische Paranoia hätten den FBI-Agenten eigentlich sagen müssen, dass es nicht klug ist, einen Spion bei sich zu Hause zu treffen. Denn obwohl meine Eltern und ich nie mehr getan hatten, als das FBI mit Leselisten von Russen zu versorgen, waren wir doch FBI-Spione. Es gibt für einen Agenten keine bessere Methode, einer verdeckten Operation das Verdeckte zu nehmen, als beim Betreten oder Verlassen der Wohnung eines Spions gesehen zu werden. Doch es ist nicht immer leicht, heikle Angelegenheiten in der Öffentlichkeit zu diskutieren, und ich gehörte nicht zur Gruppe der

Spione, die man im Verborgenen treffen muss. Es war unwahrscheinlich, dass die Russen Randi und Terry dabei entdecken würden, wie sie mein Wohnhaus betraten. Und wenn ich mich wohler dabei fühlte, mit ihnen nach oben zu gehen, und uns das half, Vertrauen aufzubauen, dann war es ihrer Ansicht nach wohl das geringfügige Risiko wert.

Da saßen wir also, an unserem riesigen Esstisch, wo ich ihnen meine Unterlagen präsentierte.

»Hier ist seine Bestellung… Hier eine Kopie der Liste… Hier der neue Kram… Hier die Kostenaufstellung.« Terry und Randi zeigten höfliches Interesse: »Okay… Hm… So!«

Ich beobachtete, ob Randi irgendeine Reaktion zeigte. Sie saß mit ausdruckslosem Gesicht kerzengerade da. Terry beobachtete sie und sah besorgt aus. Ich glaubte zu wissen, dass beide dachten: *Wir haben hier etwas, das gut läuft. Das funktioniert. Warum sollten wir es vermasseln?* Die langjährige Beziehung zu meinen Eltern hatte dem FBI zwar nur einen geringen Ertrag eingebracht, aber auch nicht allzu viel Mühe gekostet. Natürlich sagte das keiner der beiden Agenten. Aber ich glaube, mein Eindruck war richtig. Und wer konnte es ihnen verübeln? Ich hatte ihnen nicht wirklich viel zu berichten. Doch da dies meine erste offizielle Besprechung war, versuchte ich, so effizient und gründlich wie möglich zu sein. Ich wollte, dass die Agenten mich für geschickt und professionell hielten, und hoffte, sie schnell davon überzeugen zu können, dass ich kreativ genug war, unsere Beziehung auszubauen.

Ich erklärte ihnen, dass das Unternehmen meiner Eltern kontinuierlich wachse, dass wir in ein neues Büro umziehen und mehr Leute einstellen würden, dass unser Kundenstamm zunehme und wir dabei seien, in technischere Bereiche vorzudringen und öffentlichkeitswirksamere Projekte durchzuführen. Ich erklärte auch, dass ich mir sicher sein müsse, dass meine Beziehung zum FBI, egal, welche Ebene sie erreichen mochte, keine Gefahr für das Unternehmen darstellte.

Diese letzte Aussage tat Randi mit einer Handbewegung ab. »Ihre Kooperation ist nichts, was sich auf Ihr Unternehmen auswirken sollte«, sagte sie.

Ich dachte darüber nach und schaute sie dann mit zusammengekniffenen Augen leicht irritiert an. »Ich verstehe, dass sie sich nicht auf mein Unternehmen auswirken *sollte* – aber was, wenn sie es tut?«

»Hören Sie, Sie sind offensichtlich ein sehr intelligenter und wortgewandter Mensch«, begann sie.

Ich lächelte ob der Schmeichelei, unterbrach Randi jedoch. Ich wusste, was sie vorhatte, und musste lachen. »Eines habe ich bei meinen Geschäftsbeziehungen mit Militärkunden aus dem Süden gelernt«, sagte ich. »Man kann jemanden in die völlige Bedeutungslosigkeit verweisen, solange man mit ›Gott segne ihn‹, ›Tom ist ein völliger Idiot, Gott segne ihn‹ endet.« Ich wollte sie wissen lassen, dass sie nicht mit mir spielen konnten. »Ist das Ihre ›Gott segne Sie‹-Rede?«

Terry sah beunruhigt, wenn nicht sogar ein wenig betroffen aus. Schließlich ergriff er das Wort. »Naveed«, sagte er scharf, »was geht Ihnen durch den Kopf?«

»Ich werde es Ihnen sagen.« Und dann schlug ich ihnen eine völlig neue Ebene der Beziehung zu den Russen vor. Ich nahm es als gegeben hin, dass die Russen mit etwas mehr als traditioneller Diplomatie beschäftigt waren. Das FBI hatte meinen Eltern vor zwei Jahrzehnten erzählt, Tomachin gehöre zum russischen Geheimdienst. Deswegen schien die Annahme, dass dies auch für unsere heutigen russischen Kunden galt, nicht abwegig zu sein. »Gibt es irgendeine Möglichkeit, den Russen, der ins Büro kommt, von dem eigentlichen Geschäft wegzulocken? Was könnte ich ihm vorschlagen, das er vielleicht interessant findet? Etwas, das weder mich noch das Unternehmen in eine echte Gefahr bringen würde? Ich würde dem Ganzen gern eine neue Ausrichtung geben.«

Erneut herrschte Schweigen am Tisch. Terry und Randi dachten anscheinend über meine Worte nach.

»Eines ist klar«, sagte Randi schließlich, als die Spannung ein bisschen nachzulassen schien. »Wir können ihn nicht auf einen bestimmten Pfad lenken. Es muss von ihm kommen.«

Wir unterhielten uns noch eine Weile, doch mehr kam bei diesem Gespräch nicht heraus. Sie gaben mir keine wirklich nützlichen Ratschläge. Warteten auch nicht mit einem Plan auf. Doch zumindest hatten sie mich nicht angewiesen, mich zurückzuhalten. Gegen Ende der Unterhaltung fragte Randi, ob sie das Bad benutzen dürfe?

»Natürlich«, sagte ich. »Nur zu.« Ich wies ihr die Richtung zum Bad, das mit klassischen Metrofliesen gefliest war und ein Fenster nach Westen zum Hudson hin hatte. »Es befindet sich ganz am Ende des Gangs.«

Als Randi zum Bad ging, schaute ich Terry an, der meinen Blick erwiderte. Wir saßen beide da, als habe jemand gerade auf *Pause* gedrückt. Er schwieg und auch ich sagte nichts. Ich fragte mich, was er von mir hielt. Er schien vorsichtig, bedächtig und wachsam zu sein. War dies die FBI-Version von guter Cop-böser Cop – redseliger Agent-schweigsamer Agent?

Als ich das Wasser laufen hörte, fragte ich mich: Durchsucht Randi mein Medizinschränkchen und schreibt sich die Namen der Pillen auf, die sie findet? Ist es nicht das, was FBI-Agenten tun? Schaut sie, ob ich Lorazapam nehme? Oder war es Tadalafil? Wie auch immer, ich war mir ziemlich sicher, dass alles, was sie fand, direkt Eingang in meine persönliche FBI-Akte finden würde. Einen Moment lang wünschte ich mir, ich hätte ein paar wirklich exotische Medikamente dort hineingestellt, um die Agenten zu verarschen, oder das Schränkchen mit Erdnuss-M&Ms gefüllt – »Spion hat eine Schwäche für grüne M&Ms«.

Randi kam aus dem Bad zurück. Die beiden verabschiedeten sich und verließen die Wohnung.

Ich hatte den Eindruck, dass es in unserem Mengendiagramm keine Überschneidungen gab. Wo war hier die Gemeinsamkeit? Wir hatten sie nicht gefunden. Noch nicht. Randi und Terry schienen mit dem bisherigen Verlauf der Dinge zufrieden zu sein. Ich war angespannt, ungeduldig und unruhig, wollte unbedingt, dass die Dinge sich änderten und entwickelten.

Mein Handy klingelte. Es war das Büro. Ich hatte keine Zeit, mich mit diesen Fragen herumzuschlagen, ich musste zur Arbeit. Ich schnappte mir mein Laptop und ging zur Garage, um mein Auto zu holen.

Den Rest des Tages nahmen mich die langweiligen Aufgaben im Büro in Anspruch und ich vergaß das Treffen mit den FBI-Agenten mehr oder weniger. Als ich nach Hause kam, war es draußen bereits dunkel. Im Vorderzimmer unserer Wohnung brannte Licht. Ava war also bereits da. Ich streifte im Wohnzimmer die Schuhe ab und rief: »Hallo.« Sie antwortete nicht. Ich ging zum Schlafzimmer, wo wir die meiste Zeit verbrachten. Ava stand einfach da. Sie hatte die Arme verschränkt und sah stocksauer aus.

Oje, dachte ich. *Das bedeutet nichts Gutes.*

»Was ist los?« Ich hoffte, dass ich ungezwungen klang, hoffte, dass ich mich irrte.

»Ich weiß es nicht. Sag du es mir.«

Ich wusste, dass dies eine Fangfrage war. Ich wollte sie vorsichtig beantworten. *Was habe ich getan? Was soll ich zugeben? Habe ich heute Morgen in der Wohnung Unordnung hinterlassen? Hätte ich bei dem Dinner ihres Labors nicht den Furz-Witz erzählen sollen?* In einem Moment wie diesem gibt es keine richtige Art, zu antworten, nur die Gefahr, sich immer weiter hineinzureiten.

»Möchtest du etwas sagen?«, fragte Ava noch einmal.

Habe ich einen Geburtstag vergessen? Was zum Teufel habe ich getan?

Ich versuchte krampfhaft, mich an etwas zu erinnern. Ein paar Möglichkeiten kamen mir in den Sinn. Was mir jedoch überhaupt nicht einfiel, war der Besuch der FBI-Agenten am Morgen.

Wir hatten einige Bücherregale im Schlafzimmer. Als Ava sich umdrehte, fiel mir auf einem Regal eine knallgelbe Plastikhülle auf, die dort völlig fehl am Platz war. Ava ging hin und nahm sie in die Hand. Ich konnte nicht genau sagen, was es war. »Was ist das?«, fragte sie.

»Ich weiß es nicht.« Was der Wahrheit entsprach. Ich wusste nur, dass es eine Rolle bei dem spielte, was ich falsch gemacht haben sollte.

»Es ist eine Maxi-Binde, du Depp.«

Jetzt war ich noch verwirrter. *Wie ist die dorthin gekommen? So was haben nur Frauen. Was habe ich damit zu tun?*

»Ist heute jemand hier gewesen?«

»Ich war den ganzen Tag bei der Arbeit«, sagte ich, was die Frage nicht wirklich beantwortete, doch den Vorteil hatte, technisch gesehen richtig zu sein. Wenn du Zweifel hast, beginn mit der Wahrheit. *Habe ich jemandem die Schlüssel gegeben? Waren Handwerker da gewesen?*, überlegte ich.

»Willst du mir sagen, die sei einfach auf wundersame Weise hier aufgetaucht?«

»Ich weiß über solche Sachen nichts, Av…«

»Meine ist es jedenfalls nicht!«

Es ging noch eine Weile so weiter. Ich spielte auf Zeit, hoffte, dass mir etwas einfiel.

Dann traf es mich wie ein Blitz.

Terry und Randi waren in der Wohnung gewesen. Und Randi hatte das Bad benutzt.

Wie soll ich das nur erklären? Wird Ava mir glauben? Welch kühne Behauptung würde ihren Zorn besänftigen? *Sollte ich sagen: Ich habe eine Affäre? Ich habe einen seltsamen Maxi-Binden-Fetisch? Ich stehe zum Pin-*

keln nicht gern auf und finde die Hygieneprodukte von Frauen bequemer, als eine Colaflasche zu benutzen?

Ich fragte mich, wie verrückt es wohl klingen würde, wenn ich einfach sagte: »Ava, Baby, ich schwöre, ich habe mich nur mit zwei FBI-Agenten getroffen, die mich über jemanden informiert haben, der möglicherweise ein russischer Spion ist.« Die Wahrheit klang noch absurder als jede dumme Lüge.

Aber ich sagte ihr die Wahrheit. »Ich habe heute Morgen die FBI-Agenten Randi und Terry getroffen. Ich dachte, ich hätte es erwähnt. Ich habe sie nach oben gebeten. Wir haben uns im Esszimmer unterhalten.«

»Du hast sie mit nach oben gebracht? Sie haben unsere Wohnung gesehen? Du hast sie das Bad benutzen lassen? Hast du das Bad erst sauber gemacht?«

»Nein, ich habe das Bad nicht sauber gemacht.«

Ava war gekränkt. Nicht mehr wegen der Maxi-Binden-Hülle oder der möglichen Orgien, die ich mitten am Nachmittag hier in unserer Wohnung feierte. Plötzlich ging es um das Thema Haushalt. Ich war vom Regen in die Traufe gekommen.

In Gedanken verfluchte ich die FBI-Agenten. War dies ihre bekanntermaßen geschickte Ermittlungstechnik? Ihre Vorstellung von Diskretion? Überall, wo sie hinkamen, weibliche Hygieneprodukte herumliegen zu lassen? Was würde als Nächstes kommen? Dass ich von den Russen enttarnt würde, weil Toilettenpapier an meinem Schuh klebte?

»Hast du ihnen gesagt, sie sollen die Schuhe ausziehen?«

Oh ja. Klar. Als ob ich darauf bestehen würde, dass zwei bewaffnete FBI-Agenten die Schuhe ausziehen, bevor ich sie hereinlasse! Doch ich fühlte mich völlig hilflos und griff nach dem Rettungsring einer kleinen Notlüge. Ich versuchte, genauso gekränkt zu klingen wie sie zuvor, als ich erwiderte: »Natürlich habe ich ihnen gesagt, sie sollen die Schuhe ausziehen. Klar doch.«

Dieser Tag war nur der erste von vielen, an denen die verschiedenen Teile meines zunehmend komplizierten Lebens kollidierten. Mein Job, meine Frau, meine Karriere, meine Eltern, die Russen und die FBI-Agenten, meine Leidenschaft für Autos – ich hatte ziemlich viele Eisen im Feuer. Die verschiedenen Erwartungen, die an mich gestellt wurden, ließen sich zuweilen schwer vereinbaren. Und es gelang mir nicht immer, zwischen allem perfekt zu jonglieren.

Aber ich lernte an diesem Tag zwei wichtige Lektionen. Erstens, Ava Jamali nie wieder anzulügen. Punkt. Es lohnt sich nicht. Wirklich nicht. Und zweitens: Wenn man eine Tarnung für eine Spionageabwehroperation entwickelt, muss man dies Schicht für Schicht tun. Es braucht Zeit. Es erfordert Mühe. Es erfordert Geschick. Und es kann alles im Nu durch etwas so Triviales wie eine Damenbinde ruiniert werden.

Juri

Meine erste Begegnung mit Juri Sukilow fand im Beisein meines Vaters statt.

Es war Anfang Dezember 2005. Die Tage waren kürzer geworden und die Weihnachtsbeleuchtung bereits angebracht. Die Temperaturen hatten noch nicht den Gefrierpunkt erreicht, doch der Wind wehte kalt vom Hudson herüber und der Winter rückte näher. Nur einen Monat zuvor hatten wir das Büro von Hastings in eine größere Etage in der 145 Palisades Street in Dobbs Ferry verlegt, eine vierstöckige, am Fluss gelegene Festung mit weißer Stuckfassade am Fuß einer steilen Auffahrt eine halbe Meile vom Bahnhof Metro-North in Dobbs Ferry entfernt. Das Gebäude war im Zweiten Weltkrieg ein Forschungszentrum der Navy gewesen, anschließend ein Bible Factory Outlet. Unsere Büroetage im zweiten Stock hatte Panoramafenster, durch die man jeden kommen und gehen sehen konnte.

An einem kühlen Dienstagmorgen unterhielt ich mich kurz vor elf gerade mit einem unserer Kundenbetreuer. Die große Metalltür schwang auf und ich sah einen kleinen Mann mittleren Alters hereinkommen.

Er begrüßte niemanden. Er kam nicht zu uns herüber. Er setzte sich nicht auf das Sofa im Empfangsbereich. Er stand einfach vor einem großen weißen Bücherregal, das mit Gratisexemplaren gefüllt war, die Verleger uns geschickt hatten. Wir luden Besucher dazu ein, ein oder zwei

davon mitzunehmen, wenn etwas ihr Interesse weckte. Der Mann über-
flog die Titel und murmelte vor sich hin.

Ich wusste sofort, dass er Juri sein musste.

Im Lauf der Jahre war mindestens ein halbes Dutzend Russen in
unser Unternehmen gekommen. Normalerweise blieben sie für drei
Jahre bei der Ständigen Vertretung in New York. Nach dem Zusammenbruch der Sowjetunion hatte es eine Pause gegeben, und meine Eltern
hatten sich schon gefragt, ob das Geschäft mit den Russen für immer
vorbei sei. Doch nach etwa einem Jahr kamen neue Russen mit denselben alten Bitten – Bücher, Artikel und Forschungsmaterial, das sie nirgendwo sonst finden konnten.

Es kam Sergei. Es kam Alexi. Es kam Iwan. Und es kamen eine Reihe
anderer, die kaum einen Eindruck hinterließen.

Das meiste von dem, was sie haben wollten, war frei zugänglich und
schien harmlos zu sein. Gelegentlich baten sie um Verschlusssachen oder
anderweitig als Geheimnisse der US-Regierung Klassifiziertes. Meine Eltern lehnten diese Bitten ab und die Russen beharrten nie darauf.

Im Lauf der Jahre hatte es eine Reihe unheimlicher Vorfälle gegeben.

Eines Samstagmorgens waren mein Vater und ich in einem Hobbyshop in Dobbs Ferry. Ich sah mir gerade Modellflugzeuge an. Mein Vater
schaute auf und entdeckte zwei Männer, die uns von der anderen Seite
des Ladens anstarrten. Einer von ihnen war Sergei von der Ständigen
Vertretung.

Mein Vater wollte hinübergehen und ihn begrüßen, überlegte es sich
dann aber anders. Er sagte nichts. Auch Sergei sagte nichts. Doch das
Auftauchen der Russen, so weit entfernt von ihrer Wohnanlage in River-
dale, einem Teil der Bronx, machte eines deutlich: Sie wussten, wo meine
Eltern lebten und dass sie einen Sohn hatten.

Ein anderes Mal fiel meiner Mutter eine graue Limousine auf, die
langsam vor ihrem Haus auf und ab fuhr. Niemand sagte etwas. Nie-

mand tat etwas. Doch meine Mutter war sich sicher, den Fahrer als einen Russen der Ständigen Vertretung erkannt zu haben.

Ich hatte mitbekommen, wie meine Mutter und mein Vater den gerade aktuellen Russen beschrieben, der in diesem Sommer und Herbst zwei- oder dreimal in unserem Büro in Hastings gewesen war.

»Er ist anders als die anderen«, sagte meine Mutter.

»Nicht so kultiviert«, stimmte mein Vater ihr zu. »Er hat einen stärkeren Akzent.«

»Nicht so freundlich, nicht so zugänglich«, sagte meine Mutter. »Ich mochte Alexi. Und Tomachin.«

»Und nicht so gebildet«, fügte mein Vater noch hinzu. »Dieser hat nichts zu sagen.«

Er hatte nichts von dem Charme der anderen Männer der Ständigen Vertretung Russlands, die gekommen waren, um Bücher zu bestellen. Sie schienen intelligent, weit gereist und im Allgemeinen sympathisch zu sein, in welch niederträchtige Aktivitäten sie laut Aussagen des FBI auch verwickelt sein mochten. Möglicherweise waren sie Spione. Soweit meine Eltern wussten, konnten sie eiskalte Mörder sein. Aber das hieß nicht, dass sie nicht nett sein konnten. Die russischen Diplomaten verhielten sich weitgehend so wie die anderen Freunde meiner Eltern. Juri nicht.

»Er ist ein Bauer«, sagte meine Mutter.

»Richtig«, stimmte mein Vater ihr zu. »Er ist ungeschliffen. Er ist dumm.«

Und jetzt stand er, ganz allein, in der Nähe des Bücherregals.

Ich brauchte einen Moment, um ihn unter die Lupe zu nehmen. Er war höchstens 1,70 Meter groß. Höchstens. Er hatte helles Haar, das langsam in Grau überging, und einen gepflegten Schnurrbart. Er war sehr blass, so blass, dass er fast ungesund aussah. Selbst aus dieser Entfernung konnte ich sehen, dass er durchdringend blaue Augen hatte. Er trug ein weißes Button-down-Hemd, eine breite rote Krawatte, einen kastenförmigen hellgrauen Anzug und einen zu großen hellbraunen Trenchcoat.

Men's Wearhouse, dachte ich. Oder vielleicht *Jos. A. Bank*. Ich wusste, dass sich *Paul Stuart* und *Barney's* nicht weit entfernt von der Ständigen Vertretung Russlands befanden. Dieser Mann kaufte in keinem der beiden Läden ein.

Als ich die Unterhaltung mit unserem Kundenbetreuer beendete, hörte ich, wie mein Vater Juri begrüßte. »Oh, gut. Sie haben unser neues Büro gefunden. Tut mir leid. War es ein Problem?« Ich vermutete, mein Vater hatte ihm gegenüber nicht erwähnt, dass wir umziehen würden.

»Uh-kay«, sagte Juri mit fast so etwas wie einem Singsang in der sanften Stimme. Ich schwöre, dass er wie eine leicht verwässerte Version von Borat, Sacha Baron Cohens Kasache in der *Da Ali G Show* auf HBO, klang. »Ich habe hergefunden.«

Er sprach in kurzen Sätzen mit einem leichten russischen Akzent und in einem leicht singenden Tonfall. Sein Englisch war solide. Wollte er vermeiden, dass seine Stimme, falls sie aufgenommen wurde, erkannt wurde? War er auf der Highschool Mitglied eines Theaterklubs gewesen? Ich konnte nur spekulieren. Aber sein Ton war sanft, ruhig, nicht aggressiv.

Ich wusste, dass dies meine Chance war. Es war mir egal, ob meine Eltern ihn charmant fanden oder nicht. Nachdem ich mich mit Randi und Terry darüber unterhalten hatte, dass ich dem FBI mit den Russen helfen wolle, brannte ich darauf, den neuen kennenzulernen.

»Dies ist mein Sohn Naveed«, sagte mein Vater, als ich zu ihnen hinüberging. »Er hilft jetzt im Unternehmen.«

Juri schüttelte mir die Hand und nickte.

»Ich hole Ihnen eben Ihre Bücher«, sagte mein Vater.

Als mein Vater sich entfernte, versuchte ich, eine Unterhaltung mit dem Russen in Gang zu bringen. »Wie gefällt es Ihnen in New York?«, fragte ich.

Die Antwort bestand aus sechs Wörtern. »Es ist das Zentrum von allem.«

»Meine Frau und ich sind aus Boston wieder hierhergezogen«, erzählte ich ihm. »New York gefällt mir viel besser.«

»Sie arbeiten jetzt hier?«, fragte er.

»Ja. Ich arbeite jetzt hier im Unternehmen. Meine Eltern werden nicht jünger, wissen Sie.«

Nichts davon schlug Funken. Der Russe schien ungeduldig zu sein, so als wolle er einfach nur das bekommen, weswegen er hergekommen war, und wieder gehen. Soweit ich sagen konnte, hatte er nicht das geringste Interesse an mir oder meinen Einschätzungen der Vorzüge verschiedener amerikanischer Städte.

Also versuchte ich es auf die lockere Tour. Humor war schon immer meine Geheimwaffe. Ich war mir nicht sicher, ob es bei diesem sauertöpfischen Russen funktionieren würde. Doch ich probierte es mit einem alten Glasnost-Witz. So viel hatte sich inzwischen geändert. Ich schätzte, dass selbst der verdrießliche Juri über die schlechten alten Tage lachen konnte.

Der Witz ging in etwa so: Viktor und Boris stehen auf dem Roten Platz wegen ihrer täglichen Ration Kohl und Borschtsch an, als Viktor zu Boris sagt: »Ich verstehe das nicht, die Sache mit Glasnost. Angeblich sollte doch alles besser werden.«

»Da stimme ich dir zu, Kamerad«, sagt Boris. »Ich bin so wütend, dass ich Gorbatschow am liebsten auf der Stelle erschießen würde. Würdest du mir den Platz hier in der Schlange frei halten?«

Vier Stunden später kehrt Boris zurück.

»Und? Hast du's erledigt?«, fragt Viktor ihn.

»Leider, nein«, erwidert Boris. »Da gibt es auch schon eine Schlange.«

Juri warf mir einen vernichtenden Blick zu. »Darüber weiß ich gar nichts«, war alles, was er dazu sagte.

Ja, manchmal kann ich ein richtiger Depp sein. Glücklicherweise tauchte da mein Vater auf, bevor ich mich noch weiter zum Idioten machen konnte. Er stellte den Karton auf den Tisch und reichte Juri eine Rechnung.

»Hat mein Sohn Ihnen erzählt, dass er sich für das Militär interessiert?«, fragte mein Vater. »Naveed macht ein Masterstudium an der Harvard. Erzähl ihm von deiner Masterarbeit, Sohn.«

Typisch mein Vater, dass er meine Leistungen übertrieb und Harvard erwähnte – und mich dann alles klarstellen ließ. Ich ging jetzt schon seit fast einem Jahr nicht mehr zur Graduate School, und es sah nicht danach aus, als würde ich jemals wieder dort hingehen. Doch ich widerstand der Versuchung, seinen ungeschickten Versuch, eine Unterhaltung in Gang zu bringen, zurechtzurücken, und machte einen letzten Versuch, bei diesem russischen Diplomaten Interesse zu wecken.

»Ich habe über die universelle Rechtsprechung und ihren Einfluss auf die Staatssouveränität geschrieben«, klärte ich ihn auf. »Zum Beispiel über den Internationalen Strafgerichtshof und die Frage, wann die Aktivitäten einer Nation so ungeheuerlich sind, dass andere Nationen das Recht haben einzugreifen. Unter anderem haben wir uns mit der Kubakrise beschäftigt. Gut, dass im Lauf der vergangenen Jahre so viele Informationen aus der Zeit des Kalten Kriegs freigegeben wurden. Man kann sie jetzt viel genauer studieren. Es scheint, dass sich die Dinge wirklich geändert haben.«

»Okay«, sagte Juri.

»Es gab da einen russischen Oberst«, fuhr ich fort. »Ich kann mich nicht an seinen Namen erinnern. Aber er war verantwortlich für die Atomraketen auf Kuba. Kennen Sie seinen Namen?«

»Nein«, sagte Juri.

»Nun, es hat sich eine Menge verändert seitdem«, bemerkte ich.

Juri stand einfach nur da. Er schien keine Schwierigkeiten zu haben, der Unterhaltung zu folgen. Aber er tat eindeutig nichts, um sie zu verlängern.

»Okay«, sagte mein Vater schließlich, »wir konnten Ihnen alles besorgen, außer…« – er deutete mit dem Zeigefinger auf einen Posten im letzten Drittel der Liste – »dieses Buch ist nicht lieferbar.«

Juri schien dennoch zufrieden zu sein. Er sagte nur: »Gut«, bezahlte mit drei Hundertdollarscheinen und lehnte das Wechselgeld, rund vierzig Dollar, ab. Er unternahm keinen Versuch, sich noch weiter zu unterhalten, sondern reichte meinem Vater einfach eine neue Liste mit Büchern und Artikeln und versprach: »Ich werde sie dann irgendwann abholen.«

Ich sagte: »Es hat mich gefreut, Sie kennenzulernen«, und mein Vater: »Bis zum nächsten Mal«, doch verließ Juri nicht das Büro. Wenigstens nicht sofort. Er griff in seinen Trenchcoat, holte einen ordentlich gefalteten schwarzen Plastikmüllbeutel hervor, ging zurück zu dem großen weißen Bücherregal und nahm ein Buch aus einem der Fächer mit den Gratisexemplaren. Von dort, wo ich stand, konnte ich den Titel nicht erkennen. Doch er warf das Buch in den großen Plastikbeutel. Er nahm noch eins und noch eins und noch eins. Schon bald fegte er die Bücher aus den Fächern wie ein Sechsjähriger, der ein Kartenhaus zerstört. Er tat dies so schnell, dass er unmöglich die Titel der Bücher gelesen haben konnte, die in seinen Müllbeutel purzelten.

Was wollte er mit ihnen anfangen? Sie nach Moskau schicken? Bei eBay verkaufen? Sein Bücherregal in der Riverdale-Wohnanlage füllen, damit seine Kollegen ihn für belesen hielten? Ich wusste es nicht und er sagte es nicht.

Es kam mir seltsam vor, dass unser neuer russischer Kunde, der einen, wie ich annahm, sehr begehrten und gut dotierten Job hatte, gierig nach Gratisbüchern war. Ich wusste nicht, was ich davon halten sollte. Mir fiel auch auf, wie erpicht er darauf war, zu gehen. Es hatte höchstens eine Viertelstunde gedauert, vom Türöffnen bis zum Türschließen, bis er wieder weg war.

Ich kehrte an meinen Schreibtisch zurück, ließ mich auf meinen Stuhl fallen und starrte aus dem großen Panoramafenster. Da sah ich, wie Juri mit seinem Karton und seinem Bücherbeutel die steile Auffahrt hochging. Die Last, die er schleppte, musste ordentlich schwer sein. Doch das muss ich ihm lassen: Der kleine, blasse russische UN-Diplomat flog sprichwörtlich den Hügel hinauf.

»Was ist denn mit dem los, dass er sich alle Gratisbücher schnappt?«, fragte ich meinen Vater, sobald Juri mit seinem Karton und dem schweren Müllbeutel verschwunden war. »Welch ein Kraftaufwand! Wenn er zum Essen geht, füllt er dann Essensrestebeutel mit der kostenlosen Pfefferminze?«

»Ich weiß nicht, was er mit all den Büchern vorhat«, sagte mein Vater. »Vielleicht verkauft er sie an *The Strand*«, die legendäre Buchhandlung in Greenwich, in der es auch Gebrauchtbücher zu kaufen gab. »Oder er liest einfach gern.«

Ich wusste, dass mein Vater das nicht glaubte. »Juri kommt mir nicht wie ein Vielleser vor.«

Ich hatte mir wirklich gewünscht, einen guten Start mit dem neuen Russen zu haben. Wenn ich mit dem FBI vorankommen wollte, wenn ich die Art von Erfahrung gewinnen wollte, die ich für die Navy brauchte, musste ich die Russen davon überzeugen, mir zu vertrauen. Und ich hatte kaum zwei Grunzlaute aus Juri herausbekommen. Bei diesem kurzen Besuch hatte ich selbst erlebt, worüber meine Eltern gesprochen hatten. Er unterschied sich von den anderen Russen, die zu uns gekommen waren. Er war nicht so kultiviert, nicht so gebildet wie sie – um es höflich auszudrücken.

»Vielleicht hätte ich den Glasnost-Witz nicht erzählen sollen«, sagte ich zu meinem Vater. »Die ganze Sache war ziemlich peinlich. Auf jeden Fall habe ich aber erwartet, dass er größer ist.«

»Seine Größe ist sicher das geringste Problem«, meinte mein Vater.

Meine Eltern hatten inzwischen zwei- oder dreimal mit Juri zu tun gehabt. Sie kannten ihn noch nicht gut, aber gut genug. »Er gibt sich keinerlei Mühe, verbindlich zu sein«, fuhr mein Vater fort. »Was mir auffällt, ist, dass er offensichtlich nicht hier sein will. Er scheint es fast verachtungswürdig zu finden, sich mit uns abzugeben, so als sei es irgendwie unter seiner Würde.«

Was mich an etwas erinnerte. »Warum musstest du die Graduate School erwähnen?«, fragte ich. »Warum sollen die Russen das von mir wissen? Ich bin da nicht mal mehr.«

»Du hast gesagt, dass du vielleicht dorthin zurückgehst.«

»Das ist ein Jahr her«, protestierte ich. »Ich gehe wahrscheinlich nicht zurück. Ich habe sie nicht abgeschlossen. Ich bin gegangen.«

»Nun, es gibt keinen Grund, den Leuten vorzuenthalten, was du erreicht hast. Es ist alles sehr beeindruckend.«

Ich verdrehte nur die Augen.

Die klare Botschaft war, wie ich eindeutig wusste, dass ich zurück zur Graduate School gehen sollte. Ich sollte eine Vorzeigeausbildung haben. Ich sollte meinem Namen so viele Buchstaben wie möglich hinzufügen. Mein Vater verstand es wirklich, mir Schuldgefühle zu machen. Es war, als würde er mich fragen: »Wann sorgst du endlich dafür, dass wir Enkel bekommen?« Würde er mich in diesem Punkt auch bedrängen? Vielleicht konnte er dem Russen nächstes Mal erzählen: »Naveed arbeitet daran, uns zu Großeltern zu machen. Erzähl ihm von deinen Fortschritten, Sohn.«

Ava und ich genossen es, wieder in New York zu sein. Da sich ihre Post-Doktoranden-Zeit an der NYU dem Ende zuneigte, würde sie bald nicht mehr so wahnsinnig viel arbeiten müssen, sondern eine ruhigere

Kugel schieben können. Wir hatten ein viel planbareres Leben. Wie viele andere Paare Ende zwanzig waren wir dabei, uns beruflich zu etablieren, und dachten darüber nach, eine Familie zu gründen und uns wirklich häuslich niederzulassen.

Eine Stunde nachdem Juri das Büro mit seinen Büchern verlassen hatte – den bezahlten Büchern und den Gratisexemplaren –, wählte ich Terrys Nummer. Ich wusste, dass dies meine Chance war, sein Interesse zu wecken. Ich beschloss, mich vage auszudrücken.

»Hi, Terry, Naveed hier. Ich habe ein paar Informationen für Sie.«

Er schwieg einen Moment lang. »Oh-kay«, sagte er dann langsam. »Was haben Sie?«

»Ich hatte heute eine interessante Begegnung.«

Wieder hielt er inne. »Bleiben Sie dran.« Ich schwöre, dass ich ein Klicken durch die Leitung hörte, als habe er gerade eine kleine mit *Record* gekennzeichnete rote Taste gedrückt.

»Erzählen Sie mir davon«, forderte Terry mich auf.

»Ich habe den neuen Russen kennengelernt. Es war, äh, sehr aufschlussreich. Ich habe eine neue Liste für Sie. Soll ich Ihnen eine Kopie bringen?«

»Klar«, sagte Terry. »Lassen Sie uns ein Treffen vereinbaren. Wie wär's mit Donnerstag?«

FBI-Agenten, entdeckte ich, sind nicht so zuverlässig in Bezug auf Termine. Ihre Pläne können sich ständig ändern. Irgendetwas passiert. Selbst ein oder zwei Tage im Voraus zu planen, ist schwierig für sie.

»Donnerstag ist gut. Geht es vor der Arbeit?«

»Sicher.«

»Ich treffe Sie in der Stadt«, sagte ich.

»Wir können in Ihre Gegend kommen«, erwiderte er. »Wir rufen an, wenn wir in der Nähe sind.«

Ich nahm mir einen Moment Zeit, um über drei Dinge nachzudenken, die ich erreichen musste. Sie hatten alle mit meiner Unabhängigkeit zu tun. Erstens musste ich Juri dazu bringen, nur noch mit mir geschäftlich zu verkehren statt mit meinen Eltern. Zweitens musste ich meine eigene Beziehung zum FBI ausbauen. Und drittens musste ich beide Seiten dazu bringen, mich außerhalb des Büros zu treffen. Unser Büro war ein denkbar schlechter Ort, um vertraulich miteinander zu reden. Es war ein Großraumbüro. Ich wusste nie, wann meine Eltern da sein würden. Was mich betraf war eine Parkbank beim Upper Broadway mitten im Dezember oder ein schäbiges Kettenrestaurant in einer der Vorstädte eine weitaus günstigere Umgebung.

An jenem Donnerstagmorgen klingelte kurz vor acht, als ich mich zur Arbeit fertig machte, mein Handy. »Wir sind unten«, sagte Terry.

Ava war bereits unterwegs. Ich ging hinunter, in der Tasche meiner Winterjacke eine Kopie von Juris neuester Liste. Als ich den Bürgersteig betrat, sah ich Terry vor seinem Wagen stehen, der direkt gegenüber bei einem Hydranten geparkt war. Randi war dieses Mal nicht dabei. Neben Terry stand ein groß gewachsener Mann.

»Wo ist Randi?«, fragte ich, als ich auf die beiden zutrat.

»Sie wurde versetzt«, sagte Terry.

Oh Mist, dachte ich. Hat jemand von dem Maxi-Binden-Debakel gehört? Aber wie sollte das möglich sein? Ich hatte außer Ava niemandem davon erzählt. »Geht's ihr gut?«, fragte ich.

»Ja«, sagte Terry. »Es ist etwas Gutes.«

Ich war froh, das zu hören, auch wenn Terrys Verschlossenheit der Fantasie viel Raum ließ.

»Das ist Ted«, stellte mir Terry seinen Kollegen vor. Kein Nachname. Nur Ted. Ted war blond, kräftig und muskulös und hatte sehr große Hände, wie jemand, der in Rekordzeit einen festsitzenden Schraubdeckel öffnen kann. Wir schüttelten uns die Hand und er schenkte mir ein breites Lächeln. Er schien extrovertierter zu sein als der zurückhaltende Terry. Keiner von beiden sagte es, doch ich hatte eindeutig den Eindruck, dass Ted so wie früher Randi der Senior Agent war. Doch wie sie schien auch er sehr freundlich zu sein.

»Ich habe Ihre Liste«, teilte ich den Agenten mit.

Während wir uns unterhielten, sah ich einige meiner Nachbarn aus dem Gebäude kommen. Gott sei Dank überquerten sie auf dem Weg zur U-Bahn die Straße nicht. Doch ich wusste, dass es nur eine Frage der Zeit sein würde, bis jemand an uns vorbeikam und »Guten Morgen« sagte. Das ist nicht gerade unauffällig, dachte ich, wenn ich mich hier morgens um acht unrasiert und in meinen Sportklamotten intensiv mit zwei gepflegten Herren unterhalte.

»Hey, Leute, das ist ein bisschen heikel«, sagte ich. Dieses Mal lud ich sie nicht nach oben in die Wohnung ein. »Macht es Ihnen etwas aus, wenn wir nicht direkt vor meinem Haus bleiben? Dort drüben gibt es einen Park.«

Der Straus-Park ist ein landschaftlich gestaltetes Dreieck und befindet sich dort, wo die West End Avenue in den Broadway übergeht. Der kleine Park ist berühmt für die Bronzestatue einer Nymphe, die über ruhiges Wasser blickt. Sie wurde dort 1913 zu Ehren von Isidor Straus, einem US-Abgeordneten und Miteigentümer von Macy's, sowie seiner Frau Ida errichtet, die beide am 15. April 1912 starben, als die *SS Titanic* im Nordatlantik unterging.

Die Familie Straus wohnte in einem Haus am Broadway, eine Querstraße südlich des Parks. Als das dem Untergang geweihte Schiff voll Wasser lief, weigerte Ida sich, mit anderen Frauen und Kindern in ein Rettungsboot zu steigen. Sie bestand darauf, bei ihrem geliebten Isidor zu bleiben. Eine Zeile aus 2 Samuel 1,23 ist in das Denkmal eingemeißelt: »Die Geliebten und Teuren, im Leben und Tod sind sie nicht getrennt.«

Ted, Terry und ich setzten uns auf eine Bank zur Linken der Nymphe. An diesem kalten Dezembermorgen waren wir drei die Einzigen, die dort saßen.

»Wie hat Juri reagiert, als Sie ihn angesprochen haben?«, brachte Terry die Unterhaltung in Gang. »Er hat nur Ihren Vater erwartet, richtig?«

»Also, ich würde ihn nicht gerade freundlich nennen«, sagte ich. »Dummerweise habe ich einen Witz erzählt. Der kam nicht wirklich gut an. Er fand ihn nicht sonderlich lustig.«

»Sie haben einen Witz erzählt? Was für einen Witz?«

»Einen Glasnost-Witz.«

Die Agenten sahen mich und dann einander an. »Kennst du irgendwelche Glasnost-Witze?«, wollte Terry von Ted wissen.

»Ich glaube nicht. Du?«

»Ich auch nicht«, sagte Terry, und dann zu mir: »Wie ging der Witz?«

»Sie wollen ihn hören?«, fragte ich.

»Ja!«, sagten die Agenten fast gleichzeitig.

Ich erzählte ihnen den Witz von dem Typen, der das Schlangestehen in der ehemaligen Sowjetunion so satt hatte, dass er loszog, um Gorbatschow zu erschießen, die Schlange dort aber ebenfalls zu lang war.

»Und Juri fand den nicht lustig?«, fragte Ted.

Ich glaube, Ted wollte sich mit mir anlegen.

»Ich finde ihn saukomisch«, sagte Terry.

»Typisch«, meinte Ted.

Ich erzählte den Agenten, dass Juri ziemlich schweigsam sei und dass es ihm angenehmer zu sein schien, mit meinem Vater zu reden, er jedoch grundsätzlich den Eindruck mache, mit niemandem gern zu reden. Dass ich dennoch ein wenig mit ihm habe sprechen können, nämlich darüber, was ich in der Graduate School studiert habe und dass ich jetzt im Unternehmen meiner Eltern arbeite.

»Ich glaube, ich bin mit ihm ein wenig weitergekommen«, schloss ich, um nicht zu sehr zu übertreiben.

Ich reichte Terry die neue Liste und sagte, ich sei mir sicher, dass Juri in ein paar Wochen zurückkommen werde, um die Bücher abzuholen und eine neue Bestellung aufzugeben. Dann beschrieb ich so anschaulich wie möglich, welche Art von Mensch Juri zu sein schien. Besonders hervor hob ich die Geschichte mit den Gratisbüchern.

»Was für ein Geizhals!«, sagte ich. »Sind diese Typen so knapp bei Kasse? Müssen die in ein kleines Unternehmen kommen und das Gratiszeugs mitnehmen? Eine Schachtel mit Kleiderbügeln von der Reinigung? Einen Eimer mit Ketchuptütchen von McDonald's?«

Ted begann zu lachen. »Kann ich mir gut vorstellen. Sie sind schrecklich.«

Der Senior Agent erklärte, einige der Diplomaten würden von der UN Zuschüsse zu den Nutzungsgebühren für New Yorks Brücken und Tunnel erhalten. »Dann machen sie einen Umweg, um die kostenlosen Brücken zu benutzen. Sie behaupten das zu tun, weil die amerikanische Regierung von den Gebühren profitiere – in Wirklichkeit wollen sie das Geld nur selbst einsacken.«

Ich erzählte ihnen, dass mein Vater eine Theorie in Bezug auf den Alkohol habe, den die Russen oft aus Moskau mitbrachten. »Mein Vater meint, dass sie ihn gar nicht dort kaufen. Sie kriegen ihn spottbillig von der Ständigen Vertretung oder sie kaufen ein paar Flaschen im Duty-Free-Shop.«

»Womit er wohl recht hat«, sagte Terry.

Ich betrachte diese Unterhaltung im Straus-Park, die nicht länger als eine Viertelstunde dauerte, als mein erstes operatives Treffen mit dem FBI, weil ich den Agenten zum ersten Mal von etwas Bericht erstattete, was ich selbst herausgefunden hatte. Es war vielleicht noch nicht viel, nur meine anfänglichen Eindrücke und ein paar vereinzelte Details.

Doch ich hatte meine erste Face-to-Face-Unterhaltung mit einem russischen Diplomaten geführt und dem FBI meine Einsichten weitergegeben. Ich behaupte nicht, dass irgendetwas davon wertvoll war. Aber so wird Vertrauen aufgebaut, und ich hoffte, Vertrauen bei beiden Parteien – den Russen und dem FBI – aufbauen zu können.

Neun Wochen später kehrte Juri aus den üblichen Gründen nach Dobbs Ferry zurück. Um die Bücher abzuholen, die er bestellt hatte. Um neue zu bestellen. Und ja, um seinen Müllbeutel mit den Gratisbüchern vollzustopfen, mit denen die Regalfächer wieder aufgefüllt worden waren. Es war jetzt Mitte Februar und wie immer tauchte Juri einfach auf. Er rief nicht vorher an, vereinbarte keinen Termin. Da ich hiervon ausgegangen war, hatte ich so viel Zeit wie möglich im Büro verbracht, war früh dort eingetroffen und bis spät abends geblieben. Ich wollte Juri nicht verpassen. Ich hoffte auch, er würde kommen, wenn meine Eltern nicht da wären.

Erfolg in beiderlei Hinsicht: Ich verpasste ihn nicht und meine Eltern waren nicht da.

Er trat durch die Eingangstür, blieb dann aber stehen. Nach einem kurzen Moment ging ich zu ihm hinüber.

»Hallo«, begrüßte ich ihn.

»Guten Morgen«, antwortete er mit seiner weichen, tonlosen Stimme. »Ist Naseem da?«

»Nein. Meine Mutter auch nicht. Kann ich Ihnen vielleicht helfen?«

Er zögerte. »Verstehe. Kommen sie später zurück?«

»Nein, heute nicht.«

»Verstehe. Vielleicht sollte ich ein andermal wiederkommen.«

Natürlich wollte ich das nicht. Es ging mir schließlich darum, dass Juri eine Beziehung zu *mir* herstellte. Meine Eltern waren nicht da. Dies war die perfekte Gelegenheit. Ich wollte sie nicht ungenutzt lassen. Wer wusste, wann Juri zurückkehrte. Wenn er den Eindruck hatte, dass hier etwas nicht stimmte, würde er dann überhaupt je wiederkommen?

Ich legte mich ins Zeug. »Sie können natürlich gern später wiederkommen. Aber meine Eltern verbringen inzwischen weniger Zeit im Büro. Sie haben Ihnen doch erzählt, dass sie sich mehr und mehr aus dem Unternehmen zurückziehen, oder? Sie sind nur sehr unregelmäßig hier, wissen Sie. Es wäre mir sehr unangenehm, wenn Sie wiederkommen und sie erneut verpassen.«

Ich merkte, dass er mich genau beobachtete, und hatte das Gefühl, dass er versuchte, das, was ich ihm sagte, zu verarbeiten. Da kam mir zum ersten Mal der Gedanke, dass die Russen höchstwahrscheinlich ein paar Nachforschungen angestellt hatten und zu dem Schluss gekommen waren, dass es ungefährlich war, mit meinen Eltern Geschäfte zu machen. Ich dagegen war eine bislang unbekannte Größe.

»Ich bin mir sicher, dass ich Ihnen helfen kann«, versicherte ich.

Er holte Luft und erklärte sich schließlich einverstanden. »Ich bin hier, um meine Bestellung abzuholen.«

»Kein Problem. Ich werde sie Ihnen holen.«

»Uh-kay«, sagte er.

Ich hatte nicht das Gefühl, dass er mir nicht glaubte. Der Punkt war wohl eher der, dass er diese neue Entwicklung erst einmal auf sich wirken lassen musste. Er schien nicht zu denjenigen zu gehören, die gut auf Überraschungen reagieren.

Ich eilte ins Lager und fand seinen Karton. Wie üblich war er noch nicht verschlossen und die Rechnung lag obenauf. Ich nahm den Karton mit in den Empfangsbereich und stellte ihn auf dem Couchtisch ab: »Ich glaube, wir haben hier alles.« Er überprüfte es nicht.

Ich reichte Juri die Rechnung. Er betrachtete sie eingehend. Er bezahlte und gab wie üblich ein Trinkgeld. Er ließ eine neue Liste da. Dann griff er in seinen Trenchcoat, zog seinen Müllbeutel hervor und machte sich am Bücherregal zu schaffen.

Als er ging, hatte ich das Gefühl, dass ich dieses Mal tatsächlich einen Schritt vorangekommen war. Er hatte mich nicht im Büro erwartet. Er war davon ausgegangen, so wie üblich und so wie alle anderen Russen vor ihm meine Mutter oder meinen Vater anzutreffen. Ich merkte, dass ihm ihre Abwesenheit missfiel. Aber zumindest sprachen er und ich miteinander. Und diese kleine Unterhaltung gab mir die Hoffnung, dass wir vielleicht irgendwie miteinander ins Geschäft kommen würden.

Network Centric

Um an Geheiminformationen heranzukommen, verwendeten die Russen gern eine Technik, die von Generationen durstiger Sechzehnjähriger in amerikanischen Gemischtwarenläden perfektioniert wurde. In meiner Stadt sagten wir dazu: »Etwas dazwischenmogeln«.

»Okay, ich möchte eine Tiefkühlpizza, ein Glas Apfelmus, zwei D-Batterien, eine Kinderzahnbürste, ein Sechserpack Bier – oh ja, und eine *US Weekly*.« Wir sagten dies so lässig wie möglich, in der Hoffnung, der Verkäufer werde nicht antworten: »Hey, Moment mal! Du bist ein Teenager! Du darfst noch kein Bier kaufen!«

In Russland müssen sie etwas Ähnliches gemacht haben.

Im Lauf der Jahre hatte ich mit meinen Eltern immer wieder darüber gelacht, wenn der eine oder andere Russe versuchte, bei einer Routinebestellung für Forschungsbücher ein Geheimdokument oder einen als geheim eingestuften Bericht dazwischenzumogeln. Doch das erste Mal, dass ich dies selbst mitbekam, war 2006, als Juri an einem heißen Augusttag – wie üblich unangekündigt – im Büro auftauchte.

Er tauschte ein paar Höflichkeiten aus und wandte den Blick dann wie immer dem Regal mit den Gratisbüchern zu. Während ich seine Bestellung holte, begann er, seinen Plastikbeutel mit Büchern zu füllen. So weit alles wie gehabt. Das war Juri. Nachdem er mich in bar bezahlt und die Summe großzügig aufgerundet hatte, reichte er mir seine neue

Liste. Sie enthielt rund ein Dutzend Bücher und Artikel – und eine Ankündigung einer Konferenz, die Anfang des Jahres in Washington stattgefunden hatte.

»Was ist das?«, fragte ich ihn mit dem Charme eines gestressten 7-Eleven-Nachtportiers.

»Ach so«, sagte er, als habe er es fast vergessen. »Sind Sie Mitglied dieser Organisation? Wäre es Ihnen möglich, mir das Protokoll dieser Konferenz zu besorgen?«

Ich warf einen Blick auf den Zettel, den er mir gereicht hatte. »IDGA«, stand dort. »Institute of Defense and Government Advancement. 5. Jahreskongreß zur netzwerkzentrierten Kriegsführung.«

Hmm.

Ich hatte von der netzwerkzentrierten Kriegsführung gehört, dieses militärische Konzept war erstmals in den Neunzigerjahren von Admiral William Owens und anderen im US-Verteidigungsministerium zur Sprache gebracht wurde. Der Grundgedanke war, dass wir eine viel bessere Computertechnologie hatten als die meisten unserer Feinde und versuchen sollten, aus dieser Überlegenheit praktische militärische Vorteile für unsere Truppen auf dem Schlachtfeld zu ziehen. Vernetzung durch Sensoren, gemeinsam genutzte Lagebeurteilung, schnelle Zieleinschätzung, erhöhte Operationsgeschwindigkeit – das waren die Schlagworte der netzwerkzentrierten Kriegsführung. Sie war gerade ein heißes Eisen in Verteidigungskreisen, als Juri mir sein Interesse bekundete. Ich wusste nichts über diese Konferenz, und so versprach ich Juri, herauszufinden, was ich konnte.

So gern ich auch eine Unterhaltung mit Juri in Gang halten wollte, um diesen steifen Typen vielleicht endlich aus der Reserve zu locken, war seine Anwesenheit in unserem Büro doch ein bisschen unheimlich. Ich bemerkte, dass eine Reihe von Leuten unbehagliche Blicke in seine Richtung warfen, so als wollten sie sagen: »Der schon wieder!«

»Ich kümmere mich darum«, versprach ich ihm, bevor er an jenem Tag das Büro verließ. »Ich werde Sie wissen lassen, ob ich das Protokoll bekommen konnte.«

So schnell, wie er gekommen war, war er auch wieder verschwunden.

Das IDGA war, wie ich mich vage erinnerte, auf Regierungsbeamte, vor allem des Pentagons, und Techniker und Technologen der Rüstungsindustrie ausgerichtet. Teils Networking-Gruppe, teils Trainingsplattform, teils Ideenlabor hatte sich die Organisation »der Förderung innovativer Ideen und jüngster Entwicklungen im öffentlichen Dienst und der Verteidigung« verschrieben.

Auf gut Deutsch: Verteidigungsexperten, die aus Spaß und um des Profits willen mit Informationen handelten.

Bei einer schnellen Google-Suche erfuhr ich, dass die Konferenz des IDGA zur netzwerkzentrierten Kriegsführung im Januar im Ronald Reagan Building und International Trade Center in der Nähe des Weißen Hauses stattgefunden hatte. Und ja, die Konferenz schien weit mehr zu sein als eine Versammlung von IT-Hobbyisten. Es war, um das kurze Werbematerial zu zitieren, das ich fand, »eine einzigartige Gelegenheit, von über 800 Kollegen aus der Führungsebene des Militärs und der Industrie zu lernen und sich mit ihnen zu vernetzen«. Die Hauptvorträge wurden von General Richard Myers, dem ehemaligen Vorsitzenden der Joint Chiefs of Staff (Vereinigten Stabschefs), sowie John Ashcroft, einem ehemaligen US-Justizminister, gehalten.

Ich leitete Juris Nachfrage, so wie ich es auch mit Aufträgen anderer Kunden tat, an einen unserer Rechercheure im Büro weiter. Ich versuchte immer noch, so zu tun, als sei Juri ein Kunde wie jeder andere. »Besorgen Sie, was Sie können«, sagte ich.

Der Mitarbeiter berichtete mir dann einige Tage später, dass er alles nur Erdenkliche versucht, aber nichts erreicht habe. »Es ist nicht allgemein zugänglich, ich glaube nicht, dass wir ihm helfen können. Man muss Mitglied der Organisation sein, um da ranzukommen, oder die Konferenz besuchen.« Für beides schien es strenge Aufnahme- bzw. Zulassungskriterien zu geben.

Ich fragte, ob er irgendwelche anderen Ideen habe, was er verneinte. Die Sache würde nicht leicht werden. Wir würden dieses Konferenzprotokoll nicht bekommen, indem wir einfach beim IDGA zur Eingangstür hereinspazierten. Und mir war klar, dass ich nicht mithilfe von der Decke herabhängender Kabel dort hineinschweben konnte wie Tom Cruise in *Mission: Impossible.*

Aber ich war noch nicht bereit aufzugeben. Ich betrachtete Juris Anliegen als einmalige Gelegenheit. Er bat um Material, an das er selbst eindeutig nicht herankommen konnte. Wenn er meine Eltern gefragt hätte, hätten sie einfach »Nein« gesagt, so wie sie oft seine Bitten oder die seiner Vorgänger abgelehnt hatten. Hatte Juri meine Signale der Offenheit verstanden? Oder hatte er beschlossen, mich zu testen? Wie auch immer, mir widerstrebte der Gedanke, vor ihm mit leeren Händen dazustehen. Wenn ich unsere Beziehung vertiefen wollte, durfte ich diese Chance nicht verpassen.

Ich musste mit den Agenten reden, vielleicht hatten sie eine Idee. Ted und Terry waren einverstanden, sich mit mir im Rosengarten bei der Cathedral of St. John the Divine zu treffen. Wenn wir schon etwas zu besprechen hatten, dann konnten wir es auch an einem netten Ort tun. In jenem heißen August war der Garten bei der Kathedrale eines der wenigen angenehmen und abgeschiedenen Fleckchen in New York.

»Ich habe versucht, Juri dieses Konferenzprotokoll zu besorgen«, erklärte ich den Agenten. »Es unterscheidet sich von den üblichen Titeln, die er bestellt. Ich glaube nicht, dass dies ein Zufall ist. Aber ich bin in einer Sackgasse gelandet, ich komme an das Material nicht ran.«

Ich sagte ihnen, dass ich noch nicht aufgeben wolle. »Ich habe das Gefühl, dass er mich testen will, herausfinden, wozu ich Zugang habe, was ich ihm besorgen kann, was ich von den Regeln der Verschwiegenheit halte, wie weit ich bereit bin, für ihn zu gehen. Ich weiß nicht einmal, wie wichtig ihm die Konferenz ist. Ich vermute wirklich, dass er mich einfach nur testet.«

»Wozu?«, fragte Ted.

»Keine Ahnung«, gab ich zu.

Ted und Terry erklärten sich nicht sofort einverstanden, mir zu helfen. Doch es schien ihnen zu gefallen, dass ich strategisch dachte und versuchte, die Motive des Russen zu verstehen. Zumindest wiesen sie die Sache nicht sofort von der Hand, wie ich befürchtet hatte.

»Das ist durchaus interessant«, sagte Ted.

»Ich kann Juri sagen: ›Hören Sie, ich kann Ihnen das Protokoll nicht besorgen. Es tut mir leid.‹ Aber was würde ich tun, wenn ich wirklich bereit wäre, für ihn zu spionieren? Ich würde versuchen, es für ihn aufzutreiben, oder?«

Ted und Terry schienen meine Logik zu begreifen. Doch wir beendeten unsere Unterhaltung im Rosengarten unverbindlich. »Okay«, sagte Ted, »lassen Sie uns darüber nachdenken.«

Es bestand keine Eile, denn wir wussten, dass Juri erst in etwa drei Monaten wieder auftauchen würde.

Das war ein Irrtum.

Juri besuchte uns bereits Mitte September wieder, nur knapp einen Monat später. Wie üblich kam er unangemeldet. Ich schaute auf, und da stand er. Diese Gewohnheit fing an, mich zu nerven. Jegliches Planen war unmöglich. Da ich ihn nicht verpassen wollte, hatte ich das Gefühl, ständig im Büro herumlungern zu müssen. Das machte keinen Spaß. Und er vermittelte den anderen Angestellten weiterhin ein ungutes Gefühl. Unsere Kunden waren im ganzen Land und auf der ganzen Welt verstreut. Dies war kein Büro, in das die Leute einfach so hereinschneien konnten. Und abgesehen davon war ich nicht bereit für ihn.

Ich versuchte, Juri so schnell wie möglich wieder loszuwerden. Nach ein wenig oberflächlichem Small Talk kam er schnell auf den vermutlichen Grund seiner schnellen Rückkehr zu sprechen. »Haben Sie das Konferenzprotokoll für mich?«

Ich konnte ihn nur vertrösten. Ich wollte ihm nicht sagen, dass ich es versucht hatte, aber nicht an das Material herangekommen war. »Ich ersticke hier in Arbeit«, sagte ich, was stimmte, jedoch nicht der Grund war. »Ich werde mich bald darum kümmern und versuchen, es Ihnen zu beschaffen.«

Sobald Juri gegangen war, telefonierte ich mit Ted und Terry. »Er hat nach dem Konferenzprotokoll gefragt«, berichtete ich den Agenten. »Ich kann es noch einmal selbst versuchen und sehen, ob ich es auftreiben kann. Aber ich muss vorsichtig sein. Ich will keinen Verdacht erregen. Und ich kann wirklich nicht allzu viel Zeit darauf verwenden. Die Leute im Büro wundern sich bereits über ihn. Ich kann nicht zulassen, dass mein Unternehmen darunter leidet. Wir sollten zu einer Entscheidung darüber gelangen, ob wir ihm das Protokoll besorgen wollen – und wie.«

»Wie interpretieren Sie das Ganze?«, fragte Ted. Es gefiel mir, dass er meine Meinung hören wollte. »Was wollen Sie tun?«

»Ich wünschte, wir könnten eine Möglichkeit finden, ihm das Konferenzmaterial zu besorgen«, antwortete ich. »Ich glaube, das könnte Vertrauen zwischen uns aufbauen.«

»Versuchen Sie es ein letztes Mal«, sagte Terry. »Lassen Sie uns wissen, wie es läuft.« Ich versprach es. Die hätten ruhig ein bisschen hilfsbereiter sein können, dachte ich, aber zumindest haben sie mir nicht gesagt, dass meine Analyse der Situation falsch ist.

Ich fand noch weitere Konferenzen, darunter eine zur netzwerkzentrierten Kriegsführung in Europa. Ich konnte sie besuchen und Juri davon berichten. Ins Ausland zu reisen, klang nach Spaß. Doch er wollte ja das Protokoll der Washingtoner Konferenz haben. Ich erreichte in dieser Hinsicht so viel, wie ich erwartet hatte, nämlich gar nichts.

Juri kam im Oktober wieder, erneut nach nur einem Monat. Unser Rhythmus änderte sich definitiv. An einem regnerischen Donnerstagmorgen schaute ich von meinem Schreibtisch hoch, und da stand er wieder. Dieses Mal ging ich mit ihm hinaus auf den Parkplatz. Wir standen dort wie zwei Drogenhändler, die sich über Grammpreise stritten. Schon bald kam er auf die Konferenz zu sprechen. Der ehemalige russische Mann des Militärs gehörte eindeutig nicht zu denen, die etwas gern hinauszögern. Er musste eine gewaltige To-do-Liste haben!

»Ich arbeite daran«, erklärte ich ihm etwas ungeduldig. »Aber das ist etwas anderes, als Ihnen ein Buch zu bestellen. Ich glaube, ich kann das Material besorgen, aber es gibt da ein paar Hürden zu überwinden.« Ich senkte die Stimme. »Sie wissen, dass dies etwas anderes ist. Eine völlig neue Kategorie. Ich bin mir nicht einmal sicher, ob ich da rankommen kann. Möglicherweise kann einer meiner Freunde mir dabei helfen. Aber es wird Sie etwas kosten. Es wird nicht billig sein. Verstehen Sie?«

Er bejahte.

Sobald er gegangen war, kehrte ich in mein Büro zurück und rief die Agenten an.

»Hören Sie«, sagte ich Terry, der am Apparat war, »ich habe mit Juri über die Schwierigkeiten in dieser Sache gesprochen. Ich muss genau wissen, was ich ihm sagen soll. Wollt ihr Typen mich ewig hängen lassen? Oder könnt ihr mir helfen, das Material aufzutreiben?«

»Vielleicht«, sagte Terry, was für mich nach wahrscheinlich klang. »Ich werde sehen, was wir tun können.« Ich empfand Erleichterung. Selbst ohne die feste Zusicherung, dass er mir helfen würde, redeten wir dann darüber, wie ich Juri verklickern könnte, woher ich die Dokumente habe.

»Das Logischste wäre«, erklärte ich, »ihm zu sagen, jemand anderer habe sie für mich beschafft. Das, oder ich sei Mitglied des IDGA geworden, habe die Gebühren bezahlt.« Ich dachte schnell, entwickelte Ideen und feilte an ihnen herum, sobald ich ein Problem erkannte. »Vielleicht«, fuhr ich fort, »würde es zu einem Ergebnis führen, einfach Mitglied zu werden, doch das würde eine Papierspur hinterlassen, und außerdem kann ich mir nicht sicher sein, dass Juris Leute dies nicht bereits versucht haben und wissen, dass es nicht funktioniert. All das könnte ein Test sein. Ich denke, es ist besser, ihn glauben zu lassen, dass mir ein Insider geholfen hat.« Der Gedanke, Juri glauben zu lassen, dass ich viele Leute an vielen Orten kannte, gefiel mir. »Dies scheint mir ein gangbarer Weg zu sein«, sagte ich, mit meiner eigenen Analyse zufrieden.

»Wir können Ihnen kein Drehbuch liefern«, entgegnete Terry. »Sie müssen natürlich sein. Müssen sich ganz auf die Situation einlassen. Sie müssen glauben, was Sie sagen. Wenn *Sie* es nicht glauben, warum sollte *er* es dann tun?« Wenn Juri mir vertrauen sollte, musste unsere Interaktion real und ungezwungen wirken, wie bei einer echten Beziehung. In der Spionage gibt es keine Teleprompter. »Die wichtige Frage ist also die: ›Wie glauben *Sie,* wie Sie an dieses Material herangekommen wären?‹ Und vergessen Sie nicht, dass es manchmal okay ist, vage zu bleiben.«

»Vage könne funktionieren«, stimmte ich zu. »Bis jetzt haben die Russen nie gefragt, wie ich an die Bücher rangekommen bin. Sie haben einfach das Zeugs genommen, das wir ihnen gaben, und sind wieder gegangen.«

Die Agenten hatten mir zunehmend das Gefühl gegeben, in die Unterhaltung eingebunden zu sein – drei clevere Leute, die versuchten, eine vernünftige Strategie zu entwickeln und eine Herausforderung zu meistern. Ich brachte auf jeden Fall den Mentor in Ted zum Vorschein, stellte ihm immer wieder Fragen. Ich würde ihn nicht als väterlich bezeichnen. Dafür gab es zwischen uns zu viel klugschwätzerisches Geplänkel. Aber er schien mir gern Ratschläge zu geben.

Nutzten sie mich aus? Schmeichelten sie mir? Oder schätzten sie wirklich, was ich zu sagen hatte? Ich will es mal so ausdrücken: Sie ließen mich glauben, dass wir an etwas Großem dran waren.

Ein paar Tage später hatte ich Terry wieder an der Strippe. Dieses Mal war er es, der anrief.

»Wir haben Ihnen besorgt, was Sie haben wollten«, teilte er mir mit. »Wir haben es alles auf eine CD gepackt. Sie sollten die PowerPoint-Folienübergänge sehen, die unsere Jungs verwendet haben!«

»Igitt, PowerPoint!« sagte ich.

Ich hasste PowerPoint. Ich wusste, dass Terry versuchte, den Computerfreak in mir anzusprechen. Aber um Lob von mir einzuheimsen, hatte er die falsche Software gewählt. Von einem langweiligen Sprecher verwendet, nimmt PowerPoint den Botschaften alles Lebendige, statt ihnen Leben einzuhauchen. Was immer das Thema ist – das Ersetzen einer Klobrille oder der Einmarsch im Irak –, PowerPoint stülpt allem seine geisttötende Uniformität über und macht selbst aus einem interessanten Gegenstand einen undifferenzierten Brei. Die berühmte Rede von Martin Luther King jr. geht nicht so: »Ich habe – Pause/Folienübergang/neue Folie – einen Traum.« Wenn ich noch eine einzige Power-Point-Präsentation mit den ganzen Spiegelstrichen durchstehen müsste, würde ich mir wohl die Kugel geben müssen.

»Ach, kommen Sie, Naveed«, sagte Terry. »Sie sollten sie sich ansehen. Sie ist wirklich gut gemacht.«

»Das ist wahrscheinlich der Grund, warum sie euch die dicke Kohle bezahlen, Kumpel«, antwortete ich. Die ausgefallenen Grafiken ließen mich kalt. Die Tatsache, dass ich eine CD hatte, hingegen ganz und gar nicht.

Das Material, das die Agenten aufgetrieben hatten, war tatsächlich sehr beeindruckend: das Konferenzprogramm, eine Teilnehmerliste, Zusammenfassungen der Podiumsdiskussionen zu den Themen »Wertvolles Wissen über die netzwerkzentrierte Kriegsführung« und »Airborne-Networking-Flugtestergebnisse«. Sämtliche PowerPoint-Präsentationen. Kopien von Foliensätzen. Sogar die Notizen der Sprecher. So viel war auf diese eine CD gepackt, dass es fast so gut war, wie dabei zu sein. Eins musste man den Agenten lassen: Wenn sie erst einmal in Gang kamen, dann tat sich richtig was.

Ted erzählte mir nie, mit wem die Agenten gesprochen oder welche Erklärung sie gegeben hatten. Ich hatte alles nur Erdenkliche versucht, um an diese Informationen – oder wenigstens einen Teil davon – heranzukommen, ohne Ergebnis. Doch ich tröstete mich mit dem Gedanken, dass sie mir gegenüber einen deutlichen Vorteil gehabt hatten. Nachforschungen zu regierungsrelevanten Themen anzustellen, ist bedeutend einfacher, wenn die ersten Worte aus deinem Mund lauten: »Hallo, hier ist das FBI.«

Sie hatten bekommen, was ich nicht hatte auftreiben können, und ich war sehr froh darüber.

Juri behielt seinen Rhythmus bei, in kurzen Abständen zurückzukehren. Im November tauchte er wieder auf. Als ich sah, wie er die Zufahrt zu unserem Gebäude hinaufstapfte, eilte ich nach unten und versperrte ihm den Weg, noch bevor er die Tür erreicht hatte.

»Lassen Sie uns ein Stück fahren«, sagte ich. »Ich habe etwas für Sie.«

Wir stiegen in meinen goldenen Acura RL, Baujahr 2005, und fuhren in Richtung Cedar Avenue, der Hauptstraße im Zentrum von Dobbs Ferry.

»Hier.« Ich reichte ihm die CD des FBI. »Da ist alles von der Konferenz drauf. Wirklich alles, bis hin zu den Foliensätzen und den Randbemerkungen der Redner. Ich bin verdammt gut, oder?«

Juri antwortete nichts darauf. Tatsächlich bin ich froh, dass er es nicht tat. Aber er sagte »Danke« und schien es auch zu meinen. Und er reichte mir einen großen weißen Umschlag, der mit US-Dollar vollgestopft war. »Sind tausend Dollar okay?«, fragte er.

»Zehntausend wären besser«, erwiderte ich, »doch für den Anfang reichen tausend.« Ich dachte sofort, dass ich zu wenig genommen hatte. »Dies ist sicherlich kein Maßstab für die Kosten, die auf Sie zukommen könnten«, betonte ich, »aber es ist ein guter Anfang.«

Juri bedrängte mich nicht, wie ich an das Konferenzprotokoll herangekommen war. Und glücklicherweise kam ich nie in die Verlegenheit, ihm meine Story von dem hilfsbereiten Freund auftischen zu müssen. Ich hätte keine 30 Sekunden des Nachfragens überstanden. *Wer war dieser Freund? Welches Motiv hatte er? Wie viel haben Sie ihm bezahlt? Wird er uns wieder helfen? Kann ich ihn kennenlernen?* »Es war ein bisschen Arbeit«, war alles, was ich Juri sagte. Er schien in erster Linie froh zu sein, dass ich ihm hatte besorgen können, worum er gebeten hatte. Er wandte seine Aufmerksamkeit meinen Einparkkünsten zu.

»Dies ist eine sehr kleine Lücke«, sagte er, als ich vor einem Bagel Shop in der Cedar Avenue anhielt. »Ich glaube nicht, dass Sie da reinkommen.«

»Ach nein? Warten Sie nur.«

Warum war ich Juri gegenüber nur so auf Konkurrenz gepolt? Und warum wurde dieses Konkurrenzdenken von einem vorstädtischen Parkplatz geweckt? Ich weiß nur, dass eine kleine Stimme in meinem Kopf mich bei meiner Ehre als Amerikaner packte, als ich den Rückwärtsgang einlegte und leicht aufs Gaspedal trat. Und als ich das Steuer stark nach rechts einschlug, hätte ich Sylvester Stallone sein können, der Dolph

Lungren in der 15. Runde von *Rocky IV – Der Kampf des Jahrhunderts* schlug.

Der Acura war sehr wendig und hatte eine Einparkhilfe. Ich bin mir nicht sicher, ob Juri die Piepsignale je zuvor gehört hatte. Ich will nicht sagen, dass ich sie brauchte, um in diese Parklücke zu kommen. Ich konnte schon immer ziemlich gut rückwärts einparken. Doch ich schlug das Steuer in einem besonders perfekten Moment ein und die Parkhilfe schadete nicht. Ich manövrierte den Acura genau in die kleine Lücke. Stichwort: James Browns »Living in America«.

»Sehr gut«, sagte Juri.

Wir blieben nicht lange im Bagel Shop, nur lange genug, um Kaffee zu trinken und uns kurz zu unterhalten. Davon, dass sich zwischen uns eine Bindung entwickelte, konnte keine Rede sein. Aber ich wollte ihn an den Gedanken gewöhnen, sich mit mir außerhalb des Büros zu treffen. Und ihn wissen lassen, dass sich die Dinge bald zwischen uns ändern könnten.

»Meine Eltern wollen in Rente gehen. Und ich versuche, neue Einnahmequellen zu finden. Papier zu verkaufen hat, meiner Meinung nach, keine Zukunft.« Juri wirkte fasziniert. Ich wusste nicht, ob er verstand, wovon ich sprach, oder Angst hatte zuzugeben, dass er mir nicht folgen konnte. Er schien sich nicht gern eine Blöße zu geben, egal, worum es ging. »Das ist vielleicht eine Chance für Sie und mich, oder?«

Da wurde er munter. »Ja«, sagte er. »Ich bin an Chancen interessiert.«

Verdammt, dachte ich. *Wer ist nicht an Chancen interessiert?* Es war Zeit, das Terrain zu sondieren. »Vielleicht gibt es ein paar Dinge, die ich für Sie tun könnte?«, schlug ich vor.

Er lächelte. »Naveed«, sagte er. »Ich bin sehr froh, dass wir irgendwo hingehen konnten, um einen Kaffee zu trinken. Bei einem Kaffee lässt sich gut über Geschäfte reden.« Er hob die Tasse, so als proste er mir mit einem Kristallglas mit gekühltem russischem Wodka zu. »Und nun sagen Sie mir, auf welche Weise Sie gern Geschäfte tätigen würden.«

Oje! Mir wurde plötzlich klar, dass ich das überhaupt nicht durchdacht hatte. Ich hatte die Regel missachtet, die hoffentlich jeder frisch gebackene Anwalt lernt, bevor er zum ersten Mal einen Gerichtssaal betritt. Stell nie eine Frage, auf die du nicht bereits die Antwort kennst. Jetzt, wo ich die Tür geöffnet hatte, blieb mir keine andere Wahl, als hindurchzugehen.

»Mein Ziel ist es«, führte ich das zuvor Gesagte weiter aus, »mich mehr auf Technologieprojekte zu konzentrieren als auf Tinte auf Papier. Ich würde die Richtung des Unternehmens gern ein bisschen verändern. Wir arbeiten an einigen unterschiedlichen Projekten für die Navy und andere Regierungseinrichtungen, bei denen es vor allem um militärische Daten geht. Das bietet Ihnen und mir viele Möglichkeiten. Davon bin ich überzeugt.«

»Sehr interessant«, sagte Juri. »Das könnte sehr interessant sein.«

»Wir haben auch einige bibliotheksbezogene Projekte«, fuhr ich fort. »Denken Sie, Sie könnten mir dabei helfen, einen Bibliothekar in Russland zu finden, mit dem ich sprechen kann?«

Er nannte mir keinen Namen, doch die Frage schien ihn nicht zu beunruhigen und er lehnte meine Bitte nicht unumwunden ab. »Ich werde darüber nachdenken«, sagte er. »Arbeiten Sie gern in diesem Unternehmen? Ist dies Ihr – wie sagt man das? – Ihr Beruf?«

»Na ja.« Ich holte tief Luft, bevor ich versuchte ihm zu erklären, wie ich zur Technologie gekommen war. Aus dem Augenwinkel glaubte ich jemanden zu sehen, der mich beobachtete. Einen älteren Herrn, den ich durch meinen Vater kannte. Ich versuchte, keinen Augenkontakt mit ihm herzustellen, denn ich wusste, dass er dann herüberkommen würde. Aber es war zu spät. Lächelnd und winkend steuerte er auf uns zu.

»Naveed, richtig?«, sagte er. »Naseems Sohn? Wie geht es Ihrem Vater? Wie läuft das Geschäft? Ich dachte, Sie seien in Boston?«

»Es läuft alles bestens«, erwiderte ich. »Sie sollten ihn mal anrufen.«

Ich stellte Juri den Mann nicht vor und Juri sagte überhaupt nichts, doch mir war klar, dass er aufmerksam zuhörte. Er saß leicht nach vorn gelehnt da, ohne sich wirklich nach vorn zu lehnen, und schien meinen verlegenen Gesichtsausdruck zu genießen.

»Tut mir leid. Ich bin gerade mitten in einer Geschäftsbesprechung«, erklärte ich dem Mann. »Lassen Sie uns ein anderes Mal reden.« Ich reichte ihm meine Karte und hätte ihm beinahe gesagt, er solle gehen. Er betrachtete sie, merkte, dass er gestört hatte, und zog sich zurück.

»Entschuldigen Sie«, sagte ich zu Juri, als der Mann gegangen war. »Das ist das Problem mit kleinen Städten – sie sind klein.«

Juri verscheuchte meine Besorgnis, als sei sie eine winzige Mücke. Doch er schien das Interesse verloren zu haben, unsere Unterhaltung fortzuführen. Er hatte sich erhoben, noch bevor ich meinen Satz beenden konnte, und zog seine Jacke an.

Mir war klar, dass dies ein wichtiger Tag in meiner wachsenden Beziehung zu Juri war. Der Weg dorthin war nicht leicht gewesen, doch der Lohn dafür würde großartig sein. Ich war mir nicht sicher, was passiert wäre, wenn mir die FBI-Agenten nicht die Konferenzunterlagen organisiert hätten. Ich war einfach froh, dass sie es getan hatten.

Wir hatten den Köder ausgelegt, den Juri verlockend fand, und er hatte angebissen.

Ein paar Tage später traf ich mich mit Ted und Terry. Sie sagten, ich solle den weißen Briefumschlag mitbringen, den Juri mir gegeben hatte. Ich war froh, ihnen den Umschlag aushändigen zu können – mitsamt den tausend Dollar. Wenn die Russen Bücher bestellt und bezahlt hatten – immer ein bisschen mehr, als auf der Rechnung stand –, hatten wir das

Extrageld einfach in die Portokasse gesteckt und verwendet, wenn wir es brauchten. Doch die Summen wurden größer, und ich wusste, dass ich das Geld nicht einfach einstecken konnte. Hier ging es um mehr als das Bestellen von Büchern. Ich wusste nicht, wie ich damit umgehen sollte. Also fragte ich Ted und Terry danach.

»Sie können kein Geld von den Russen nehmen«, sagte Ted. »Geben Sie es uns, unterschreiben Sie eine Quittung und wir geben Ihnen den Betrag zurück.«

Genau das taten wir dann auch. Es war alles sehr offiziell. Terry reichte mir die Quittung, die ich unterschreiben sollte. »Was, wenn ich sie nicht unterzeichnen will?«, fragte ich.

»Dann können wir Ihnen das Geld nicht geben.«

Dagegen ließ sich nichts einwenden. Ich hatte mich nicht wegen des Geldes hierauf eingelassen. Angesichts der Zeit, die ich in diese Sache investieren musste, wäre ich besser damit gefahren, mich als Babysitter zu betätigen. Die Sache kostete mich eine Stange Geld. Unsere wachsende Operation stahl mir einen beträchtlichen Teil meiner normalen Arbeitszeit. Ich konnte Books & Research nicht die Spionageabwehrbemühungen der Vereinigten Staaten finanzieren lassen. Und Ted und Terry schien der Gedanke zu gefallen, dass die Russen mich auf Umwegen dafür bezahlten, sie aufs Kreuz zu legen. Und mir gefiel er auch.

»Ich unterschreibe«, sagte ich zu Terry.

KAPITEL 10

Unterwegs

»Juri!«, fuhr ich ihn an, als er in der Woche nach Thanksgiving wieder auftauchte. »Sie können nicht einfach jedes Mal, wenn Ihnen danach zumute ist, hier hereinschneien. So geht das nicht.«

Ich scheuchte ihn schnell hinaus auf den Parkplatz, bevor er die Chance hatte, sich auch nur ein einziges Gratisbuch zu schnappen. Wir standen neben dem Acura und unterhielten uns ein paar Minuten lang. »Von jetzt an«, sagte ich so bestimmt wie möglich, »müssen wir uns irgendwo anders treffen. Verstanden?«

Mit der CD hatten Juri und ich eine Art Schwelle überschritten, auch wenn ich mir nicht sicher war, was sich auf der anderen Seite befand. Er hatte mich um etwas Schwieriges gebeten und ich hatte es ihm mithilfe des FBI geliefert. Er hatte mit einem Bündel druckfrischer Dollarnoten bezahlt. Dieses Doppelagenten-Geschäft war nicht einfach. Das begriff ich bereits. Doch ich hatte den Eindruck, dass ich ein gewisses Talent dafür besaß.

Obwohl diese Lieferung den Russen meine Glaubwürdigkeit beweisen würde, galt es noch ein paar offenstehende Probleme zu lösen. Der dringendste Punkt auf meiner Liste war der, Juri für immer aus dem Büro zu verbannen. Wir konnten dort auf keinen Fall miteinander reden. Jedes Mal, wenn er auftauchte, drohte eine weitere Katastrophe. Er kam und ging niemals, ohne Aufsehen zu erregen. Selbst wenn er nur eine Viertelstunde blieb, hatte man den Eindruck, er würde herumschleichen. Seine Besuche machten die anderen Angestellten neugierig und argwöhnisch. Sie wunderten sich über den seltsamen russischen Typen und seine Müllbeutel. Und jedes Mal, wenn Juri wieder ging, musste ich versuchen, ihren Fragen auszuweichen. Ich führte dann Telefonate, die nicht unterbrochen werden durften, oder Besprechungen, bei denen ich nicht gestört werden durfte, und hoffte, dass die Leute, wenn ich schließlich wieder auftauchte, ihre Aufmerksamkeit auf andere Dinge gerichtet hatten.

Es gab für Juri keinen Grund, weiterhin einfach so aufzutauchen, und das auch noch so häufig. Ich war nicht mehr nur sein Lieferant. Die Beziehung hatte sich bereits über das hinaus entwickelt, was sie in den Tagen meiner Eltern gewesen war: eine Sache, die die New Yorker Russen regelmäßig abhaken und von der sie ihren Vorgesetzten in Moskau berichten konnten. Ich musste eine Möglichkeit finden, das Büchergeschäft und das Spionagegeschäft voneinander zu trennen.

Der Books-&-Research-Aspekt meiner Beziehung mit der Ständigen Vertretung Russlands war noch immer Teil der Gleichung. An Informationen zu gelangen, selbst an öffentlich zugängliche Informationen, war für sie von echtem Wert. Die Art von Berichten, Artikeln und Büchern, die die Russen haben wollten, mochte zwar erhältlich sein, doch das bedeutete nicht, dass Amerikas langjähriger Feind leichten Zugang zu ihnen hatte. Fast überall, wohin die russischen Diplomaten kamen, verursachten ihre Trenchcoats, Akzente und Dokumente Stirnrunzeln und erregten Verdacht. *Warum wollen die das haben?*, fragten die Leute. *Ist es legal? Werde ich Probleme bekommen, wenn ich es ihnen gebe? Ist ihr Land nicht der Feind meines Landes? Warum sollte ich ihnen helfen?* Selbst wenn es keine gesetzlichen Verbote gab, unsere Nationen hatten eine Geschichte, die es unglaublich schwierig machte, an bestimmte Artikel heranzukommen. Wo sonst sollten die Russen hingehen? Barnes & Noble hatte diese Texte nicht vorrätig. Mailbestellungen hinterließen Papierspuren, die zu Fragen nach der Intention führen konnten. Diese Themen waren zu technisch, zu speziell und zu obskur für den allgemeinen Vertrieb. Und selbst wenn nie jemand direkt nach ihren wahren Zielen fragte, hatten die Russen doch, wie ich annahm, den fast zwanghaften Wunsch, so diskret wie möglich zu operieren. Eines war klar: Sie wollten nicht, dass das FBI oder irgendwelche anderen US-amerikanischen Regierungsinstanzen wussten, wonach sie suchten. Aufgrund unserer Erfahrung und unserer Kontakte war das Unternehmen meiner Familie in der Lage, das Material problemlos zu beschaffen, ohne Bedenken zu erregen. Es gab keine Formulare, die ausgefüllt werden mussten. Keine Kaufaufträge in dreifacher Ausfertigung. Und wir hatten unseren Sitz in New York. Das ermöglichte es Juri und seinen Vorgängern, persönlich in einem privaten Büro aufzutauchen. Sie blieben nie sehr lange. Sie wollten sich nicht einmal hinsetzen. Unsere Firma bot den Diplomaten der Ständigen Vertretung Russlands eine angenehme Alternative zu dem, was sie auf jeden Fall vermeiden wollten.

Jetzt allerdings hatte sich die Situation geändert – und wurde komplizierter. Mit meinen Eltern geschäftlich zu verkehren, war sicher und bequem gewesen, doch ich war kein Spion mehr, mit dem sie es nur sporadisch zu tun hatten. Ich war inzwischen jemand, mit dem sie regelmäßig arbeiteten und den sie, wie ich hoffte, schätzten.

Von dem höflichen Umgangston, den die Russen seit Jahrzehnten von uns gewohnt waren, war an jenem Morgen Anfang Dezember, als ich Juri anblaffte, wenig zu spüren. Doch zu meiner Überraschung war er mit meiner Forderung nach einem anderen Treffpunkt sofort einverstanden. Vielleicht missfiel es ihm, ins Büro zu kommen, so wie es mir missfiel, ihn dort zu empfangen.

Fast unmittelbar wurden alle Vorteile deutlich, die der Ortswechsel mit sich brachte. Wir konnten uns ohne Angst, belauscht zu werden, unterhalten. Er fragte mich nach meiner Handynummer. Ich gab sie ihm. Er nannte mir seine E-Mail-Adresse, einen Yahoo-Account. Ich notierte sie mir, sagte ihm aber, dass ich sie wahrscheinlich nicht nutzen würde. »E-Mails hinterlassen immer eine Spur.«

»Zumindest haben Sie sie«, sagte er. Ich glaube jedoch, dass meine Vorsicht ihm gefiel.

Es war kühl auf dem Parkplatz an jenem Morgen. Eine scharfe Brise wehte vom Fluss herüber. Doch unsere Unterhaltung fühlte sich ungezwungen und natürlich an. Und dann kam Juri zurück auf den Grund, weshalb wir dort draußen froren.

»Ich habe darüber nachgedacht, was Sie gesagt haben. Wir werden uns in Zukunft an anderen Orten treffen. Wenn ich Bücher bestelle, bringen Sie sie zu unseren Treffen mit. Ich werde nicht mehr hierherkommen. Unsere Beziehung ändert sich.«

Verdammt, das ging ja einfach!

»Ich werde über die Feiertage weg sein«, fuhr Juri fort. »Aber wir werden vieles zu besprechen haben, wenn ich zurück bin. Wäre es in Ordnung, wenn wir uns das nächste Mal in einem Restaurant treffen?« Er griff in seine Tasche und zog eine Visitenkarte hervor. »Wissen Sie, wo das ist?«

»Uno Pizzeria & Grill«, stand auf der Karte. »Original Chicago Deep Dish Pizza.« Das Restaurant befand sich auf der Central Avenue in Yonkers, der Hauptstraße, die durch die Vororte dieses Teils von Westchester County führte.

Wir gingen in die Pizzeria Uno? War dies ein Ort, an dem man heutzutage Verrat beging?

»Ja, prima«, erwiderte ich.

»Ich werde Sie auf Ihrem Handy anrufen, wenn ich zurück bin«, sagte er.

»Und wenn etwas passiert und ich beschäftigt bin und Sie nicht treffen kann, wie erreiche ich Sie dann?«

Einen Moment lang hatte ich Bedenken, dass ich zu viele Fragen stellte, doch Juri schien das nicht zu stören. »Machen Sie sich keine Gedanken«, sagte er. »Ich werde warten, und wenn Sie nicht kommen, gehe ich wieder. Ich werde Sie anrufen. Wir treffen uns dann ein andermal.«

Ich muss zugeben, dass Juris Restaurantwahl mich ein bisschen enttäuschte. Ich hatte mir vorgestellt, wir würden an einem Tisch im hinteren Teil eines glamourösen Manhattaner Russian Tea Room miteinander flüstern oder spät am Abend bei Iordanov-Wodka in einer gepflegten Wodka-Bar am anderen Ende der West Side ein Komplott schmieden. Pizzeria Uno? Das entsprach nicht annähernd meinen Vorstellungen. Statt eines Restaurants mit einer Zagat-Bewertung von dreißig Punkten, der höchsten Punktzahl überhaupt, bekam ich eine Pizzakette mit »ausreichend Parkplätzen und großen Portionen«, wie es in der Bewertung auf Yelp hieß. Statt Kaviar und Blinis mit Sauerrahm würde es Prima Pepperoni und Cheese Stix geben. Ich war mir nicht sicher, warum er diese Pizzakette ausgewählt hatte. Vielleicht ließ das magere Spesenkonto nichts anderes zu. Und wenn die Pizzeria Uno Juris Vorstellung von gutem amerikanischem Essen entsprach, dann würden wir eben dorthin gehen. Ich war einfach nur froh, dass er nicht mehr ins Büro kommen würde.

Als ich Ted und Terry von all dem erzählte, schienen sie so begeistert zu sein wie ich. »Er hat Ihnen seine E-Mail-Adresse gegeben?«, fragte Ted. »Und Sie ihm Ihre Handynummer? Das ist gut. Er plant die Struktur für Geheimtreffen. Er gewinnt Vertrauen in Sie.«

»Ja, aber Pizzeria Uno?«, sagte ich und schüttelte ungläubig den Kopf. »Wo gehen wir als Nächstes hin? Zu Kentucky Fried Chicken?«

Zwei Wochen vor Weihnachten holte ich abseits der Interstate 87 in Yonkers meine nagelneue tiefschwarze Corvette Z06, Baujahr 2006, ab, die von einem Tieflader geliefert wurde. Ich hatte vor dem Kauf ausgiebig recherchiert. In meinen Augen verkörperte die Z06 alle positiven Aspekte Amerikas. Selbstvertrauen. Energie. Geschick. Leistungsfähigkeit. Sie wurde von einem LS7-V8-Motor mit 7,0-Liter-Hubraum und 505 PS angetrieben und hatte ein manuelles 6-Gang-Getriebe. Das ist jede Menge Leistung für ein Fahrzeug dieser Größe. Die Z hatte ein gewaltiges Drehmoment. Jeremy Clarkson von *Top Gear,* einem von der BBC ausgestrahlten Automagazin, rief begeistert aus, es sei »bewiesene Tatsache«, dass die Z06 »im vierten Gang von 0 auf 280 km/h hochgezogen werden kann!« Diese Corvette erreichte auf dem Nürburgring bessere Zeiten als Sportwagen, die das Zehnfache kosteten – und war darüber hinaus noch mit vielen Annehmlichkeiten der modernen Technologie wie Satellitenradio, Navigation und Klimaanlage ausgestattet. Man konnte rasend schnell von A nach B gelangen und dabei noch die Fahrt genießen. Sie war einer der wenigen amerikanischen Sportwagen, den die Jungs aus Maranello, Stuttgart und Bologna nicht einfach mit einem Schulterzucken abtun konnten, so gern sie das auch getan hätten. Allein der Anblick dieses Wagens ließ patriotische Gefühle in mir aufkommen. Ich war verliebt in die Corvette.

Meiner Ansicht nach waren Autos dazu da, gefahren zu werden. Alle Fahrzeuge, die ich je besaß, waren Teil meines Alltags. Viele Leute sind begeistert von der Verfolgungsjagd in *Bullitt,* der Szene, in der Steve McQueen mit einem grünen Ford Mustang Fastback einen schwarzen Barracuda überholt. Mich jedoch begeisterte, dass die Filmfigur den Wagen täglich fuhr und auf den Straßen von San Francisco parkte.

Die Z06 bedeutete mir sehr viel. Sie war wunderschön und exotisch und so schnell wie der Blitz. Und ich war sehr stolz, sie auf den Straßen von Manhattan zu parken, während all diese peniblen Ferrari-Besitzer ihre Lieblinge in teuren Garagen unterstellten und sich nicht mit ihnen in die Vororte wagten. Wenn ich mir einen Wagen kaufte, dann wollte ich ihn auch fahren – überall, zu jeder Zeit –, auch bei einer Spionageabwehr-Operation, die das ständige Hin- und Herpendeln zwischen einem russischen Diplomaten und Agenten des FBI erforderte. Ich hatte nie das Gefühl, dass das Geld, das ich in Autos steckte, auch nur im Entferntesten Verschwendung war. Ich hielt es mit dem großen nordirischen Fußballer George Best, der den berühmten Ausspruch tat: »Ich gab eine Menge Geld für Alkohol, Frauen und schnelle Autos aus. Den Rest habe ich einfach verprasst.«

Auf dem langen Weg, der vor mir lag, war mir die Corvette eine beständige Stütze. Sie diente mir nicht nur als Fluchtauto nach vielen meiner Treffen mit Juri, sondern half mir auch, Dampf abzulassen und einiges von dem Druck loszuwerden, der sich immer wieder neu in mir aufbaute. Der Umgang mit Juri konnte total frustrierend sein. Das musste ich immer und immer wieder erfahren. Mit den FBI-Agenten umzugehen, konnte sogar noch frustrierender sein, da wir in oft mühevoller Kleinarbeit durchexerzierten, was ich sagen sollte und wie ich es sagen sollte. Ich hatte Angst davor, die Operation könne abgeblasen oder aufgedeckt werden, denn ich wusste, dass man mir in jedem dieser Szenarien die Schuld geben würde. Ich gehöre zu den Menschen, deren Gedanken ständig hin und her springen. Deswegen dachte ich über alle Situationen nach und wie sie verlaufen würden – manchmal gut und manchmal schlecht. In der Lage zu sein, all das, und sei es nur für jeweils ein paar Minuten, aus meinem Bewusstsein zu verdrängen, aufs Gas zu treten und die Corvette auf Hochtouren zu bringen, versetzte mich in einen besonderen Zen-Zustand. Ich ließ mir nur ungern eine Gelegenheit entgehen, diesen Rausch zu erleben. Die Serpentinen bei Bear Mountain hochzubrausen. Den Scheitelpunkt genau zu treffen. Selbstsicher in die nächste Linkskurve zu gleiten.

So wie ich es in Boston mit meiner ersten Corvette getan hatte, verbrachte ich wieder Zeit mit einer Gruppe gleichgesinnter Autoliebhaber. Wir trafen uns sonntags in aller Herrgottsfrühe außerhalb der

Stadt und heizten dann über Nebenstraßen und ländliche Highways in einer Geschwindigkeit, die einige Stunden später mit Verkehr auf den Straßen nie möglich gewesen wäre. An einem jener Wochenenden fuhren wir, als die langsameren Familienkutschen die Straßen zu verstopfen begannen, ins neblige Hudson Valley hinab und trafen uns in einem kleinen Städtchen, um einen Kaffee zu trinken und unsere Benzintanks aufzufüllen.

Als wir vor meiner großen Z06 auf der Bordsteinkante saßen, entwickelte sich zwischen mir und meinen Freunden Matt und Larry ein Gespräch über ein paar der coolsten Leute, denen wir je begegnet waren.

»Mein Onkel hat für die CIA gearbeitet«, erzählte Matt. »Er war sehr ruhig. Damals wusste niemand, was er tat. Aber er war ein knallharter Typ, auf äußerst diskrete Weise.«

»Es ist verrückt, sich vorzustellen, dass es Leute gibt, die das tun«, meinte Larry. »Und man es nie erfahren wird. Glaubst du, er hat jemanden umgebracht?«

So gern ich mich an der Unterhaltung beteiligt hätte, ich sagte nur: »Das bezweifle ich. Aber er hat wahrscheinlich die Gefühle von ein paar Leuten verletzt.«

Diese Zeile hatte ich Robert de Niro geklaut, der sie in *Ronin* zum Besten gibt. Ich hatte seit Jahren darauf gewartet, sie anbringen zu können.

Wenn wir nicht zur Lime-Rock-Rennbahn fuhren oder frühmorgens unterwegs waren, hockten wir zusammen und planten das, was wir als Egotrip bezeichneten. Wir fuhren dann z.B. alle zusammen zum Times Square oder zu einem anderen Ort, an dem viel Verkehr herrschte und man von vielen Leuten gesehen wurde. Wir parkten die Wagen, traten zur Seite und genossen es zu beobachten, wie die Leute von außerhalb mit großen Augen dastanden und ausflippten, Fragen stellten und für Fotos posierten. Es war verwirrend und berauschend zugleich, dass

Fremde uns die Hand schüttelten und um eine Fahrt in unseren hoch-
glanzpolierten Autos baten.

Die Autofahrten und der damit verbundene Lebensstil waren eines
der kleinen Geheimnisse, die ich vor dem FBI hatte. Die Agenten und
ich hatten inzwischen so viel miteinander zu tun, dass es sich gut anfühlte, ein paar Dinge zu haben, von denen ich ihnen nichts erzählte.
Einige Menschen trinken. Andere nehmen Drogen. Wieder andere
springen aus Flugzeugen oder schlagen einen Ball mit Dimples über einen gepflegten Rasen. Nichts davon interessierte mich. Stattdessen fuhr
ich wie ein Verrückter.

Ich wusste, dass die FBI-Agenten das gewagte Fahren oder einige
der Leute, mit denen ich dieses Hobby teilte, nicht gutheißen würden.
Wahrscheinlich würden sie es als Schwäche betrachten, als Beweis dafür, dass mir die Verlässlichkeit oder die Reife fehlte, die die Ausführung der von uns entwickelten Pläne erforderte. Sie wollten sicherlich
nicht mit jemandem zusammenarbeiten, der Risiken einging, vor allem
nicht, ohne die Chance gehabt zu haben, die Risiken einschätzen zu
können.

Aber solange sie es nicht wussten, konnten sie mir nichts anhaben.
Und als der Wagen an jenem Morgen Mitte Dezember vom Laster geladen wurde, unternahm ich meine erste Fahrt im Z und spürte den Kick
dieser geballten Power in meinen Händen. Ich war voller Selbstvertrauen. Es gab nichts, dessen Handhabung ich mit ein wenig Übung
nicht lernen konnte – ob die eines Autos oder der Spionage.

Juri und ich trafen uns in der ersten Hälfte des Jahres 2007 viermal, und
zwar immer in einfachen Restaurants auf der Central Avenue. Im Januar
und im Februar war es die Pizzeria Uno, im April trafen wir uns im
Charlie Brown's, einem familienfreundlichen, regionalen Steakhouse,
und im Juni im El Dorado Diner, einem Restaurant im Retro-Stil.

Lauter Orte, an denen es keinen Borschtsch und keine heiße russische Animierdame gab.

Wir folgten jedes Mal dem gleichen Muster. Juri rief mich auf dem Handy an und fragte, ob ich Zeit hätte, mich mit ihm zum Mittagessen zu treffen, normalerweise am folgenden Tag. Nie zum Abendessen. Nie zum Frühstück. Nie auf einen Cocktail. Immer zum Mittagessen. Ich sagte stets Ja, selbst wenn dies bedeutete, einen Termin verlegen oder andere Pläne streichen zu müssen. Er legte immer den Ort und die Zeit unserer Treffen fest und reichte mir eine Visitenkarte oder gelegentlich auch eine Speisekarte zum Mitnehmen, wenn wir uns verabschiedeten. »Dorthin werden wir das nächste Mal gehen«, sagte er. Dann wartete ich darauf, dass er mich anrief und mir mitteilte, wann.

Es war ein langer, langsamer Tanz: Bei jedem unserer Treffen kamen wir nur ein paar qualvoll gemächliche Schritte voran. In dem Agententhriller *xXx – Triple X* gibt es eine Szene, in der Xander Cage, gespielt von Vin Diesel, sich mit einer russischen Spionin namens Yelena trifft, die in Mitteleuropa mutmaßliche Terroristen überwacht. »Ich ermittle hier seit zwei Jahren verdeckt«, sagt sie ihm. Er kann nicht glauben, dass sie das schon so lange tut. »Zwei Jahre schon?«, fragt er. »Wie sieht dein Plan aus? Sie an Altersschwäche sterben zu lassen?«

Er hätte genauso gut mich meinen können.

So langsam sich auch alles entwickelte, Ted und Terrys Begeisterung war nicht zu übersehen. Sie unterstützten den Tanz und gaben ihrem neuen Geheimagenten immer wieder vage Orientierungshilfen. Ihre Ratschläge bestanden hauptsächlich darin, mir zu sagen, ich solle ganz natürlich sein und es »eine Unterhaltung« sein lassen. Sie verrieten mir nie, wie ich Juri steuern sollte. Vielmehr taten sie so, als sei der wichtige Teil der, ihnen Bericht zu erstatten.

Wenn sie mir dann ausnahmsweise doch einmal einen klaren Ratschlag erteilten, handelte es sich oft um düstere Warnungen. Ted sagte mir einmal: »Sie dürfen sich unter keinen Umständen auf ein Wetttrinken mit Juri einlassen.«

Das ist eine seltsame Art, es zu formulieren, dachte ich. »Was? Sie meinen so was wie Beer Pong?«

Ted, der sich normalerweise nicht aus der Ruhe bringen ließ, wirkte unerwartet angespannt. Er wiederholte seine Warnung mit noch mehr Nachdruck. »Für die ist Trinken kein Sport. Es ist eine Fertigkeit, die in einem frühen Alter entwickelt und gefördert wird. Wozu Sie sich auch immer in der Lage fühlen, Sie können sie nicht unter den Tisch trinken.«

Ich fragte mich, ob diese Typen je auf einer Verbindungsparty eines amerikanischen Colleges gewesen waren. Aber ich hörte auf sie. *Okay. Trink nicht mit Juri. Niemals.*

Mit dieser Warnung im Gepäck fuhr ich an einem Dienstag Mitte Januar zu unserem ersten Treffen in der Pizzeria Uno. Juri bestellte ein Bier, ich einen Eistee.

Es war ein angenehmes Treffen, aber nicht das, was ich erwartet hatte. Ich brachte Juri seine Bücherbestellung mit und händigte sie ihm aus. Er erschien in einem faden grauen Geschäftsanzug mit mittelbreiter roter Krawatte. Um seinen Hals hing ein Trageband mit einem Dienstausweis, den er in die rechte Tasche seines Hemds gesteckt hatte. Er sah nach wie vor aus wie ein Bürohengst, aber ein angenehmerer als der Mann, der in unser Büro gekommen war. Zum ersten Mal, seit wir uns kannten, sprach er ausführlich über sich selbst. Er erzählte mir, dass er im Westen Russlands, nicht in Moskau, aufgewachsen sei und auf die Marineakademie in Wladiwostok, einer Hafenstadt nicht weit entfernt von Russlands Grenze zu China und Nordkorea, gegangen sei. Schon als Junge, so Juri, habe er zur Marine gehen wollen. Ähnlich wie unsere eigenen Akademien oder das ROTC war die Akademie der Weg, als Offizier dorthin zu gelangen. »Es war hart«, sagte er. »Wir mussten laufen und Liegestütze machen und all dieses Zeugs. Es war eine richtige Schufterei. Aber ich war willensstark. Ich schaffte es.«

Die Art, wie Juri seine Geschichte erzählte, ließ nicht viel Raum für Zweifel. Trotz seiner äußeren Erscheinung, wenn er über sich selbst sprach, waren eine gewisse Großtuerei und sehr viel Stolz zu spüren. Und vielleicht, so dachte ich, übertrieb er auch ein bisschen.

Er erwähnte eine Ehefrau und eine Tochter im Teenageralter, nannte aber nicht ihre Namen. Mir fiel auf, dass er einen Ehering trug und eine goldene U-Boot-Anstecknadel, so wie ein Pilot der US-Luftwaffe vielleicht eine Pilotenschwinge oder ein Angehöriger der Navy Seals einen Trident auf dem Revers seiner Anzugjacke tragen würde. »Waren Sie Offizier auf einem U-Boot?«, fragte ich Juri. »Ja, ein U-Boot-Fahrer«, antwortete er. »Sehr wichtiger Job.« Er sagte, dieser Teil des Schutzes seiner Heimat habe das Patrouillieren der Küste der Vereinigten Staaten mit eingeschlossen, wobei Atomraketen auf uns gerichtet gewesen seien. Er sei an vielen Orten stationiert gewesen. Er erwähnte die Türkei. Und er habe einen Diplomatenposten in Kanada gehabt, bevor er nach New York gekommen sei.

Und jetzt war er hier und genoss die große Stadt. »Sie ist das Zentrum der Welt, das Zentrum von allem.«

Ich wusste nicht, wie viel von dem, was er mir erzählte, der Wahrheit entsprach. Aber ich hatte das Gefühl, dass das meiste davon stimmte. Yuri war Berufsdiplomat, und, wie zunehmend deutlich wurde, ein Mann mit Interesse an Spionage. Ich vermutete, dass er während seiner Ausbildung, wie immer sie auch ausgesehen haben mochte, dieselbe wichtige Lektion über das Lügen gelernt hatte, die ich jetzt lernte. Lügen lassen sich viel besser verbergen, wenn man sie in die offensichtliche Wahrheit verpackt. Soweit ich es beurteilen konnte, spielte nichts von dem Erzählten wirklich eine Rolle. Warum also sollte er nicht weitgehend die Wahrheit gesagt haben?

Ich fragte mich jedoch, warum Juri mir all das anvertraute. Er schien nicht zu den Menschen zu gehören, für die Geschichten über sich selbst etwas ganz Normales waren.

Er sagte, er möge meine Eltern. Er betonte die Wichtigkeit einer guten Ausbildung und fragte, wo ich aufs College gegangen sei. Aufs NYU, erwiderte ich und erwähnte, dass ich dort Mitglied des ROTC gewesen sei, es mich dann jedoch in die Welt der Technologie gezogen habe. Ich entdeckte sofort ein Muster. Er sagte etwas Nettes, um mir Honig um den Bart zu schmieren, und schob dann eine scheinbar harmlose Frage nach. Er behauptete zum Beispiel, er schaue sich gern Football im Fernsehen an – bau eine Beziehung zu dem jungen Amerikaner auf! –, und fragte dann, ob ich auch ein Footballfan sei.

»Mein Sport sind Autos«, entgegnete ich und führte ihn sofort von einem Thema weg, in das er sich wahrscheinlich um meinetwillen vertieft hatte.

Unsere Unterhaltung in der Pizzeria kam mir anfänglich wie ein weißes Rauschen vor. Erst später wurde mir klar, was Juri tat. Er nutzte seine eigene »Offenheit«, um mich aus der Reserve zu locken und es mir leichter zu machen, mich ihm zu offenbaren. Sein Plan war der, mich in einen Zustand des Entspanntseins zu versetzen, damit ich reflexartig seine Fragen beantwortete. Bis zu einem gewissen Grad tat ich das auch. Es war wohl ein Beweis für Juris Geschick als Vernehmungsoffizier, dass ich mich bei unserem Treffen wohlgefühlt hatte und vorübergehend unachtsam geworden war.

Während ich vor mich hingeplaudert hatte, hatte er eine Strategie verfolgt. Ich musste mein Vorgehen verbessern. Hier bestand ein offensichtliches Gefahrenpotenzial. Ich hatte Geschichten gehört, von denen Ava, wie ich hoffte, nichts wusste. Wie die schaurige Geschichte von Alexander Litwinenko, einem Enthüllungsjournalisten und geflohenen russischen FSB-Offizier, der im vergangenen November in London vergiftet worden war. Immerhin stand Juri auf der Seite, die unter dem Verdacht stand, Litwinenko umgebracht zu haben, und ich machte mir keine Illusionen darüber, wozu seine Landsleute fähig waren.

Ich durfte mich damit nicht aufhalten. Ich würde in Zukunft einfach vorsichtiger sein. Ich hatte noch einiges zu lernen.

So wie Juri darauf aus war, mehr über mich zu erfahren, so musste auch ich mehr über ihn wissen. Das, was er mir über seine Zeit bei der Marine berichtet hatte, war aufschlussreich gewesen, doch er hatte mich damit ganz bewusst ermutigen wollen, ihm von mir zu erzählen. Da verbarg sich mehr hinter der Fassade dieses Mannes, der sich rühmte, ein zum Diplomaten aufgestiegener russischer U-Boot-Kapitän zu sein, und ich wollte alles wissen.

Als ich Terry gegenüber zum ersten Mal Juris Namen erwähnt hatte, hatte ich das deutliche Gefühl gehabt, dass unsere Regierung von Juri wusste und an ihm interessiert war – er sich also auf dem FBI-Radar befand. Die FBI-Agenten hielten sich mit Informationen über seine Biografie zurück. Doch ich stellte eine Reihe fundierter Vermutungen an, suchte im Internet, prüfte ein paar öffentliche Datenbanken und fand schnell heraus, dass Juri nicht irgendein russischer Diplomat war. Er gehörte zum Generalstabskomitee der Vereinten Nationen. In dieser Eigenschaft interagierte er auf hoher Ebene mit Militärdiplomaten aus aller Herren Länder. Und mein Instinkt in Bezug auf seinen Schwerpunkt war richtig gewesen: Juri war Offizier in der Hauptverwaltung für Aufklärung beim Generalstab der Russischen Föderation – der Glawnoje Raswedywatelnoje Uprawlenije, kurz GRU.

Der ruhige, leicht ungelenke Mann in schlechten Anzügen und noch schlimmeren Trenchcoats war ein Offizier mittleren Rangs des russischen Militärnachrichtendienstes. Doch es gab noch mehr. Er war *Agentenführer*, mein Agentenführer. Er war in der Rekrutierung zukünftiger ausländischer Agenten ausgebildet worden. Seine Aufgabe bestand darin, Leute zu finden, deren Wissen und Zugang zu Dokumenten für die Russische Föderation von Wert sein könnten – und dann sorgfältig daran zu arbeiten, sie in den Schoß der Familie aufzunehmen.

Leute wie mich.

Ich kannte den Titel Agentenführer aus Büchern und Artikeln, die ich gelesen hatte. Es war eine sehr spezielle Rolle im russischen Militärnachrichtendienst, eine mit großen Aufstiegsmöglichkeiten. Zumindest einer hatte die höchsten Höhen erklommen: Während seiner Zeit beim KGB war Wladimir Putin Agentenführer des Geheimdienstes gewesen.

Als der Januar in den Februar überging, wartete ich immer ungeduldiger auf Juris Anruf. Wieso meldete er sich nicht? Hatte ich ihn entmutigt? Am Tag widmete ich mich der Arbeit und versuchte, meine angehende Doppelagentenkarriere aus meinen Gedanken zu verbannen – wobei ich mir nicht gerade die größte Mühe gab. Abends las ich Bücher über Spione wie Ames, Hansen und Pollard. Ich analysierte ihre Taktiken und fragte mich, ob ich es noch besser machen könnte, als sie es getan hatten. Vielen von ihnen war ihre Arroganz zum Verhängnis geworden. Arroganz hatte ihnen zunächst Selbstsicherheit verliehen, sie dann jedoch nachlässig gemacht. Je mehr ich über das Spionagegeschäft nachdachte, desto deutlicher wurde mir, welch große Herausforderung es darstellte, jemanden auf dieser Ebene zu täuschen. Und je mehr ich über die Methoden dieser berühmten Spione las und sie analysierte, desto erpichter wurde ich auf ein erneutes Treffen mit »meinem« Russen.

Während ich auf seinen Anruf wartete, hatte ich mehrere längere Besprechungen mit Ted und Terry. Ich wollte unbedingt mit Juri vorankommen, dabei jedoch nicht umgebracht werden. Ich bezweifelte, dass Ava das gefallen würde. Und ich war mir ziemlich sicher, dass es auch mir nicht gefallen würde. Es war aufregend, so nahe am Abgrund zu leben, aber ich wollte nicht in ihn hineingezogen werden. Langsam und unbeholfen versuchte ich, eine Balance zu finden, mit der ich leben konnte.

Bei einem meiner Treffen mit den FBI-Agenten sprach ich eine Sache an, die mich quälte. »Glauben Sie, dass er bewaffnet ist?«, fragte ich Terry.

»*Wahrscheinlich* nicht, würde ich sagen.«

»Wahrscheinlich nicht?«

»Ich glaube nicht, dass sie es riskieren würden, einen hochrangigen Diplomaten mit einem Revolver herumlaufen zu lassen. Welchen Sinn sollte das machen?«

»Warum sind Sie sich dann nicht sicher?«, fragte ich. »Was soll dann das *wahrscheinlich*?«

»In diesem Geschäft«, sagte er, »gibt es keine Sicherheit.«

Juri meldete sich schließlich an einem sonderbar warmen Donnerstagmorgen im Februar. Er fragte, ob wir uns zum Mittagessen treffen könnten. Eine halbe Stunde vor dem Termin hielt ich zuerst beim Haus meiner Eltern an und übergab mich. Radioaktive Vergiftung. Waffen. Mein Gehirn arbeitete auf Hochtouren. Ich schaufelte mir kaltes Wasser ins Gesicht und riss mich zusammen. Dann stieg ich in meine Z06 und fuhr wie ein Verrückter, weil ich nicht zu spät kommen wollte. Von unterwegs rief ich Terry an, um ihn wissen zu lassen, dass ich auf dem Weg zu einem Treffen mit Juri war – »Nur damit Sie Bescheid wissen«.

»Bleiben Sie cool«, sagte er mir. »Alles wird gut.«

Trotz meiner aggressiven Fahrweise kam ich eine Viertelstunde zu spät. Juri saß in der Nähe des Empfangspults und täuschte Interesse an der Speisekarte der Pizzeria Uno vor.

Als ich hereinkam, blitzte in seinem Gesicht Verärgerung auf, aber er hatte sich dann schnell im Griff. Was immer er wirklich fühlte, er setzte eine erleichterte Miene auf, als ich auf ihn zukam. »Mein Freund«, sagte er mit einem Lächeln und schüttelte mir kräftig die Hand. »Schön, Sie zu sehen.«

Zaghaft erwiderte ich sein Lächeln. Dieses kurze Anzeichen von Wut machte mich nervös. Unwillkürlich warf ich einen verstohlenen Blick auf seinen Hosenbund, um zu sehen, ob dort eine Ausbeulung zu entdecken war. Ich sah nichts. »Es tut mir so leid«, entschuldigte ich mich. »Da gab's eine verzwickte Sache bei der Arbeit, und es hat länger gedauert, das Ganze zu klären.«

Juri sah verwirrt aus. »Verzwickt?«, fragte er. Ich vermute, er hatte das Wort noch nie gehört. Mir fiel auf, dass er meine Hand noch immer nicht losgelassen hatte. War das nur Unbeholfenheit? War es eine Art Test? Fühlte er, ob mein Puls raste, während ich ihm zu erklären versuchte, warum ich zu spät gekommen war? Bei Juri schien nichts Zufall zu sein.

»Wir hatten einen unzufriedenen Kunden«, erklärte ich. »Es hat ein bisschen länger am Telefon gedauert.« Er schaute mir vielleicht den Bruchteil einer Sekunde zu lange ins Gesicht, lächelte und ließ meine Hand los. »Sollen wir uns setzen?«, fragte er.

Sobald wir uns gesetzt hatten, verfiel Juri wieder in den freundlichen Plauderton, den er auch bei unserem letzten Treffen in dieser Pizzeria an den Tag gelegt hatte, erzählte mir ein paar Anekdötchen aus seinem Leben und fragte mich nach Einzelheiten aus meinem Leben. Er sagte, seine Tochter lerne Französisch in der Schule, und erinnerte sich, dass meine Mutter Französin war. »Sprechen Sie Französisch?«, fragte er. »Haben Sie einen französischen Pass? Reisen Sie nach Frankreich?«

»Ich spreche es«, antwortete ich und beließ es dabei. Ich hatte keinen französischen Pass, war aber mit meinen Eltern oft in Frankreich gewesen. Ich hatte das Gefühl, dass Juri die Frage nach dem Reisen noch aus einem anderen Grund als Neugier stellte.

Doch er hakte nicht weiter nach. »Französisch ist eine wunderschöne Sprache«, sagte er. Er kam nicht darauf zu sprechen, dass mein Vater Pakistani war, und fragte auch nicht, ob ich Urdu sprach.

Ich hatte auch einen Leckerbissen vorbereitet, den ich erwähnen wollte – nämlich dass meine Frau einen Verwandten hatte, der irgendwie mit Trotzki verwandt war, dem marxistischen Revolutionstheoretiker und Gründer der Roten Armee. Ich dachte, das würde Juri gefallen, und das tat es auch.

»*Leo* Trotzki?« Bei der Erwähnung des Namens leuchteten seine Augen auf.

»Der Unvergleichliche«, sagte ich.

Ich hatte ihn beeindruckt. Doch schon bald hatte er sich wieder unter Kontrolle. Er fragte mich, ob ich Elektroingenieur sei. »War das Ihr Fach am College?«

»Nein«, erklärte ich. »Computer. Mein Gebiet ist die Technologie.«

Oberflächlich betrachtet waren all diese Fragen harmlos. Er fragte nichts, worüber ich nicht auch mit einem Fremden neben mir im Flugzeug hätte reden können. Und das machte es schwierig, eine Schutzmauer aufrechtzuerhalten. Er stellte unschuldig klingende Fragen und mir fiel kein guter Grund zum Lügen ein. Ein Teil von mir hieß die Offenheit willkommen. Ich wollte zu Juri eine Beziehung aufbauen, so wie er zu mir. Doch mit jeder neuen Frage zog sich der Knoten in meinem Magen weiter zusammen. Es war nicht so, dass ich Geheimnisse enthüllte. Es lag eher daran, dass ich begriff, dass er derjenige war, der die Unterhaltung steuerte. Ich legte mich auf eine spezifische, detaillierte Biografie fest, ohne zu wissen, wie das Endspiel aussah. Zumindest würde ich mir merken müssen, was ich erzählt hatte, um mich später nicht in Widersprüche zu verwickeln. Der Ton blieb cool und freundlich. Doch je länger wir redeten, desto nervenaufreibender wurde es. Ich hatte das Gefühl, dass er mich in eine bestimmte Richtung lenkte, und das bereitete mir großes Unbehagen. Ich hatte mich noch nie auf dem Beifahrersitz wohlgefühlt, schon gar nicht, wenn ich nicht wusste, wohin die Reise ging.

Ich fragte nach der Rechnung. Juri bezahlte sie, in bar. Er bezahlte immer in bar. Als wir uns erhoben, rutschte ihm seine Brieftasche aus der Hand. Ich fing sie auf und reichte sie ihm. »Danke, danke«, sagte er.

Und wieder dachte ich: *War das einfach nur ein Missgeschick? War es ein Test? Wollte er wissen, ob ich beiläufig versuchen würde hineinzusehen? Gab es etwas, was er mich sehen lassen wollte? War ich paranoid?* Seine harmlos klingenden Fragen hatten mich völlig aus dem Konzept gebracht. Wenn es ein Test war, hatte ich ihn wohl bestanden. Aber jedes Mal, wenn wir zusammen waren, hatte ich das Gefühl, dass Juri versuchte, in meinen Kopf hineinzukriechen. Und wenn eines seiner Ziele darin bestand, eine Spur von Paranoia dort einzupflanzen, dann war es ihm gelungen.

Ich wusste, dass ich einen Weg finden musste, mehr Kontrolle zu gewinnen. Diese Fragestunden bewirkten nicht nur, dass mein Magen rebellierte. Sie waren riskant. Meine vagen, aber ehrlichen Antworten würden den Russen nicht helfen herauszufinden, was sie mit mir tun sollten, und dann wäre alles für die Katz gewesen. Oder die Russen würden, bevor ich etwas unternehmen konnte, mit einer Bitte oder einem Plan aufwarten, der mir überhaupt nicht schmeckte – was genauso schlimm wäre. Vielleicht in der Art: *Okay, wir haben uns Folgendes gedacht. Wir möchten, dass Sie einen Van mieten und in Washington herumfahren, um Fotos von für uns interessanten Gebäuden zu machen. Nein, vergessen Sie's. Wir wollen, dass Sie diese rothaarige Frau namens Anna heiraten, damit wir ihr eine Greencard besorgen können.* Besten Dank! Ich wusste, dass ich es war, der hinter dem Steuer sitzen musste.

»Sie wissen wahrscheinlich noch nicht, was sie mit Ihnen anstellen sollen«, erklärte Ted mir, als ich ihm von meinen Bedenken erzählte. »Aber sobald sie es wissen, werden sie es zweifellos versuchen.«

Das klang glaubhaft. Wenn sie schließlich entschieden hatten, was sie von mir wollten, musste ich sicher sein, dass es etwas war, das ich ihnen liefern konnte – oder genauer, sie glauben lassen, dass mir dies möglich sei.

Warum spionieren?

Ich hatte nie die Chance, meinen Namen oder meine Identität zu ändern. Die Russen kannten meine Familie seit zwei Jahrzehnten. Das machte mich natürlich verletzlicher. Wenn die Russen mich holen wollten, wüssten sie genau, wo ich zu finden wäre. Ich erzählte Juri nicht besonders viel über mein Privatleben. Ich sprach nie über das Viertel, in dem ich wohnte, oder über Ava. Juri wusste nur, dass ich verheiratet war. Doch ich machte mir keine Illusionen über den Schutz meiner Privatsphäre oder die Fähigkeit der Russen, in meinem Leben herumzuwühlen. Ich ging davon aus, dass sie dies bereits getan hatten. Es konnte nicht allzu schwierig gewesen sein. Ich hatte eine registrierte Telefonnummer. Ich fuhr Autos, die auf meinen Namen angemeldet waren. Eine einfache Hintergrundprüfung würde ihnen verraten, wo ich wohnte, wer meine Nachbarn waren, mit wem ich verheiratet war, wo ich aufs College ging und, soweit ich wusste, wie oft ich vergessen hatte, meine Parkknöllchen zu bezahlen, bis sich die Summe wegen der Zinsen und Mahngebühren verdoppelt oder verdreifacht hatte.(Nur ein paarmal. Ich schwöre es!)

Eines Tages sagte ich zu Ted: »Sie müssen eine Menge über mich wissen. Wie groß ist die Gefahr für mich?«

Er antwortete auf die für ihn typische wohlüberlegte Art: »Nicht sonderlich groß, soweit wir wissen.«

»Nicht sonderlich groß? Soweit wir wissen? Was soll das heißen?«

»Wir haben keinen Grund zu glauben, dass Sie in Gefahr sind. Warum sollten sie Ihnen etwas antun wollen? Sie hoffen, dass Sie nützlich für sie sein werden.«

Ich wusste, dass er versuchte, mich zu beruhigen. Doch das funktionierte nicht. »Können sie Nachforschungen über mich anstellen?«, fragte ich.

»Sie können auf jeden Fall Open-Source-Suchen durchführen«, sagte Ted.

Er ging nicht näher darauf ein, was das seiner Meinung nach beinhalten konnte, aber ich wusste mehr über Open-Source-Forschung als er. Es schloss LexisNexis und Google und das Überprüfen meiner Facebook-, Twitter- und LinkedIn-Accounts mit ein. Die Russen konnten aufdecken, was Equifax oder die anderen Wirtschaftsauskunfteien über mich hatten. So gut wie jeder vermochte an diese Informationen zu gelangen. Sie konnten mit meinen Nachbarn reden, mit meinen ehemaligen Arbeitgebern – aber konnten Sie auch meine Wohnung verwanzen oder mein Telefon anzapfen? Folgten sie mir? Was war mit Ava? »Es ist illegal, wenn sie jemanden überwachen«, wich Ted geschickt meiner Frage aus.

Fiel ihm wirklich nichts Besseres ein, als dass die Russen nichts Illegales tun würden?

»Aber Juri gehört zur GRU«, sagte ich. Wieder antwortete Ted nicht direkt, doch die Tatsache, dass er es nicht leugnete, genügte mir. »Wollen Sie mir weismachen, dass der russische Militärnachrichtendienst seinen Feind Nr. 1 nicht bespitzelt?«, fuhr ich fort. »Die Diplomaten in dieser Stadt bezahlen nicht einmal ihre Parkgebühren. Und ich soll glauben, sie würden sich an gewichtigere Regeln halten? Dass sie den Typen, der ihnen hilft, die USA auszuspionieren, zwar gern verfolgen würden, es aber nicht tun werden, weil dies gegen irgendeinen GRU-Pfadfindereid verstoßen würde?«

Ted lachte.

Ich war zwar neu im Geschäft, aber ganz doof war ich nicht. Ich musste davon ausgehen, dass Juri Leute hatte, die Nachforschungen über mich anstellten, auch wenn er es nicht selbst tat. Und diese Leute würden zweifellos versuchen, alles, was ich sagte, zu überprüfen. Deswegen war es ratsam, ihn nicht anzulügen, wenn es um nachweisbare Einzelheiten ging, es sei denn, dies war wirklich nötig.

Ich konnte den Bezugsrahmen eingrenzen. Ich konnte die Wahrheit großzügig auslegen. Ich konnte ein paar unangenehme Tatsachen weglassen und mich auf vereinzelte Details konzentrieren. Doch wie immer ich Juri meine Biografie und meine Motive präsentierte, alles würde von den Russen im Ausland und hier zu Hause gewissenhaft untersucht werden, um zu prüfen, ob sie mir vertrauen konnten. Deswegen musste alles, was ich sagte, vertretbar sein, selbst wenn es nicht zu hundert Prozent der Wahrheit entsprach. Ich durfte mich nicht auf Geplauder einlassen, durfte nichts gedankenlos äußern. Welche Lügen ich auch ersinnen würde, ihr Fundament musste die Wahrheit sein. Die Russen mussten mir glauben. So einfach – und so kompliziert – war es.

Obwohl ich mir keinen anderen Namen und keine andere Biografie zulegen konnte, hatte ich in Bezug auf meine Persönlichkeit und meine Beweggründe freie Hand. Juri wusste bereits, *wer* ich war, doch es lag an mir, ihm zu zeigen, mit welcher Art Typ er es zu tun hatte. Das Doppelagenten-Geschäft ist, wie ich herausfand, keine »Komm, so wie du bist«-Angelegenheit. Ich musste eine ganz neue Persönlichkeit erfinden, die mir bessere Dienste leisten würde als meine tatsächliche. Das hinzubekommen, erwies sich als immens wichtig und machte großen Spaß.

Im Wesentlichen musste ich im Umgang mit Juri ein viel größeres Arschloch sein, als ich es im wirklichen Leben war. Immer ungeduldig. Jähzornig. Großspurig. Unausstehlich. Egozentrisch. Und vor allem auf's Geld aus. Ich war mir sicher, dass ich damit am besten fahren würde. Juri war ein sehr tougher Typ. Er war bei der russischen Marine gewesen, hatte einen begehrten Posten in den USA bekommen und sich auf einen Spitzenposten in New York hochgearbeitet. Und er hatte den Übergang von der Sowjetunion zur Russischen Föderation unbeschadet überstanden. Dies waren nicht die Leistungen eines schwachen oder unsicheren Menschen. Wenn ich es mit einem Typen wie diesem aufnehmen wollte, musste auch ich ein tougher Scheißkerl sein.

Zum ersten Mal durfte ich ein anderer sein als der freundliche, liebenswürdige, anständige Typ, der zu sein ich mich immer bemüht hatte. Bei den meisten Menschen war ich übertrieben selbstironisch. Ich brachte die Leute gern zum Lachen. Ich wollte, dass sie mich mochten. Mein Alter Ego war ein unmoralischer, narzisstischer Psychopath, der alle möglichen Dinge tat, die ich mir nie hätte träumen lassen. Ich sollte vermutlich nicht zugeben, wie schnell ich an dieser Rolle Gefallen fand. Wenn ich sie mit Juri spielte, war es mir egal, ob er mich hasste oder umbringen wollte. Das kann sehr befreiend sein, wie ich feststellte.

Ich glaubte nicht, eine große Wahl zu haben. Der Typ, den meine Freunde, meine Eltern und meine Frau kannten, würde sein Land nie für Kohle verraten. Ich hatte einen moralischen Kompass. Mir lag zu viel an dem Respekt der Menschen, die ich respektierte. Ich schlief nachts gerne. Wenn dieses große Täuschungsmanöver funktionieren sollte, musste ich eine Persönlichkeit erschaffen, der man es abnahm, dass sie Spionage betreiben wollte. Es musste eine reife Persönlichkeit mit einem starken Willen sein. Und eine skrupellose. Charakter, Haltung, Gehabe – sie alle mussten schreien: »Natürlich werde ich mein Land verraten. Aber nicht für lau.«

Das Gute war, dass ich einige Schwächen hatte, die ich nutzen konnte. Ich fluchte zu viel (was ich der Tatsache zuschreibe, dass ich »gebürtiger New Yorker« bin). Mein Humor wird oft mit dem eines

Vierzehnjährigen verglichen – was normalerweise nicht als Kompliment gemeint ist. Ich lache immer noch, wenn jemand »Spermöl« sagt. Meine Vorstellung von Spaß trifft sich tatsächlich mit der des Vierzehnjährigen in mir: Ich hatte viel zu viele zynische Filme gesehen und viel zu viele abgedrehte Videospiele gespielt. In mancher Hinsicht hatte ich also eine solide Basis, um den Naveed zu erschaffen, den Juri kennenlernen sollte. Stellen Sie sich vor, wie schwierig sich diese Wandlung gestaltet hätte, wenn ich ein kompletter Feigling wäre!

Doch meine Unzulänglichkeiten boten mir keine ausreichende Inspiration. Als professionelle Anleitung dafür, ein durch und durch unmoralisches Arschloch zu werden, dienten mir vielmehr die unumstrittenen Experten der Welt der Charaktererschaffung: Hollywood. Wenn irgendjemand wusste, wie man Charaktere erfand, dann waren es die Leute, die fürs Fernsehen und für Filme schrieben.

Und so begann ich, als die Beziehung zu Juri enger wurde, meine eigenen Spooks-, Agenten- und Doppelagenten-Filmfestspiele zu veranstalten – auf dem Flachbildfernseher in meinem Wohnzimmer. Ich suchte nach Figuren, die ich kopieren und von denen ich lernen konnte. Es gab keinen Mangel an ihnen. *Miami Vice, Spy Game, Ronin, Heat, Collateral, Casino Royale, Manhunter – Roter Drache, Bullitt –* ich schaute sie mir an, bis ich völlig übernächtigt war und ins Bett musste. Filme, die ich schon einmal gesehen hatte, Filme, von denen ich kaum etwas gehört hatte, Folgen aus alten Fernsehserien. Ich lernte praktisch alles davon auswendig. Dann stellte ich mich vor den Badezimmerspiegel, übte ein paar der interessanteren Zeilen und versuchte mich wie ein Möchtegernschauspieler an einer besonders herausfordernden Rolle.

»Wir bewerben uns hier nicht für einen Auftrag. *Aufträge suchen wir uns aus.*« Jamie Foxx, *Miami Vice.*

»Die falsche Entscheidung ist besser als Unentschlossenheit.« James Gandolfini, *Die Sopranos.*

»Ich bin komisch? Wie? Ich meine, komisch wie ein Clown? Ich amüsiere dich? Bringe dich zum Lachen? Ich bin dafür da, dich zu unterhalten?« Joe Pesci, *Good Fellas – Drei Jahrzehnte in der Mafia*.

Das mag jetzt albern klingen, aber ich schwöre, es half mir enorm, eine rauere Version von mir zu kreieren. Ja, es half mir besser als alles andere, in diese neue Rolle zu schlüpfen. Ein paar Runden vor dem Spiegel, und ich verwandelte mich in dieses andere Ich. In den dreißig Sekunden, die ich brauchte, um Al Pacino in *Scarface* zu imitieren – »Ich sage immer die Wahrheit, auch wenn ich lüge« –, konnte ich von Naveed Jamali, dem normalen Typen, zu Naveed Jamali, dem stocksauren Doppelagenten umschwenken.

Ich ahmte einige der coolsten Typen nach. In vielen dieser Filme und Fernsehserien spielte die Hauptfigur eine Art Doppelspiel, einen Undercover-Cop oder einen Geheimagenten. Ich war darauf fixiert, wie diese Charaktere reagierten, wenn sie – ausnahmslos – beschuldigt wurden, nicht der zu sein, der zu sein sie vorgaben. Soweit ich es beurteilen konnte, war Angriff immer die beste Verteidigung.

Ich liebte es, wie Crockett und Tubbs (Colin Farell als Nachfolger von Don Johnson und Foxx, der für Philip Michael Thomas einsprang) im *Miami-Vice*-Film reagieren, als sie von Lieutenant Yero, einem Mitglied des Kartells, gefragt werden: »Mit wem arbeitet ihr, außer Nicholas. Wer kennt euch sonst?«

»Mommy und Daddy kennen mich«, erwidert Crockett mit vor Herablassung triefender Stimme. Dann knallt er eine Handgranate auf den Tisch, zieht den Bolzen und fängt an, Yeros Glaubwürdigkeit zu hinterfragen. »Du willst was über unseren Scheiß erfahren? Dann mach dich woanders schlau. Warum glaube ich dir nicht?«

»Bist du von der Drogenfahndung? Vom FBI? Bist du ein Bulle?«, geht Tubbs dazwischen.

»Bist du verkabelt?«, fährt Crocket den Lieutenant an und reißt ihm das Hemd auf.

Die Agenten haben plötzlich die Kontrolle zurückgewonnen. Ich konnte mir vorstellen, ähnlich mit Juri umzugehen, abzüglich der Handgranate natürlich.

Es gab hier so vieles, woraus ich auswählen konnte, und mir stand eine Menge Arbeit bevor. Sobald ich meinen Grundcharakter entworfen hatte – wenig Geduld, hitziges Temperament, geldbesessen –, musste ich noch lernen, mich wie ein Krimineller zu verhalten. Ich hatte eine Menge Dummheiten begangen, aber nie ein Verbrechen, schon gar kein so schweres wie Landesverrat oder Spionage. Mein Erfahrungsschatz bestand lediglich im Überschreiten der Geschwindigkeitsbegrenzung oder dem Missachten des Mindestalters für den Alkoholkonsum. In meiner Jugend bekam man dafür so gut wie nie eine schriftliche Verwarnung von den nervösen Cops von Hastings. Auf jeden Fall wurde kein erkennungsdienstliches Foto gemacht und es gab auch keinen Eintrag ins Strafregister.

Was also würde ein echter Krimineller sagen und tun? Wichtiger noch: Wie stellten sich Juri und die Russen einen Kriminellen vor? Als Militäroffizier und Diplomat hatte Juri wahrscheinlich nicht sonderlich viel Erfahrung mit Kriminellen, die bereit waren, ihr Land für dicke Umschläge mit Bargeld zu verraten. Ich nahm an, dass er sich so wie ich am amerikanischen Fernsehen und an Filmen orientierte. Ich hatte immer gehört, Hollywood sei Amerikas größter Exportartikel.

In den Filmen hatten selbst die sanft sprechenden Kriminellen ein hitziges Temperament. Sie scheuten sich nie, einen Deal platzen zu lassen, wenn er nicht hinreichend ihren Vorstellungen entsprach. Sie hatten ihre eigene Sprache und ihr eigenes Regelwerk.

In *Spy Game* beklagt sich Brad Pitt als Tom Bishop bei dem von Robert Redford gespielten Nathan Muir, dass er die Ermordung eines Spions zugelassen habe.

Muir: »Er war dein Spion, jemand, den man benutzt, um an Informationen heranzukommen.«

Bishop: »Herrgott noch mal, du ... Du tauschst diese Leute doch nicht einfach, als wären sie Baseballkarten! Es ist kein verdammtes Spiel!«

Muir: »Oh doch, das ist es. Genau das ist es. Und es ist kein Kinderspiel. Dies ist ein völlig anderes Spiel. Und es ist ernst und gefährlich. Und keines, das du verlieren möchtest.«

Die Spionage ist ein hartes Geschäft, schienen all die Filme zu sagen. Sie ist nichts für schwache Nerven. Da ist kein Platz für Nörgler oder Warmduscher. Vielmehr ist es das, was Al Pacino als der grauhaarige Cop Vincent Hanna dem von De Niro gespielten Bankräuber Neil McCauley in *Heat* beschreibt: »Mein Leben ist ein Katastrophengebiet. Ich hab 'ne Stieftochter, die völlig kaputt ist, weil ihr richtiger Vater ein absolutes Arschloch ist. Und dann hab ich 'ne Frau, wir begegnen uns gelegentlich auf den Trümmern unserer gemeinsamen Ehe, meiner dritten, weil ich jeden Augenblick meines Lebens dazu verwende, Leute wie Sie um den Block zu jagen. Das ist mein Leben.«

Darauf McCauley: »Irgendwer hat mir mal gesagt: ›Du darfst dich niemals an etwas hängen, das du nicht problemlos innerhalb von dreißig Sekunden wieder vergessen kannst, wenn dir der Boden unter den Füßen zu heiß wird.‹ Wenn du mir also auf der Spur bist und jedem meiner Schritte folgen musst, wie willst du dann eine ... eine Ehe aufrechterhalten?«

Gott segne die Filme und das Fernsehen.

Dann war da die Frage meiner Motivation. Warum würde jemand wie ich Spionage betreiben? Ich informierte mich gründlich darüber, was Leute zum Spionieren veranlasst. Geschichte wie Fiktion hatten viel zu diesem Thema zu bieten. Spionageromane, Spionagefilme, TV-Spionageserien – sie alle haben Theorien über die verborgenen und weniger verborgenen Motive. Bei meinen Forschungen stieß ich schon bald auf die MICE-Theorie.

MICE zufolge betreiben Menschen aus vier wesentlichen Gründen Spionage – Money (Geld), Ideology (Ideologie), Coercion (Zwang) oder Ego (Ego). Manchmal ist es eine Mischung aus zwei oder drei Gründen, doch Menschen, die hierüber gründlicher nachgedacht haben als ich, sagen, dass dies die vier grundlegenden Kategorien sind. Jede ist auf ihre eigene spezielle Weise machtvoll. Und es ist leicht, Beispiele für alle vier zu finden.

Geld ist vielleicht das häufigste Motiv. Menschen haben die Geheimnisse ihres Landes oft verraten, weil sie entweder ihr Einkommen aufbessern wollten oder sich in einer Notlage befanden. Deswegen werden bei jedem, der im Staatsdienst arbeiten möchte, die Kredit- und Finanzverhältnisse überprüft. Viele Verräter wurden aufgrund ihres aufwendigen Lebensstils enttarnt. John Anthony Walker ist ein gutes Beispiel, wenn auch leider bei Weitem nicht das einzige. Den ehemaligen Chief Warrant Officer, der von Ende der Sechziger- bis in die Mitte der Achtzigerjahre für die Sowjetunion spionierte, scheint vor allem das große Geld gelockt zu haben. Verteidigungsminister Caspar Weinberger gab zu, dass Walkers Verrat den Sowjets Zugang zu einem breiten Spektrum von Waffengeheimnissen ermöglicht habe.

Ein weiteres übliches Motiv ist die Ideologie. Einige von Amerikas größten Helden – von Patrioten wie Nathan Hale bis hin zu Abolitionisten wie Harriet Tubman – waren aus ideologischer Überzeugung Spione. Aus diesem Grund zu spionieren hat fast in jedem Land und in jedem Krieg eine Rolle gespielt. Egal, worum es ging, irgendeine berühmte Persönlichkeit betrieb dafür Spionage. Kommunismus: Kim Philby und Klaus Fuchs. Anti-Nazi-Allianz: Fritz Kolbe und Juan Pujol. Pro Kuba: Ana Montes. Die Liste ließe sich noch endlos weiterführen und umfasst eine faszinierende Geschichte.

Zwang spielt ebenfalls eine Rolle, wenn auch eine seltenere. Folter ist das offensichtlichste und extremste Beispiel, doch auch Drohungen können funktionieren. Sobald sie gefangen genommen werden, behaupten einige Spione, deren Motiv Geld, Ideologie oder Ego war, dass man sie zur Spionage gezwungen habe. Dies passiert durchaus, manchmal auf sehr einfallsreiche Weise. Während des Zweiten Weltkriegs wurde Mathilde Carré, die der Résistance angehörte, von den Nazis gefasst und unter Androhung von Folter oder noch Schlimmerem zur Doppelagentin. Der KGB drohte Swetlana Tumanowa, dass ihre Familie in der Sowjetunion in Gefahr sei, wenn sie nicht mit ihm zusammenarbeite. Mit Skepsis wurde allerdings Ronald Humphreys Behauptung aufgenommen, er habe Vietnam nur geholfen, um die Freilassung seiner vietnamesischen Frau zu erleichtern. Jahrhundertelang wurden Militäroffiziere und Diplomaten mittels der Drohung, sie als schwul zu outen, zur Spionage gezwungen. Um dem einen Riegel vorzuschieben, untersuchten die Geheimdienste routinemäßig die Sexualgeschichte ihrer Bewerber, weil sie fürchteten, dass »Abweichler« erpresst werden könnten. Diese Art des Zwangs gehört weitgehend der Vergangenheit an, doch jeder Geheimnisträger läuft nach wie vor Gefahr, zur Spionage erpresst zu werden.

Ego, Spannung, Nervenkitzel, Arroganz – nennen Sie es, wie Sie wollen. Viele Leute spionieren, weil es so viel Spaß macht, selbst wenn andere Motive mit im Spiel sind. Robert Hanssen ist hierfür ein Paradebeispiel. Der FBI-Agent, der für die Sowjetunion spionierte, war, wie es hieß, in das »wohl schlimmste Geheimdienstdesaster in der US-Geschichte« verwickelt. Er wurde wahrlich durch seine eigene Großspurigkeit angetrieben. Ein anderes Beispiel ist Jonathan Pollard. Der Analyst der US-Marine wurde wegen der Weitergabe von Geheimnissen an die Israelis verurteilt, konnte sich aber nicht vorstellen, dass man jemand so Brillanten wie ihn je schnappen würde. Christopher Cooke,

ein Lieutenant der US-Luftwaffe, der 1981 Daten der Interkontinental-
rakete Titan II an die sowjetische Botschaft weiterleitete, litt unter demselben übergroßen Ego. Er war so fasziniert von der Spionage, dass er
nicht anders konnte, als sich kopfüber hineinzustürzen. Zumindest äußerte er dies gegenüber den mitleidlosen Ermittlern.

Was also würde mein Motiv sein? Geld, Ideologie, Zwang oder Ego?
Ich musste einen Grund haben und er musste glaubhaft sein. Musste
meiner Persönlichkeit entsprechen. Ich war mir sicher, dass Juri genauso
viel über MICE gelesen hatte wie ich. Er wusste, wonach er suchen
musste. Ging es nicht bei all diesen Unterhaltungen in den Restaurants
darum, mein Motiv zu ergründen? Er genoss nicht nur einfach die
Cheese Stix!

Geld war für mich die Antwort. Von all den plausiblen Motiven für
meinen Landesverrat war Geld bei Weitem das glaubhafteste. Wenn ich
vorgeben wollte, Spionage zu betreiben, dann fühlte sich nichts anderes
glaubhaft genug an. Ich war kein Ideologe. Ich war genauso wenig ein
Islamist wie mein Vater. Ich hatte keine Lust, mit Juri endlose Diskussionen über Religion oder Kommunismus oder das glorreiche Russische
Reich oder was auch immer zu führen. Im Gegenteil. Ich gehörte keiner
einzigen subversiven Organisation an, es sei denn, man würde meinen
Rennfahrklub als solche bezeichnen. Ich hatte keinen Mitgliedsausweis
irgendeiner Organisation abgesehen von der öffentlichen Bibliothek
und von Blue Cross Blue Shield. Ich hatte nicht mal mehr eine Block-
buster-Karte.

Vorzugeben, mein Motiv sei Geld, war simpel. Ich verstand etwas
von Geld. Wie den meisten Leuten gefiel mir, was man sich mit Geld
kaufen konnte. Freizeit. Komfort für die Familie. Und richtig schnelle
amerikanische Autos. Juri würde es verstehen, wenn ich mein Verlangen
nach Geld übertrieb. Er war in der kommunistischen Sowjetunion aufgewachsen. Jahrzehntelang hatten die Sowjets die Amerikaner wegen

ihrer kapitalistischen Ideale verspottet. Doch er schien sich auf den kapitalistischen Rausch, in dem sein Land sich nun zu befinden schien, eingestellt zu haben. Ich vermutete, dass auch er Geld mochte, und er konnte sich leicht davon überzeugen, wie ich lebte – die Autos, die Kleidung, der Job. Er konnte so viele Beweise finden, wie er wollte.

Wie viele echte Spione ergänzte ich meine Primärmotivation durch ein bisschen Ego. Die Entscheidung, eine solche Tat zu begehen – eine, wie ich sie vortäuschte –, hat etwas grundlegend Arrogantes. Pollard und Hanssen waren arrogant. Ebenso die meisten anderen. Mein wirkliches Ich und der Doppelagent in mir hatten etwas von dieser Arroganz. Das konnte ich nicht leugnen. Dem Motiv, das ich den Russen weismachen wollte, eine Dosis Eigendünkel hinzuzufügen, war leicht. War ich mit Juri zusammen, wollte ich ihn ständig davon überzeugen, dass ich cleverer war als er. Auch den FBI-Agenten wollte ich dies oft weismachen. Und ich zweifelte keine Sekunde an meiner Fähigkeit, beide Parteien auszutricksen. Wie meine Rollenmodelle aus der Spionagewelt war ich davon überzeugt, ausgefuchster zu sein als meine Verfolger.

Ich war mir sicher, dass ich diesen geldhungrigen und übersteigert selbstsicheren Typen spielen konnte. Er war nicht genau ich – kam mir aber nahe genug.

Diese Filme und Bücher waren vielleicht nicht die perfekten Lehrer, aber neben Ted und Terry die Lehrer, die mir zur Verfügung standen. Ich war froh, dass ich mit diesen Agenten über meine selbst erlernten Methoden sprechen konnte. Bevor ich mich wieder mit Juri traf, erklärte ich Ted und Terry, was ich meiner Meinung nach gelernt hatte.

»Bei mir muss es das Geld sein«, erklärte ich ihnen, »und ein bisschen Arroganz. Nichts anderes macht Sinn. Ich bin kein Kommunist. Ich hasse Amerika nicht. Ich mag einfach Konsum. Ich kann nicht vorgeben, Atomphysiker zu sein. Das würde ich einfach nicht hinkriegen.

Ich kann über die meisten Themen reden. Aber ich kann jemanden, der auf einem bestimmten Gebiet ein echter Experte ist, nicht davon überzeugen, dass ich mehr weiß als er, wenn das nicht der Fall ist. Und ich kann unmöglich wissen, über welche verborgenen Wissensschätze Juri verfügt. Geld haben zu wollen, ist eine Geschichte, bei der ich mich nicht reinreiten kann.«

»Sie gefällt mir«, sagte Ted.

Nachdem die beiden meine Geschichte abgesegnet hatten, stieg ich in meinen Wagen und ging ans Werk.

Sobald ich die Wohnung verlassen hatte und Avas äußerst wachsamem Blick entkommen war, verwandelte ich mich. Erst dann wurde deutlich, wie viel ich an mir verändert hatte. Mein Auftreten. Meinen Gang. Meine Aura. Meine Fahrweise. (Okay, vielleicht nicht meine Fahrweise. Ich fuhr nie defensiv.) Auch wenn ich unbewaffnet war, musste ich vor Selbstsicherheit strotzen und durfte nicht die geringste Spur von Angst zeigen. Obwohl ich also meine normale Kleidung trug, meine echte Wohnung verließ, meinen echten Wagen fuhr und den Russen meinen tatsächlichen Namen gegeben hatte, nahm ich das Gehabe und die Persönlichkeit eines Menschen an, den ich für Juri erfunden hatte.

Um meine Verwandlung komplett zu machen, stellte ich mir für die Fahrt zu den Treffen mit Juri immer eine sorgfältig ausgewählte Playlist zusammen. Es half mir sehr dabei, mich psychisch auf meine neue Rolle vorzubereiten. Auf dem Weg dorthin hörte ich mir viele Stücke an, die mich hochpuschten – Jay Zs »99 Problems«, M.I.A.s »Paper Planes«, Audioslaves »Shadow on the Sun«. Wenn ich mich auf dem Nachhauseweg dann wieder in den richtigen Naveed zurückverwandelte, tauschte ich diese härtere Musik gegen heitere Musik ein, um wieder runterzukommen – Eddie Vedders »Hard Sun«, RJD2s »Ghostwriter« und irgendwas von Wilco. »Theologians« war perfekt.

Ich hatte immer einen Packen Unterlagen dabei, Requisiten, die meine Glaubwürdigkeit verstärkten. Diese Unterlagen verliehen mir das Selbstvertrauen, dass ich etwas Konkretes anzubieten hatte, sowie die Arroganz, dass mein Verstand für die Russen lebend mehr wert war als tot.

Wenn ich dann auf einen Parkplatz fuhr, war ich eine andere Person. Jegliche Angst war gewichen. Es war, als hätte ich einen Schalter umgelegt. Ich schaltete in einen Modus, in dem ich fast wie bei einer außerkörperlichen Erfahrung neben mir stand und genau sehen konnte, was ich als Nächstes zu tun hatte.

Ja, es war für mich ungewohntes Terrain, einen Doppelagenten zu spielen, doch ich hatte nichts gegen diese neue Erfahrung. Ich war nämlich in mehr als einer Hinsicht dafür geeignet. Sehr zugute kam mir meine Technologieausbildung: Ich war daran gewöhnt, neue Technologien zu verwenden. In meiner Branche wurde das einfach erwartet. Ob es sich um eine Anfrage, eine Schleife, ein Objekt, eine SELECT-Anweisung handelte – wenn man die Grundkonzepte verstand, mussten sie nur an das neueste Format angepasst werden.

Genauso war es auch mit der Spionage und Gegenspionage. Ich hatte nicht viel Ahnung von Spionage. Aber ich kannte die menschliche Natur, und ich wusste, dass ich lernen konnte. Dies war einfach eine weitere neue Erfahrung mit eigenen Grundkonzepten und einer eigenen Sprache. Und ich lernte, mich anzupassen.

Zusammenfassend lässt sich sagen: Ich wusste, was nötig sein würde, um die Russen davon zu überzeugen, dass ich der Richtige für sie war.

Kontrollgewinn

Es war Verkaufszeit und das Produkt war ich.

Als Juri und ich uns im April im Charlie Brown's in Yonkers trafen, gab ich ihm keine Gelegenheit, mich auszufragen. Bei ein paar Buffalo Chicken Wraps beschrieb ich ihm meine Pläne für das Unternehmen. Dass ich entschlossen sei, unseren kleinen Familienbetrieb in ein international führendes Daten- und Forschungsunternehmen zu verwandeln. Dass ich große Ambitionen habe. »Tinte auf Papier ist antiquiert«, sagte ich. »Die Welt wird digital, und das sollten auch wir werden.« Ich erklärte ihm auch, ich wolle einen größeren internationalen Marktanteil haben, einen sehr viel größeren. »Unser Unternehmen sollte viel größer sein als bisher. Und ich werde dafür sorgen, dass es das wird.«

Stolz legte ich Juri meine Pläne dar. Mein Ego blähte sich auf! Da war Geld zu verdienen! Ich war zu allem in der Lage!

All dies hatte den Vorteil, weitgehend der Wahrheit zu entsprechen, auch wenn ich von einer weltweiten finanziellen Vorherrschaft noch ziemlich weit entfernt war – noch. Wie vermutet, war es viel leichter, sich an die Geldgeschichte zu halten, als über den erdrückenden amerikanischen Imperialismus zu wettern oder längere Passagen aus dem Koran zu zitieren. Und um meine Rolle als junger karrieresüchtiger Geschäftsmann zu unterstreichen, erschlug ich Juri mit einem Stapel von Excel-Tabellen, die das ständige Wachstum und die zunehmende Dynamik des Unternehmens beweisen sollten. Er schien beeindruckt zu sein.

Sich weitgehend an die Wahrheit zu halten, selbst wenn man übertrieb, erleichterte die Sache. Die ehrgeizigen Unternehmenspläne darzulegen, ging mir flott von der Hand.

Ich erklärte Juri, ich hätte eine neue Software geschrieben, die es uns leichter machen würde, den Überblick darüber zu behalten, welche Aufträge wir hatten erledigen können. Bislang sei alles auf Papier festgehalten worden. Das mache es schwer, sich einen Überblick zu verschaffen. »Jetzt«, sagte ich, »werden wir in der Lage sein, Artikel mithilfe der Barcode-Technologie zu verfolgen und zu inventarisieren, womit wir den Ein- und Ausgang jedes einzelnen Buches unter Kontrolle haben.«

Ich erwähnte, dass man uns vielleicht damit beauftragen würde, einige dicke Bände mit technischen Daten des Militärs zu digitalisieren. Ich sprach über die National Defense University und einige andere Projekte, die wir am Laufen hatten. »Wenn diese Projekte abgeschlossen sind, starten wir einige neue Projekte, an denen Sie möglicherweise interessiert sind.«

»Und zwar?« Er beugte sich vor und wartete auf mehr.

»Nehmen wir mal rein hypothetisch an, Sie seien an Tomahawk-Marschflugkörpern interessiert. Zurzeit wissen Sie nicht, welche Informationen dazu erhältlich sind, richtig? Ich könnte Zugang zu bestimmten Datenbanken haben. Es scheint, dass Ihnen eine Menge Informationen entgehen. Hätten sie rein hypothetisch«, wiederholte ich, »Interesse an etwas in dieser Richtung?«

»Möglicherweise«, sagte er. Je mehr ich redete, desto geringer war seine Chance, mich über meine Familie, meinen Background und mein Privatleben auszufragen. »Sie sind sehr ehrgeizig«, stellte er fest.

Geschichte, Motivation, Zugriffsmöglichkeiten – die Puzzleteile fügten sich zusammen, bei einem schlechten Mittagessen nach dem anderen.

Bevor ich mich erneut mit Juri traf, hatte ich meine üblichen Strategie-sitzungen mit Ted und Terry. Wir diskutierten, welchen Köder ich ihm unter die Nase halten könnte. Ich sagte, ich wolle unbedingt mit etwas Verlockendem aufwarten – und das schnell. Ich frotzelte, wer wohl lang-samer und bürokratischer sei, das FBI oder Juri. Als wir mal wieder über verschiedenen möglichen Szenarien brüteten, ließ Ted im russischen Stil beiläufig eine Frage einfließen. »Ach, übrigens, würde es Ihnen etwas ausmachen, bei Ihrem nächsten Treffen mit Juri diese Uhr zu tragen?«

Er hielt eine große schwarze G-SHOCK-Armbanduhr mit einem schwarzen Velcroband in der Hand. Es war die Art von Uhr, die ein Mitglied einer Spezialeinheit oder einer SWAT-Einheit oder ein beson-ders extravaganter Rapper tragen würde. Sie hatte eine Digitalanzeige, einen eingebauten Kompass und in ihrem Inneren versteckt ein winziges digitales Bandaufnahmegerät – was man nur sehen konnte, wenn man die Uhr umdrehte.

Teds Bitte beunruhigte mich nicht. So wie er es erklärte, glaubte ich nicht, dass er oder Terry oder das FBI ein Vertrauensproblem hatten. Ich hatte die ganze Zeit über schon vermutet, dass sie meine Gespräche mit Juri abhörten. Ich stellte mir vor, dass sie den Tisch verkabelt hätten oder dass verdeckte Ermittler am Nebentisch saßen oder – alles ist möglich, stimmt's? – dass die Kellnerin vielleicht gar keine Kellnerin war. Viel-leicht war sie eine Spezialagentin mit einem Bestellblock.

Observation und Gegenobservation würden von nun an Teil meines Lebens sein, selbst wenn ich nie wusste, wann oder wie. Ich versuchte, mir nicht allzu viele Gedanken darüber zu machen, versuchte, es zu ver-drängen. Doch ich konnte nicht anders, als mich bei meinen täglichen Aufgaben zu fragen: *Folgt dieser Van in meiner Straße mir? Hört das Paar in der Nachbarnische mit? Vielleicht. Vielleicht auch nicht.* Schließlich wurde mir jedoch klar, dass ich meine lebhafte Fantasie zügeln musste, wenn ich nicht wollte, dass sich in meine Beobachtungsgabe Paranoia einschlich. Wenn ich eine Frage oder ein Problem hatte, durfte ich mich nicht zwanghaft damit beschäftigen. Ich sollte mir die Sache notieren, den Agenten davon berichten und die Angelegenheit dann hinter mir lassen. Ich war nicht allein. Ich hatte Profis an meiner Seite.

Wir scherzten über die Uhr. »Ich habe eine kleine Armbanduhr«, sagte ich Ted und Terry. »Diese hier ist riesig. Um die Wahrheit zu sagen, sie sieht aus wie eine Flavor-Flav-Uhr. Habt ihr die von Flav gekauft? Hat er sie bei eBay angeboten?«

»Hey, wir hatten die Wahl zwischen der hier oder einem Schlüsselanhänger«, sagte Ted.

»Einem Schlüsselanhänger?«

»Ja, einem Schlüsselanhänger. Eins dieser kleinen Dinger, an die man seinen Schlüsselbund hängt.«

»Ich weiß, was ein Schlüsselanhänger ist«, entgegnete ich. Aber es gab alle möglichen Sorten. Ich hatte Mädchen im Teenageralter mit *Hello-Kitty*-Schlüsselbändern gesehen. Großmütter, an deren Anhänger der Schlüssel für ihr Oldsmobile Ninety Eight hing. »Sie wollten das Aufnahmegerät in einen Schlüsselanhänger stecken?«

»Hätten wir tun können«, sagte Ted. »Aber wir haben uns stattdessen für die G-SHOCK entschieden. Ich finde das cooler. Sie haben die exklusiv für Sie gemacht. Niemand sonst hat so eine.«

Unterm Strich war die Uhr besser für mich. Jason Bourne ließ niemals jemanden mit einem Schlüsselanhänger hochgehen.

Zu der Uhr gehörte eine Ladestation. Ich musste die Uhr eingesteckt lassen, damit sie bereit war, wenn ich Juri traf. Soweit ich weiß, schenkte er der Uhr nie Beachtung.

Die Uhr veränderte vieles. Sie veränderte auf subtile Weise den Charakter, den ich geschaffen hatte. Als ich begann, unsere Treffen aufzuzeichnen, hatte ich das Gefühl, ein echter Doppelagent geworden zu sein.

»Wir müssen uns anschließend mit Ihnen treffen und alles herunterladen«, warnte Ted mich.

»Verstehe.«

»Jedes Mal, wenn Sie sich mit ihm treffen, müssen Sie alles aufnehmen«, sagte er. »Alles, was Sie uns sagen, wird nachprüfbar sein.«

Von diesem Tag an würden meine FBI-Betreuer wissen, ob ich Scheiße laberte oder nicht. Ich war bereits davon überzeugt, dass sie glaubten, was ich ihnen sagte. Sie hatten genug Zeit und Energie in mich investiert. Doch ich war seltsam zufrieden, alle Zweifel ausräumen zu können, die möglicherweise noch bestanden. Ich hatte bei unseren Nachbesprechungen immer die Wahrheit gesagt, allerdings nur, insoweit ich mich an das Gesagte erinnern konnte. Jetzt konnten die Agenten selbst jeden Teil davon verifizieren.

Es gefiel mir noch aus einem anderen Grund, das verborgene Aufnahmegerät zu tragen: Ich konnte Ted und Terry zeigen, wie geschickt ich mit Juri umging und wie listig ich mit ihm verhandelte.(Ego!) Ich war stolz auf meine Talente als Manipulator, und es machte mir nicht das Geringste aus, dass die Agenten mich von nun an in Aktion erleben würden.

Sie bekamen schon bald eine Kostprobe davon.

Juri rief Anfang Juni an. Wir trafen uns im El Dorado Diner auf der Central Avenue in Scarsdale. Bevor ich hineinging, vergewisserte ich mich, dass mich niemand beobachtete, und tat das, was Ted und Terry mir gezeigt hatten: Ich nahm die Uhr vom Handgelenk und drückte die beiden Knöpfe, die das Aufnahmegerät aktivierten. Ich vergewisserte mich, dass ein winziges Licht auf der Unterseite aufleuchtete. Das verriet mir, dass das Gerät arbeitete, bevor ich die Uhr wieder umband.

In meiner Computertasche steckte ein Stapel von Papieren. Ich hielt es für wichtig, Juri zwei spezifische Punkte zu beweisen: dass das Unternehmen neue Einkommensquellen erschlossen hatte und dass ich tatsächlich die Leitung übernommen hatte. Sobald ich mich in der Nische niedergelassen hatte, legte ich die Papiere auf den Tisch zwischen uns und zeigte sie ihm, eins nach dem anderen. Verträge. Regierungszulassungen. Und vor allem jene Papiere, die zeigten, dass meine Eltern das Unternehmen auf mich überschrieben hatten. Ich war jetzt der eingetragene Besitzer. Juri schüttelte mir herzlich die Hand. »Gratuliere«, sagte er strahlend. »Sieht so aus, als hätten wir heute etwas zu feiern!« Obwohl er in der kollektivistischen, kommunistischen Sowjetunion aufgewachsen war, wusste er doch, dass es in jedem Fall besser war, Besitzer statt Angestellter zu sein.

Er fragte mich wieder über Frankreich aus. »Frankreich ist schön«, war alles, was ich sagte.

Dann fragte er mich nach Ava. »Wie heißt Ihre Frau?«

Ich mochte es nicht, dass er mich nach ihr fragte. Doch ich wusste, dass Daten wie diese öffentlich verfügbar waren, sodass es keinen Sinn hatte, der Frage auszuweichen oder zu lügen. Als ich ihm Avas Namen nannte, schickte er sofort noch eine Frage hinterher: »Haben Sie Kinder?«

Juri fragte mich wieder aus und dieses Mal nicht so behutsam wie zuvor. Das stank mir gewaltig, aber ich beantworte seine Frage.

»Gott ist groß, Sie mit diesem Erfolg zu segnen«, sagte er. Das war so untypisch für ihn, hörte sich so gezwungen an. Offensichtlich wollte er testen, ob ich Muslim war, wollte herausfinden, welches mein Motiv sein könnte. Ich wollte diese Handlungslinie kontrollieren, wollte nicht, dass er es tat. Ich musste diesem geheuchelt freundlichen Verhör ein Ende setzen. Gott sei Dank hatte meine Geschichte inzwischen Hand und Fuß. Zum ersten Mal fuhr ich Juri an einem öffentlichen Ort an. »Hören Sie«, brüllte ich so laut, dass ich die klappernden Teller und die Rufe der Kellner Richtung Küche in diesem belebten vorstädtischen Restaurant übertönte, »sprechen Sie verdammt noch mal nicht mit mir über meine Frau.« Die Kellnerin blickte zu uns herüber. »Und sprechen Sie verdammt noch mal nicht mit mir über Gott«, schob ich gleich hinterher. »Wir sind aus geschäftlichen Gründen hier. Ich will nicht über meine Familie reden. Wir haben schon genug darüber gesprochen. Lassen Sie uns besprechen, wie wir miteinander ins Geschäft kommen können.«

Plötzlich war ich wirklich in diesem Geschäft. Und ich nahm die Sache in Angriff. Todernst, aber mit gesenkter Stimme, fragte ich direkt: »Was kann ich für Sie tun, Juri, wofür Sie mich bezahlen können? Ich kann Ihnen nicht helfen, solange Sie mir nicht sagen, was Sie wollen. Ich werde Ihnen sagen, ob ich es tun kann. Ich werde Ihnen sagen, wie viel Sie dafür bezahlen müssen. Sie entscheiden. Die Sache ist einfach und klar, und es ist alles, was ich tun kann. An anderem bin ich nicht interessiert.«

Juri sah verunsichert aus. Es dauerte ein paar Minuten, bevor die Leute in der Nische hinter uns ihre Unterhaltung wieder aufnahmen.

»Okay, okay«, sagte Juri. »Ja, wir sind aus geschäftlichen Gründen hier.«

Ich hoffte sehr, dass das Aufnahmegerät in der Uhr alles aufgezeichnet hatte.

Vertrauensaufbau

Es war ein langsamer Prozess, doch ich hatte das Gefühl, dass die FBI-Agenten sich nach und nach wohler mit mir fühlten. Dafür gab es immer wieder kleine Anzeichen. Als wir uns an einem Sommertag im Metro Diner an der Ecke von Broadway und 100th Street zum Frühstück trafen, waren sie so leger gekleidet wie ich – Ted in Jeans und einem kurzärmligen Poloshirt, Terry in Kakihosen und einem Button-down-Hemd mit aufgekrempelten Ärmeln. Vielleicht las ich zu viel in diese Sache hinein. Vielleicht hatten sie es einfach nur satt, wie Bestattungsunternehmer bei einem Hausbesuch herumzulaufen. Doch als wir uns in einer der hinteren Nischen niederließen, schien der Umgang miteinander nicht mehr ganz so steif zu sein wie sonst. Ich hatte nicht mehr so stark das Gefühl, ihnen Bericht zu erstatten oder von ihnen gelenkt zu werden. Es war eher so, als würden wir Ideen austauschen und einander auf die Schippe nehmen.

»Kennen Sie diesen Typen in *Lost?*«, fragte Ted mich. Gerade war die dritte Staffel der Fernsehserie über den Absturz eines Passagierflugzeugs zu Ende gegangen. »Den, der den Iraker spielt? Er könnte Sie in einem Film spielen.«

»Das ist rassistisch, Ted.« Ich versuchte, beleidigt auszusehen. »Sie sind Ire. Was, wenn ich Ihnen sagen würde, dass Colin Farrell Sie spielen sollte? Oder Mickey Rooney? Oder, noch schlimmer, Mickey Rourke?«

In der kurzen Zeit mit Randi war alles sehr geschäftsmäßig abgelaufen. Selbst wenn sie und Terry miteinander frotzelten, war sie mir gegenüber immer sachlich-nüchtern geblieben. Doch der Umgangston zwischen Terry, Ted und mir war im Lauf der Zeit lockerer geworden. Oft redeten wir miteinander, wie ich es mit meinen Freunden tat. »Mal im Ernst, Kumpel«, sagte ich zu Terry nach dem Essen und deutete auf seinen Teller mit ordentlich gestapelten und völlig unberührten Kartoffeln. »Wie kommt es, dass Sie noch am Leben sind? Helfen Sie mir auf die Sprünge. Was war's noch gleich, was Sie essen?«

Jedes Mal wenn ich mit Terry in einem Restaurant gewesen war, hatte er genau das getan, was Randi ihm vorgeworfen hatte: sich geweigert, Obst, Gemüse oder irgendetwas zu essen, das nicht aus einem Chemielabor stammte.

»Ich bin eine fein austarierte Maschine«, erklärte er völlig ernst, während er die unberührten Kartoffeln auf dem Teller herumschob.

»Mithilfe industriell verarbeiteter Lebensmittel!«, mokierte sich Ted.

Ich beschloss nun, dass es an der Zeit sei, den beiden von einer Sache zu erzählen, die mich beunruhigt hatte. »Hört mal, Jungs«, sagte ich, »da gibt es etwas, dass ich, ähm, euch gestehen muss. Ich habe dieses Geheimnis schon eine Weile mit mir herumgetragen.«

Ted und Terry sahen einander nervös an. Ich bemerkte, wie Ted auf seinem Stuhl hin und her rutschte.

»Ihr Typen habt mich ganz schön in die Scheiße geritten. Nicht Sie, Ted. Sie waren noch nicht da. Aber Terry.« Ich erzählte ihnen von dem Tag, an dem Ava in unserer Wohnung die knallgelbe Maxi-Binden-Hülle gefunden hatte.

Als ich meine Geschichte beendete, hatte Ted ein selbstgefälliges Grinsen im Gesicht. Terry saß mit offenem Mund da.

»Also wirklich, das war nicht lustig. Es hätte mich fast meine Ehe gekostet. Es war nicht leicht, Ava die Sache zu erklären. Geheimnisse vor ihr zu bewahren, fällt mir sehr schwer, und im Moment habe ich nicht viele Leute, mit denen ich reden kann.«

»Ich habe eine Idee«, sagte Ted, reichte mir eine Visitenkarte und forderte Terry auf, seinem Beispiel zu folgen. »Wir verstehen vollkommen, dass dies belastend ist. Falls Ava irgendwelche Fragen hat, es irgendetwas gibt, was sie Ihrer Meinung nach von uns hören sollte, setzen wir uns gern mit ihr zusammen. Es ist kein Problem. Wir verstehen, dass Sie die Unterstützung Ihrer Frau brauchen. Bitte geben Sie ihr unsere Visitenkarten.«

»Danke, sehr nett von Ihnen. Sie sind im Zweitberuf wahrscheinlich Eheberater.«

»Keine Ursache. Und Terry und ich versprechen, unseren Lipgloss und unseren Nagellack nicht in Ihrer Wohnung liegen zu lassen.«

Wir hatten ein unkompliziertes Verhältnis. Sie waren Profis, die Erfahrung in der Zusammenarbeit mit Spionen hatten. Aber ich glaube, es war mehr als das. Vielleicht klingt das jetzt überheblich, aber ich glaube wirklich, dass ihnen die Arbeit mit mir einfach Spaß machte. Ich unterschied mich ein wenig von den meisten Gewährsleuten, mit denen sie bei ihren Gegenspionageoperationen zusammenarbeiteten. Ich hatte eine Vorliebe für die Popkultur. War vielleicht gebildeter. Amerikanisierter. Mehr wie sie.

Gleichzeitig wurde mir bewusst, dass Ted und Terry nicht *wirklich* meine Freunde waren. Auch wenn wir lachten und herumblödelten und unser Zusammensein genossen, trafen sie sich nicht mit mir, weil sie mein geistreiches Geplänkel oder meine Großspurigkeit mochten. Im Grunde genommen war unsere Beziehung eine geschäftliche. Jeder hatte etwas, was der andere wollte. Unsere Partnerschaft würde dauern, solange sie nützlich war. Sie würden nicht zögern, mich fallen zu lassen, sobald ich etwas tat, was ihnen missfiel, oder sie zu dem Schluss kamen, dass ich ihnen mehr Probleme bereitete als nützte. Wir würden uns dann nie wieder zum Essen treffen. Wenn ich etwas wirklich Übles tat, würden sie mich vermutlich festnehmen oder etwas noch Schlimmeres tun.

Die Wahrheit ist, dass ich enormen Respekt vor ihnen hatte. Sie nahmen ihren Job äußerst ernst. Qualitätsarbeit war ihnen wichtig. Und sie hielten sich streng an die Spielregeln. Wobei sie die Sache trotz des ständigen Manövrierens und Entwerfens von Strategien in Wirklichkeit nie als Spiel betrachteten. Sie betrieben Gegenspionage für das FBI, und ich erlebte es nie, dass sie dieser Verantwortung nicht mit der größten Sorgfalt begegneten. Sie befolgten die Regeln, selbst diejenigen, die für den Umgang mit den Russen galten. Als ich sie fragte, warum sie Juri nicht einfach bezichtigten, sich Geheimdokumente beschafft zu haben, und ihn dann verhafteten, erwiderte Ted: »Es gibt einen Unterschied zwischen denen und uns. Wir erfinden keine Beweise. Wir drehen keine krummen Dinger.«

»Haben Sie Probleme damit, ihn reinzulegen?«, fragte ich.

Das war meine Formulierung, nicht ihre. Doch genau das schien der Punkt zu sein. »Es gibt Regeln, an die wir uns halten müssen«, entgegnete Ted. »Alles muss sauber ablaufen.« Das war das Wort, das sie immer wieder benutzten, sauber. Mir war klar, dass sie auf die richtige Weise vorgehen wollten. Ich war nach wie vor dabei, die Regeln zu lernen. Aber ich begriff, dass ich keine Abkürzungen wählen sollte.

Dennoch: Irgendetwas schien nicht im Gleichgewicht zu sein. Ich verbrachte viel Zeit damit, über die ausländischen Spione nachzudenken, die in meinem Land arbeiteten, um Amerika zu unterminieren, zu unterwandern und anzugreifen. Sie ignorierten unsere Gesetze und das Völkerrecht. Doch soweit ich es beurteilen konnte, waren wir durch unsere Gesetze in den Methoden eingeschränkt im Kampf gegen Leute, die sich an keinerlei Regeln hielten. Wir konnten nicht Feuer mit Feuer bekämpfen. Wir mussten uns auf sorgfältiges Planen und auf unsere Intelligenz verlassen, um sie zu überlisten und ins Abseits zu drängen. So sehr mich dies zuweilen auch verrückt machte, ich wusste, dass ich diesen Job los wäre, wenn die Agenten etwas ohne jeglichen Beweis hätten erfinden können.

Ich beobachtete ihre Ermittlungsschritte genau und lernte ständig von ihnen. Meistens handelte es sich um Kleinigkeiten. Wenn wir in einem Restaurant saßen und die Kellnerin an den Tisch kam, drehten Ted und Terry reflexartig all ihre Papiere um. Teds Führerschein steckte umgekehrt in seiner Brieftasche. Die Agenten behielten ihre Umgebung immer genau im Auge, prüften ständig: *Wer ist hinter uns? Was können die Leute hören? Unterbrechen sie ihre Unterhaltung, wenn wir zu reden anfangen, so als würden sie uns belauschen?* Und sie folgten bestimmten Mustern, wenn wir uns trafen. Sie wollten zum Beispiel, dass wir getrennt kamen und gingen, damit weniger Leute uns zusammen sahen. Und häufig entschuldigte sich einer der beiden, wenn wir uns in einem Restaurant niedergelassen hatten, um zur Toilette zu gehen. Warum tat er das? Musste er wirklich so nötig pinkeln? Oder ging er zur Toilette, um ein Aufnahmegerät einzuschalten? Ich war mir nicht sicher. Vielleicht hatte ich zu viele Spionageromane gelesen. Vielleicht bekam ich inzwischen einfach nur besser mit, wie dieses Geschäft funktionierte. Wenn ich darüber scherzte, lächelten Ted und Terry nur.

Angesichts dessen, was wir drei zu tun versuchten, war Paranoia berechtigt. Die Agenten ließen ständig auf eine Weise Vorsicht walten, wie ich es wohl auch tun musste. Leider war ich schon immer ein extrovertierter Mensch. Vorsichtig zu sein fiel mir nicht leicht.

Als Ted, Terry und ich uns an jenem Tag in unserer Nische unterhielten, kam eine Frau zu uns an den Tisch – nicht die Kellnerin – und bat um Geld. Sie war hartnäckig, blieb einfach dort stehen. Ted hatte bereits die Papiere umgedreht. Ich beobachtete die Frau und die Agenten. Terry sagte zum zweiten oder dritten Mal »Nein«, doch die Frau ging nicht.

Als Senior Agent hatte Ted wohl das Gefühl, Selbstvertrauen und Autorität ausstrahlen und den großen FBI-Mann herauszukehren zu müssen, auch wenn es sich nur um eine unerwartete Störung handelte. Vermutlich hätte er seine Dienstmarke zücken oder ganz subtil seine Waffe zeigen können. Doch das brauchte er nicht. Obwohl diese Frau ihn bedrängte, hob er nicht einmal die Stimme. Einen Moment lang dachte ich, er würde die Frau zum Wegsehen zwingen. Stattdessen knurrte er sie an. Buchstäblich. Und dann noch einmal, lauter. Selbst mich schüchterte Teds Geknurre ein. Und die Frau wich schnell zurück.

Ich schaute ihn an, schockiert und amüsiert zugleich. Doch er hatte, wie ich zugeben musste, demonstriert, dass es manchmal zum Erfolg führt, etwas Unerwartetes zu tun.

Ted schien sehr mit sich zufrieden zu sein. »Hey«, sagte er, »hat gut funktioniert, oder?«

Diesem Mann muss ich vertrauen, dachte ich. Was ich auch tat.

Eine freundschaftliche Beziehung herzustellen half mir, mich in dieser neuen Welt einzugewöhnen. Die Agenten und ich hatten auch einige ernsthafte Probleme zu lösen. Ich war mir sicher, dass wir einen entscheidenden Moment in der Operation erreicht hatten, und wollte nicht, dass wir ihn ungenutzt ließen.

»Ich denke, man kann wohl sagen, dass wir jetzt Juris Aufmerksamkeit haben«, meinte ich an jenem Tag im Metro Diner zu Ted und Terry. »Wie also halten wir diese Aufmerksamkeit wach? Und was werden wir mit ihm tun?« Bevor sie antworten konnten, fuhr ich fort. »Es geht alles nur um die Informationen.«

Ich glaube nicht, dass sie wussten, was ich meinte. Ich dachte an das, was Cosmo, der von Ben Kingsley gespielte Computerhacker, in *Sneakers – Die Lautlosen* sagt, dem ersten großen Hollywoodfilm, der sich auf die National Security Administration (NSA) konzentriert. »Dort draußen tobt ein Krieg, alter Freund. Ein Weltkrieg. Und es geht nicht darum, wer die meiste Munition hat. Es geht darum: Wer kontrolliert die Informationen? Was wir sehen und hören, wie wir arbeiten, was wir denken – es geht alles nur um die Informationen!«

Ich lächelte in mich hinein. Es spielte keine Rolle, dass die Agenten nicht wussten, woher ich meine Ideen hatte. »Welche Informationen bieten wir ihm – und wie?«

Meiner Ansicht nach bestand die Herausforderung darin, Juri etwas zu versprechen, was reizvoll genug war, sein Interesse wachzuhalten, ohne ihm irgendwelche wirklich brisanten Militärgeheimnisse zu liefern. Ich wollte auf keinen Fall die nationale Sicherheit der USA gefährden. Zudem glaubte ich nicht, dass die Agenten dies zulassen würden, selbst wenn ich es versuchte.

»Wie also finden wir einen Mittelweg?«, fragte ich die beiden. »Wie grenzen wir den Rahmen dessen ein, was wir hier tun?«

Seit Monaten hatte ich bei meinen Berichten über all die neuen Projekte, die unser Unternehmen übernommen hatte, und über den daraus resultierenden Zugang zu interessantem Material, Juri gegenüber immer wieder Andeutungen einfließen lassen. Wir berieten die National Defense University bei der Umstellung vom Papier aufs Digitale. Wir führten ein Altbestand-Katalogisierungsprojekt für das Innenministerium durch. Wir hatten Anfragen von allen möglichen Stellen, vom Joint Special Operations Command der US-Streitkräfte bis hin zu den U.S. Navy SEALs.

»Doch ich bin bei allem, was ich ihm gesagt habe, ziemlich vage geblieben«, erklärte ich den Agenten. »Wenn wir weiterhin so vage bleiben, wird er nach Material fragen, das wir ihm nicht besorgen können oder wollen. Wir sollten verhindern, dass er sich selbst etwas einfallen lässt. Das ist gefährlich. Wir müssen ihn glauben machen, dass irgendwelches gefälschte Material echt ist.«

185

Die Agenten nickten.

»Haben Sie je davon gehört, dass die Alliierten im Zweiten Weltkrieg Tausende von entfaltbaren Panzerattrappen verwendeten, um die Deutschen davon zu überzeugen, dass die D-Day-Invasion nicht in der Normandie stattfinden würde?«, fragte ich. Ted sah mich an und schüttelte den Kopf. »Die Alliierten bauten diese riesige Phantom-Armee, die echt aussah, wenn die Nazis in 9000 Metern Höhe darüber hinwegflogen. Sie war nicht perfekt. Doch von deren Aussichtspunkt aus wirkte sie täuschend echt. Wir brauchen etwas ähnlich Irreführendes. Etwas, das zu dem passt, was ich Juri bislang erzählt habe. Etwas, was er anhand dessen für möglich hält.«

Terry stocherte in seinen Spiegeleiern herum und schaute hoch. »Ein Projekt, das echt wirkt, es aber nicht ist, ein Projekt, das sich nicht leicht überprüfen lässt«, wiederholte er.

»Genau, aber wie sehen die Regeln aus?«, fragte ich. »Was kann ich tun? Wie weit kann ich bei dem Versuch, ihn zu ködern, gehen?«

»Alles muss von ihm kommen«, begann Terry, der seine ernste Miene aufgesetzt hatte. »Es darf nicht von uns kommen. Es darf nicht von Ihnen kommen. Es wäre mir lieber, wenn er sagt: ›Ich möchte, dass Sie mir dies besorgen‹, als dass Sie sagen: ›Lassen Sie es mich Ihnen besorgen.‹ Wir müssen die Voraussetzungen dafür schaffen, dass er es ist, der die Fragen stellt.«

»Aber müssen wir seine Aufmerksamkeit nicht auf bestimmte Dinge lenken?«, fragte ich. »Wer weiß, worum er sonst bittet.«

»Wenn Sie ihm etwas in Aussicht stellen«, schaltete Ted sich ein, »muss es vielversprechend sein, aber nicht zu vielversprechend. Es muss gut, darf aber nicht zu gut sein. Das Interesse dieser Leute an Informationen ist nur geringfügig größer als ihr Wunsch, alles zu kontrollieren.«

Ich war mir nicht sicher, was dies in der Praxis bedeutete. Ich schlürfte meinen Kaffee und schwieg einen Moment lang. *Super,* dachte ich. *Ich muss das Interesse dieses Typen wecken, ohne ihm direkt etwas anzubieten, und das, bevor er das Interesse verliert und sich zurückzieht. Viel Glück!*

Juri glauben zu machen, ich habe etwas Wertvolles für ihn, ohne es ihm direkt anzubieten: Das könnte ein subtiler Unterschied sein. Ich musste mich hüten, ihm ein Angebot zu machen, ihm gleichzeitig aber genügend Informationen liefern, damit er danach fragen würde. Wo war die Grenze? Es war ein Unterschied, auf dem Ted und Terry ständig herumritten. Wir konnten ihm Dinge in Aussicht stellen, doch es war an Juri, die entscheidenden Schritte zu unternehmen.

»Welchen Köder wir auch verwenden, muss er echt sein?«, fragte ich. »Muss es ein Projekt sein, an dem ich tatsächlich arbeite?«

Ted dachte einen Moment lang nach. »Nicht unbedingt«, erwiderte er. »Sie dürfen ihm einfach nur nichts anbieten, was Sie nicht liefern können.« Er erklärte, dass er gewaltigen Respekt vor Juri als Geheimagent habe. »Sie sind Kämpfer, genau wie wir, die ihrem Land treu ergeben sind. Sie haben ihre eigene Befehls- und Kontrollstruktur. Sie sind in vielerlei Hinsicht denselben Belastungen ausgesetzt wie wir. Und sie haben ihre eigenen Mittel.«

Darüber hatte ich mir nie wirklich Gedanken gemacht, doch Ted hatte recht. Juri musste einem Vorgesetzten Bericht erstatten, der wiederum einem anderen Vorgesetzten berichten musste und so weiter. Jeder von ihnen würde höchstwahrscheinlich versuchen, alles, was ich Juri sagte, zu überprüfen. Und sie hatten die Zeit auf ihrer Seite. Sie legten die Termine für die Treffen fest. Sie bestimmten das Tempo. Sie konnten damit warten, mich zu treffen, bis sie alles überprüft hatten, was ich sagte. Ich wusste, dass dies Teil des Kampfes war, Juri zu überzeugen. Doch den Schnüffeltest in Moskau zu überstehen, war der Sieg, der zählte.

Ich hatte das Gefühl, dass wir uns jetzt zumindest über die Voraussetzungen eines Plans einig waren. Ich konnte weiterhin mein Unternehmen als Tarnung nutzen und als Erklärung dafür, warum ich Zugang zu Dingen hatte, die Juri möglicherweise haben wollte. Ich hatte ihm bewiesen, dass er mir vertrauen konnte. Die Falle war ausgelegt. Nun mussten wir sie einfach nur mit einem Köder versehen.

Ich erinnerte mich, wie erpicht Juri auf die Berichte von der Konferenz zur netzwerkzentrierten Kriegsführung gewesen war, und welchen Aufwand die Agenten hatten betreiben müssen, um all die Daten zu rekonstruieren. »Vielleicht könnte ich für ihn ein paar Konferenzen besuchen«, schlug ich vor. »Wäre es nicht einfacher, mich dort hingehen zu lassen, statt sich damit abmühen zu müssen, an die Protokolle Monate zurückliegender Konferenzen zu kommen? Ich könnte mir Notizen zum Hauptvortrag machen und jedes Informationsblatt, das dort herumliegt, mitnehmen. Sie könnten sie überprüfen und sicherstellen, dass ich nichts Brisantes weitergebe. Oder wir könnten bewusst ein paar Fehlinformationen einstreuen und ihn an der Nase herumführen.«

Ich fand das eigentlich clever. Zudem wäre es eine weitere Möglichkeit für mich, stärker einbezogen zu werden, und würde obendrein vielleicht auch noch Spaß machen. »Wäre das nicht leichter, als später alles zu rekonstruieren?«, fragte ich. Die Agenten nickten, doch eher so, als wollten sie sagen: Na ja, darüber könnten wir ja mal nachdenken.

Das war nicht meine einzige Idee. Und es war auch nicht meine beste, wenn auch die einzige, die mich *zwingen* würde, Länder wie Finnland, Portugal und Australien zu bereisen. Eine vielleicht näherliegende Möglichkeit war die, mit dem Auftragnehmer einer staatlichen Behörde statt der Regierung selbst zusammenzuarbeiten. Da ich seit Jahren mit so vielen von ihnen im ganzen Land zu tun gehabt hatte, wusste ich, dass es Privatunternehmen leichter fiel, Geheimnisse zu wahren, als der Regierung. Ich hatte an jenem Tag einige Regierungsaufträge dabei, die dies bewiesen.

Ich reichte Ted und Terry jeweils ein Exemplar. »Das Problem mit Regierungsaufträgen ist«, sagte ich, »dass Unterlagen existieren. Sie sind öffentlich zugänglich. Viele von ihnen wurden von Google indexiert. Wenn wir etwas erfinden würden, das angeblich die Regierung produziert hat, könnten die Russen das ziemlich leicht überprüfen. Schon eine oberflächliche Kontrolle würde ihnen zeigen, dass das, was ich ihnen anbiete, unecht ist.

Doch was ist, wenn wir Unterlagen von Privatfirmen nehmen?«, fuhr ich fort. »Dann gäbe es keine öffentlich verfügbaren Behördendaten, die sich zurückverfolgen ließen.« Ich legte eine Pause ein, um meine Worte sacken zu lassen. »Vielleicht also sollten wir Business-to-Business statt Business-to-Government erwägen. Das würde weniger Theaterspielen erfordern.«

Auf diesem Gebiet kannte ich mich aus. Da viele unserer Kunden Regierungsbehörden waren, konnte jedermann diese Verträge einsehen. Wenn wir mit Juri im Verborgenen operieren wollten, müsste es Aufträge von Privatunternehmen – realen oder erfundenen – geben, etwas, was er und seine Leute in Moskau nicht leicht kontrollieren konnten.

Die Kellnerin kam, um uns Kaffee nachzuschenken. Ted gähnte und hielt sich die Papiere vor den Mund, während Terry seinen Papierstapel auf den Schoß gleiten ließ und mit der anderen Hand nach seinem Toast griff. Ich begann, meine Unterlagen zu durchwühlen, und gab vor, nach etwas zu suchen. Sobald die Kellnerin gegangen war, breiteten wir die Papiere wieder vor uns aus und setzten unverzüglich unsere Unterhaltung fort.

Terry war derjenige, der zuerst Northrop Grumman erwähnte. Der große Rüstungskonzern hatte seinen Hauptsitz außerhalb von Washington, D. C., aber einen recht großen Betrieb für Entwicklung und Fertigung auf Long Island. »Sie haben Archive«, sagte er. »Vielleicht lässt sich da ja was machen.«

Das leuchtete mir ein.

Zweiter Versuch

Als der Kontakt zu Juri und dem FBI enger wurde, war es mir wichtig sicherzustellen, dass ich den Grund, weshalb ich eigentlich dort war, nicht vergaß – zumindest nicht einen der wichtigsten Gründe. Ich wollte zur Navy. Ich hatte es den Agenten gegenüber ein paarmal erwähnt, war jedoch nie darauf herumgeritten oder hatte ihnen das Versprechen abgenommen, mir dabei zu helfen. Dieses Ziel war einfach latent da, in meinem Hinterkopf. Doch die Zeit verging schnell. Mein Vertrauen in die Agenten war gewachsen, genug, um offen mit ihnen über mein Vorhaben und meinen fehlgeschlagenen ersten Versuch zu reden. So sehr ich meine Rolle als Doppelagent auch genoss, ich begriff, dass freiberufliches Spionieren keine ideale Laufbahn war. Geheimagenten bekommen normalerweise weder eine Pension noch regelmäßige Gehaltsschecks, es sei denn, sie sind bei jemandem angestellt. Und sie haben auch keine Zahnversicherung. Mir gefielen meine heimlichen Manöver mit dem FBI, doch mein eigentlicher Wunsch war seit jeher der, Teil von etwas Wichtigem zu sein, mich hinter dem großen Vorhang zu befinden, zu erleben, was wirklich vor sich ging. Ich sehnte mich danach, etwas Bedeutungsvolleres zu tun, als das Familienunternehmen zu leiten. Ich wollte mich auch selbst ernähren können, eine Familie haben, schöne Autos fahren und mir ein paar Kinokarten in Manhattan leisten können. Die beste Idee, die mir eingefallen war – und ich fand sie ausgezeichnet –, war die, als Nachrichtenoffizier der Reserve zur Navy zu gehen.

Wenn ich es wieder versuchte, würde es anders sein. Es musste anders sein. Ich befand mich im Zentrum einer realen Spionageoperation gegen den russischen Militärgeheimdienst. Ich war der Star meiner eigenen Geschichte, einer realen Geheimspionageoperation. War dies nicht die praktische Erfahrung, die mir laut der Navy fehlte? Einen hochrangigen GRU-Offizier an der Nase herumzuführen, musste doch etwas zählen. Und hatte ich nicht das FBI auf meiner Seite?

Als ich dies zur Sprache brachte, sagten Ted und Terry mir drei Dinge: Erstens würde es nicht unbedingt leicht sein, zweitens könnten sie mir weder ein Ergebnis garantieren noch das Aufnahmeverfahren der Navy unterlaufen, und drittens würden sie versuchen, mir, so gut sie konnten, zu helfen – ohne mehr preiszugeben, als ihnen erlaubt sei. Der ganze Prozess kam mir geheimnisvoll vor. »Es ist einfach eine schwierige Situation«, meinte Ted vage. Dennoch versprachen er und Terry, es zu versuchen. Was sie auch taten.

2007 gab Ted mir kurz vor Thanksgiving die Visitenkarte von Lieutenant Juli Schmidt, einer Anwerberin in New York. Sie war für Bewerber verantwortlich, die in das Direct Commission Officer Program aufgenommen werden wollten, sozusagen der Lino von New York. Ted erzählte, sie stamme vom Südufer von Long Island, habe die Naval Academy in Annapolis, Maryland, besucht und ein Büro im selben Gebäude in Manhattan wie das FBI, am 26 Federal Plaza.

»Hallo, Lieutenant«, begrüßte ich Juli Schmidt, als ich sie am Apparat hatte. »Mein Name ist Naveed Jamali. Man hat mir gesagt, ich solle mich bei Ihnen melden.«

»Hi«, antwortete sie. »Es freut mich, dass Sie anrufen.«

Sie war freundlich und hilfsbereit. Und sie schien sehr intelligent zu sein. Das fiel mir sofort auf. Annapolis akzeptierte nicht gerade viele Idioten.

Die Agenten hatten mir erzählt, dass sie sich mit Juli getroffen hätten, wobei sie ihr vermutlich ein paar Informationen gegeben hatten. Doch sie ließ nicht durchblicken, wie viel sie von meinen jüngsten Abenteuern mit dem FBI und den Russen wusste. Sie wusste aber eindeutig, dass ich auf Empfehlung des FBI kam. »Ich habe mich 2003 für das Direct Commission Program beworben und bin nicht reingekommen«, erklärte ich ihr so knapp wie möglich meine Beziehung zur Navy. »Und ich würde es gern erneut versuchen.«

Der ewige Doppelagent. Ich erwähnte mit keinem Wort meine Beteiligung an der Gegenspionageoperation des FBI und sie fragte mich nicht danach. Ich berichtete nur, was ich seit meiner letzten Bewerbung bei der Navy erreicht hatte: Ich führte ein Unternehmen mit einem Umsatz von zwei Millionen pro Jahr und hatte es regelmäßig mit hochrangigen Bundesbeamten zu tun, deren schwierige Forschungsaufträge wir erledigten. Was sich sicher gut in meinem Lebenslauf machte.

»Sehr interessant«, sagte die Anwerberin und klang so, als sei es ihr ernst damit.

Nach dem Motto »Gut Ding will Weile haben« waren seit der Ablehnung der Navy jedoch vier Jahre vergangen, sodass ich mich völlig neu bewerben und sämtliche Bewerbungsgespräche und Tests noch einmal hinter mich bringen musste. »Wenn Sie bereit sind, können wir auch gleich anfangen«, sagte sie.

»Dann nichts wie los«, erwiderte ich.

Sie erklärte, ich solle mit der Aviation Selection Test Battery (ASTB) der Navy beginnen. Es war einige Jahre her, dass ich irgendwelche Tests absolviert hatte, und ich wollte die Sache auf keinen Fall vermasseln. Deswegen kaufte ich mir – während die Agenten und ich mein nächstes Treffen mit Juri vorbereiteten –, ein dickes Testvorbereitungsbuch und büffelte, wie ich es seit dem Geschichtsunterricht in der achten Klasse nicht mehr getan hatte.

Am Freitag vor Weihnachten fuhr ich zum Rekrutierungsbüro und unterzog mich dem Test an einem Computer. Das Ganze erinnerte stark an die gefürchteten Zulassungstests zur Aufnahme an die Graduate School, nur dass der Schwerpunkt der Fragen jetzt auf der Luft- und Seefahrt lag. Es gab Zeichnungen von Flugzeugen aus verschiedenen Perspektiven. »Fliegt dieses Flugzeug auf Sie zu oder von Ihnen weg?«

Das war nicht nur schwer. Es war unmöglich! Man musste die Richtung eines Flugzeugs in einer zweidimensionalen Zeichnung ohne irgendeinen Bezugsrahmen bestimmen. Auf derlei Fragen konnte man sich nicht vorbereiten. Ich musste einfach raten, damit mir die Zeit nicht davonlief. Besser vorbereitet fühlte ich mich auf Fragen, bei denen man Mathematikkenntnisse haben oder Dinge memorieren musste. Knoten in Meilen pro Stunde umrechnen? Das konnte ich. Die unterschiedlichen Teile eines Schiffes benennen? »Welches ist die Steuerbordseite? Was ist ein Vorderdeck?« Kinderspiel.

Während ich diese Fragen beantwortete, war plötzlich ganz in meiner Nähe lautes Brüllen zu hören. Terry King, der Bürokoordinator, befand sich in einer Telefonkonferenz mit der Rekrutierungs-Hauptverwaltung, und jemand war wütend, dass die Leute nicht pünktlich zu dieser Konferenz eintrafen. Ich verstand nicht, warum der Betreffende dermaßen aufgebracht war, doch sein Gebrüll lenkte mich ein bisschen ab, als ich versuchte, zu entscheiden, ob ein weiterer Kampfjet auf mich zukam oder sich von mir entfernte.

Ich beendete meinen Test und holte tief Luft. Ich war mir nicht sicher, ob ich ihn bestanden hatte. Dann ging ich in Kings Büro und versuchte, ihn in einen Plausch zu verwickeln. »Was war denn da los bei diesem Anruf? Dieser Typ klang ganz schön sauer. Was hat die Navy dem armen Mann angetan?«, frotzelte ich.

»*Ihm* angetan?«, fragte King. »Einige Leute kommen einfach nicht mit stressigen Situationen klar. Aber es gibt Regeln für den Umgang mit anderen Menschen, und ich bin mir ziemlich sicher, dass er die nicht richtig verstanden hat.«

Er berechnete meine Punkte und verglich sie mit der benötigten Punktzahl. Diese wenigen Augenblicke waren qualvoll. Schließlich warf er mir eine Rettungsleine zu. »Sieht so aus, als hätten Sie's geschafft.«

King schien erleichtert zu sein, dass ich den Test bestanden hatte. Damit waren wir schon zu zweit. Während er Papiere ausfüllte, erzählte er mir, dass sich einige Leute mit der ASTB schwertaten. Er erwähnte eine Frau, die vor Kurzem den Test auf demselben Computer wie ich gemacht hatte. »Als wir nach ihr sahen, war sie einfach verschwunden«, sagte er. »Einfach weg. Sie hat den Test gemacht, muss gewusst haben, dass sie ihn in den Sand gesetzt hatte, und beschloss: ›Das ist nix für mich‹ – und ist dann abgehauen. Wir haben nie wieder von ihr gehört. Aber Sie brauchen sich keine Gedanken zu machen. Sie haben das gut hingekriegt.«

Ich hatte keine Ahnung, was diese ASTB mit der Tätigkeit eines Nachrichtenoffiziers bei der Navy zu tun hatte, außer dass ich ihn bestehen musste. Und mir standen noch rund 6000 andere Tests bevor. Dies würde ein langwieriger Prozess werden. Ich ging zur medizinischen Untersuchung zum Navy Operational Support Command Bronx. Dann musste ich auf Long Island ein Blutbild machen lassen und mich anschließend in der Bronx einem Hörtest unterziehen.

Die größte Herausforderung war die, herauszufinden, welche Schritte ich unternehmen musste, und sie dann zu planen. Hinzu kamen immer Absagen und Nachuntersuchungen und Prozeduren, von denen ich vorher nichts gehört hatte. Und wenn es einen Test mit einem Akronym gab, dann führte kein Weg an ihm vorbei. Alles zog sich unglaublich in die Länge. Gott sei Dank schien Juli mit den richtigen Leuten Kontakt zu haben und zu wissen, wie sie den Prozess in Gang halten konnte.

Ich war vielleicht beschäftigt! Da gab es ein Unternehmen, das ich leitete, und all die Schwierigkeiten, die damit verbunden waren. Ich hatte eine Frau. Wir waren noch immer dabei, unser gemeinsames Leben aufzubauen. Dann waren da die Autos. Ich konnte sie nicht links liegen lassen. Und Juri, natürlich. Das hieß, weiterhin genau zwischen den beiden Persönlichkeiten zu trennen. Und zu all dem bewarb ich mich jetzt wieder bei der Navy. An manchen Tagen wusste ich nicht, wo mir der Kopf stand und welchen Hut ich gerade tragen sollte. War ich der Boss? Der Doppelagent? Der Ehemann? Der Rekrut? Der junge, lebenslustige Liebhaber schneller Autos? Jede dieser Rollen verlangte von mir etwas anderes.

Und was die Sache noch komplizierter machte: Navy und FBI waren zwar beide Regierungsinstanzen, aber völlig unterschiedliche Welten. Alles an der Navy war äußerst bürokratisch. Es gab Regeln und Anforderungen und endlose Kontrollinstanzen. Auf nichts gab es eine klare Antwort. Im Gegensatz dazu forderte mich nie jemand auf, ein FBI-Handbuch, Kapitel 15, Absatz zehn, Paragraf 25 zu studieren, damit ich wusste, wie ich mir die Haare schneiden lassen oder mit den Russen sprechen sollte. Die Agenten und ich hatten die Freiheit, nach eigenem Gutdünken zu manövrieren, und niemand schien uns über die Schulter zu sehen. Und das Beste war: Bis jetzt waren wir recht erfolgreich gewesen.

Während ich Schritt für Schritt Julis Prozess durchlief, machten sich Ted und Terry auf die Suche nach hochrangigen Verbündeten, die uns bei unserem Fall helfen sollten. Ted organisierte ein Treffen mit Jeffrey Jones, einem Commander der Navy. Der Commander hatte mit dem normalen Prozess der Rekrutierung von Reservisten nichts zu tun. Er war direkt einem Dreisterne-Admiral im Pentagon unterstellt. Ich glaube nicht, dass er je ein Bewerbungsgespräch mit einem Reservistenanwärter durchgeführt hatte. Er war Attaché der Ständigen Vertretung der USA bei den Vereinten Nationen und hatte dort auch sein Büro, erklärte sich jedoch zu einem Treffen im Rekrutierungsbüro in der Innenstadt bereit.

Als ich ihn sah, wusste ich sofort: Hier habe ich es mit einem echten Profi zu tun, und das lag nicht nur an dem kräftigen Unterkiefer, dem stechenden Blick und dem wunderschön geschnittenen dunkelgrauen Anzug. Er war beängstigend klug, sehr zurückhaltend und hatte denselben trockenen Humor und die dieselbe tonlose Stimme wie der Comedian Steven Wright.

»Ich stehe gern früh auf«, verkündete er, sobald ich mich ihm gegenüber an einem Tisch niedergelassen hatte. »Die meisten Leute wachen um fünf Uhr auf, um mit ihrer Frau zu schlafen. Ich bin dann schon unterwegs ins Büro.«

Er sprach ohne die geringste Spur von Intonation und wartete dann, wie ich reagieren würde. Ich reagierte nicht. Dieser Mann meinte es ernst.

Er fragte mich nach meiner Vergangenheit, meiner Familie, wo ich aufgewachsen und aufs College gegangen sei, was ich in letzter Zeit getan hätte – fast alles, außer was ich mit Ted und Terry getan hatte. Gleichzeitig hatte ich das Gefühl, dass er viel mehr wusste, als er sich anmerken ließ.

Er schien mir unbedingt die Idee schmackhaft machen zu wollen, Militärdiplomat zu werden. »Sie wären perfekt als Attaché«, sagte er mir. »Man wird Sie zur Schule schicken. Da Ihre Mutter Französin ist und Sie Ihr Leben lang Französisch gesprochen haben« – danke, Mom –, »würde man Sie wahrscheinlich in ein afrikanisches Land entsenden. Das ist großartig. Sie nehmen Ihre Familie mit. Sie bekommen einen Fahrer. Man bezahlt Ihnen die Schule.«

Ich muss gelächelt haben.

»Es ist nicht leicht, geeignete Leute für diese Posten zu finden«, sagte der Commander. »Wenn ich in Urlaub gehe, werde ich von jemandem

vertreten. Er ist Anwalt. Die meisten Leute, die Vertretungen übernehmen – Anwälte, Investmentbanker, andere Berufstätige mit qualifizierter
Ausbildung –, sind sehr gebildet, sehr kosmopolitisch. Aber sie haben
nur wenig Ahnung davon, was es heißt, Informationen zu erfassen, in
dieser Welt zu leben. In der Navy geht jetzt der Trend dahin, eher Leute
zu suchen, die vielseitiger sind und sich besser für diese Rollen eignen.
Sie sind sehr gebildet. Ich könnte Sie mir sehr gut auf einem solchen
Posten vorstellen.«

Er sagte, er wolle in den nächsten Monaten in Pension gehen und
vorher seinen Bericht über mich an seinen Admiral fertig haben. Er
werde bald zum Pentagon fahren und ihm seine Überlegungen mitteilen.

Ich erwiderte, dass all dies grandios klinge. »Gibt es irgendetwas, das
ich jetzt tun sollte?«

»Sie können sich nicht aus dem Stand bewerben«, warnte er mich
und versuchte, meinen Enthusiasmus zu dämpfen. »Sie müssen zuerst
bei der Navy reinkommen. Aber Sie könnten vielleicht schon ein paar
Kurse besuchen. Ich denke, diese Kurse wären interessant für Sie und
würden Sie gut auf die Zukunft vorbereiten.«

Er riet mir, mich beim Auslandsinstitut des Außenministeriums danach zu erkundigen. Ich versprach es ihm, versicherte, wie sehr mich das
Treffen mit ihm gefreut habe, und dankte ihm für seine Zeit.

Als ich das Büro verließ, war ich völlig aus dem Häuschen. Ich rief
sofort Ted an. »Meine Koffer sind gepackt!«, verkündete ich. »Er hat
versucht, mir das Militärattaché-Programm schmackhaft zu machen. Ich
würde das sofort machen. Wann kann ich anfangen? Es klang alles so
aufregend, so cool. Commander Jeff Jones – selbst der Name des Typen
klingt cool.«

»Sicher«, sagte Ted unverbindlich. Und lenkte die Unterhaltung
dann zurück auf Juri.

Ebenbürtige Gegner

»Lust auf ein Mittagessen?«, fragte mich Terry.

»Klar. Wohin soll's denn gehen?«

»Machen Sie sich darüber keine Gedanken«, erwiderte er.

Seit Juri und ich damals gemeinsam das Büro verlassen hatten, witzelte ich mit Ted und Terry über den Restaurantgeschmack des Russen. Juri stand der gesamte New Yorker Großraum zur Auswahl. Er hatte ein Spesenkonto. Und doch schien er immer in einem der fadesten amerikanischen Kettenrestaurants zu landen. Zu Hause in Moskau musste ihm jemand gesagt haben: »Die New Yorker lieben Essen, das nach Pappe schmeckt!« Ich hatte gehofft, dass Ted und Terry mit mir in einige erstklassige New Yorker Restaurants gehen würden. Auch sie hatten Spesenkonten. Diese Hoffnung ging nie in Erfüllung, aber sie hatten ein Händchen dafür, Speiselokale zu finden, in denen es sehr leckeres Essen gab.

Als wir in Terrys Ford Taurus aus der Stadt in Richtung Osten fuhren, äußerten sich die beiden Agenten nur seltsam vage dazu, wohin wir fuhren und was der Anlass für dieses Mittagessen sei. »Nur ein paar Typen, die Sie kennenlernen sollten«, sagte Ted, als ich Genaueres wissen wollte. »Sie werden denen ein bisschen über Ihr Vorhaben erzählen. Ich weiß nicht, aber vielleicht können die Ihnen irgendwie behilflich sein. Sie wollen Sie nur kennenlernen, das ist alles.«

Hatte dies etwas mit unserer Gegenspionageoperation zu tun? Oder mit meiner Aufnahme bei der Navy? Ich hatte keine Ahnung, nahm jedoch an, dass es kein zufälliges Meet-and-Greet war. Schließlich versuchten wir, unsere Aktivitäten geheim zu halten. Egal. Ich hatte mir mal wieder einen Tag im Büro freigenommen und saß bereits im Auto, konnte von daher sowieso nicht mehr viel ändern. Außerdem war es fast Mittag und ich hatte Hunger.

In Anbetracht all unseres Geredes über Juris schlechten Restaurantgeschmack war ich doch ziemlich überrascht, als Ted, Terry und ich bei einem Chili's abseits des Seaford-Oyster Bay Expressway in Bethpage, Long Island, anhielten. Hatten die Agenten sich ein Exemplar des *New Yorker Restaurantführer für russische Diplomaten* besorgt? Ich wusste, dass das Chili's nicht zu den Spitzenrestaurants auf Long Island zählen konnte.

Am Tisch wartete ein Agent des NCIS, des Naval Criminal Investigative Service (Strafverfolgungsbehörde der US-Marine), auf uns. Der NCIS hat die Aufgabe, kriminelle, terroristische und durch ausländische Geheimdienste drohende Gefahren für die US-Navy und das Marine Corps zu entdecken und abzuwehren. »An Land, auf See und im Cyberspace«, wie die NCIS-Agenten gern prahlen. Oh, und auch im Fernsehen. Die meisten Leute kannten den Namen der Organisation nur als Titel der langjährigen CBS-Fernsehserie mit Mark Harmon als Special Agent Leroy Jethro Gibbs. Der echte NCIS-Agent hatte einen ehemaligen Marinepiloten mitgebracht, der jetzt für Northrop Grumman arbeitete, den Rüstungskonzern, den Terry erwähnt hatte. Ich wusste, dass dem Konzern ein großes Werk in Bethpage gehörte.

Es war ein sehr seltsames Mittagessen.

Nachdem wir unser Tex-Mex-Essen bestellt hatten, erzählte der NCIS-Agent rund vierzig Minuten lang von seiner Ernährungsweise und seinem Trainingsplan. »Ich habe seit fünf Jahren keinen Zucker und kein Mehl mehr gegessen«, erklärte er stolz. Er und Terry hätten einen Schiedsrichterball über ihre bizarren Essgewohnheiten entscheiden lassen sollen! Industriell verarbeitetes geheimnisvolles Fleisch gegen klein gezupften Salat! Möge die seltsamste Diät gewinnen! Der Mann erzählte dann, wie viel er abgenommen habe, wie niedrig sein Körperfettanteil sei und wie gut er in Form wäre, körperlich und mental. Er sah schlank und gesund aus, aber – kein Zucker und kein Mehl? Wie konnte es das wert sein? Offensichtlich hatte er nicht vor, eine Southwest Quesadilla zu verspeisen – noch ein Grund, um sich zu fragen, warum wir ausgerechnet hier zu Mittag aßen.

Irgendwann bekam der Marinepilot, ein angenehmer Typ Ende dreißig, die Chance, ein paar kurze Schlachtfeldanekdoten dazwischenzuschieben. So erzählte er, dass er mit seinem Hubschrauber auf dem Wasser notgelandet und von »Pedro, dem Rettungsvogel« aufgegabelt worden sei. Wenn er die Zeit gehabt hätte, die Geschichte anschaulich zu schildern, wäre sie vielleicht interessant gewesen. Er erklärte schnell, dass er nach seinem Abschied vom Marinekorps angefangen habe, für den Rüstungskonzern zu arbeiten.

Ich kam mir vor wie in einer Szene von *Dogfight*, dem River-Phoenix-Film über eine Gruppe von Marinesoldaten und ihren Wettbewerb, das hässlichste Mädchen zu einer Party mitzubringen: Wem auch immer dies gelingt, wird der Sieger sein. Der Marinepilot war vom NCIS-Agenten mitgebracht worden, ich selbst vom FBI. Wir saßen dort, sahen einander höflich an und sprachen nicht viel. Schließlich reichte der Pilot mir seine Visitenkarte und sagte leise: »Die können Sie Ihrem Freund geben.« Zu meiner großen Überraschung nickten die FBI-Agenten zustimmend. Das roch nach Ärger.

Es war das erste Mal, dass Ted und Terry jemanden außerhalb des FBI oder meiner Familie – einen Outsider also – in meine Beziehung zu dem russischen Spion mit einbezogen, eine höchst geheime Beziehung, wie wir uns alle einig waren. Und ich erfuhr auch zum ersten Mal, dass ich der Verbindungsmann zwischen den Russen und jemand anderem sein sollte. Denn war eine Visitenkarte nicht dazu gedacht, seiner Kontaktperson Informationen zu liefern, damit jemand anderer – wie soll ich's sagen – Verbindung mit einem aufnehmen konnte? Mit anderen Worten: Sobald ich Juri diese Karte reichte, konnte er Mr Kampfhubschrauberpilot direkt kontaktieren. Bewegte sich unsere Operation jetzt, nach all meiner Vorarbeit, in eine völlig neue Richtung – ohne mich?

Ich machte keinerlei Versprechungen. Und da der NCIS-Agent seinen Diät-und-Fitness-Vortrag beendet zu haben schien, konnten wir endlich gehen. Wir stiegen in Teds Wagen. Er und Terry waren von dem NCIS-Typen genauso wenig begeistert wie ich. »Was für ein verdammtes Arschloch«, sagte Ted. »Wir sind den ganzen Weg hier rausgefahren, um uns Mr Jenny Craig anhören zu müssen?«

»Er isst nur, was ich nicht esse, und ich esse nichts von dem, was er isst«, resümierte Terry. »Warum haben wir uns eigentlich mit ihm getroffen?«

Soweit ich den Andeutungen von Terry und Ted entnehmen konnte, würde der NCIS-Agent möglicherweise um meinetwillen den Kontakt der beiden zur Navy herstellen. Und der Marinepilot war wohl eine Art Kontaktperson für uns bei Northrop Grumman. Es wäre nett gewesen, wenn sie mir das vor dem Treffen gesagt hätten. Arbeiteten die Agenten und ich nicht zusammen? Ging es vielleicht um etwas Größeres?

»Warum sollte ich Juri wohl diese Karte geben?«, fragte ich. »Bin ich hier der Mittelsmann?«

Meine Frage schien die Agenten zu verblüffen.

»Der Mittelsmann?«, fragte Terry.

»Ich kann mir gut vorstellen, wie das läuft«, sagte ich. »Ich gebe Juri die Karte. Die beiden kommen miteinander ins Gespräch. Er wird Juris neuer Kontakt. Juri entscheidet sich für diesen Typen. Sie brauchen mich nicht mehr. Ich werde hängen gelassen, von der gesamten Operation ausgeschlossen. Und was habe ich davon?«

»Das hat keiner vor«, antwortete Ted. »Der Pilot ist nur ein Kontaktmann für uns bei Northrop Grumman. Er kann uns vielleicht helfen, an Material ranzukommen, das wir brauchen.«

»Warum sollte ich das tun?«, fuhr ich fort. »Sie haben dem NCIS-Typen gesagt, dass wir bei Grumman reinkommen müssen, und er beschließt, einen Typen vom Militär zu nehmen, der bereits dort arbeitet, und mich hinauszudrängen. Mit einem Mal bin ich Schnee von gestern.«

Je mehr ich darüber redete, desto beunruhigter wurde ich. Ich kam zunehmend zu dem Schluss, dass das FBI keine Verwendung mehr für mich hatte. Die Unterhaltung zog sich noch eine Weile lang hin. Auf den Straßen herrschte viel Verkehr. Wir waren immer noch nicht fertig, als wir New York erreichten. Weder Ted noch Terry hatte irgendetwas gesagt, was mir in Bezug auf die Tatsache, dass jetzt zwei Fremde mit im Spiel waren und man mich zum Visitenkarten überreichenden Mittelsmann machen wollte, ein besseres Gefühl gegeben hätte.

Als ich mich einige Tage später mit den Agenten im Metro Diner traf, war ich noch immer stinksauer. Dieses Mal hatte ich eine detaillierte Aufstellung für die beiden vorbereitet, ein offiziell aussehendes Kurvendiagramm unseres Aufwands und Ertrags.

»Sehr beeindruckend«, meinte Terry, als er mein Diagramm sah. »Haben Sie das auf Ihrem Computer gemacht?«

»Hören Sie«, sagte ich, »dies ist der Aufwand, den ich betreiben muss. Und das Ganze wird das Unternehmen einiges kosten. Es ist nicht mein Geld. Ich zweige es ab. Und jetzt wollen Sie, dass ich jemand anderen hier mit einbeziehe? Es sieht wirklich so aus, als würde man mich aus dem Vorhaben rausdrängen, nachdem ich all die Schwerarbeit geleistet habe.«

»Nein«, erwiderte Ted. »Das sind nur Leute, die uns vielleicht hilf-reich sein können.«

»Warum soll ich dann Juri die Karte des Piloten geben?«

»Niemand hat gesagt, dass Sie ihm die Karte geben müssen. Behalten Sie sie einfach. Vielleicht können Sie sie irgendwann verwenden, viel-leicht nicht.«

Das stellte mich nicht restlos zufrieden. Offensichtlich ging da eine Menge ohne mein Wissen und ohne meine Beteiligung vor sich, und das brachte mich in jeder Hinsicht in eine schlechte Lage. Ich klagte noch ein wenig darüber, wie dieses Mittagessen geplant worden und abgelau-fen sei. Von Vorteil war für mich, dass Ted den NCIS-Agenten eindeutig nicht mochte. »Ich verteidige den Typen nicht«, sagte er. »Lassen Sie uns einfach abwarten, ob er sich als nützlich erweist.«

»Wenn Sie mir gesagt hätten, dass wir ein paar Typen treffen würden, die uns helfen könnten, bei Northrop Grumman reinzukommen, würde ich mich nicht fühlen, als hätte man mir eine Falle gestellt. Außerdem war dieser NCIS-Typ ein Clown. Er ist nutzlos für uns.«

»Die Sache scheint Sie wirklich zu beunruhigen«, meinte Ted. »Das ist nicht nötig. Niemand will Sie ersetzen. Ich kann Ihnen versichern, dass das nicht passieren wird.«

»Gut«, sagte ich, ohne wirklich überzeugt zu sein. Ich war jetzt mehr denn je darauf erpicht, den Agenten meinen Wert als Spion zu demons-trieren, den sie nicht würden verlieren wollen. Gott sei Dank hatte ich eine Idee. »Die Zukunft heißt DTIC (Defence Technical Information Center).«

Seit Monaten hatte etwas an mir genagt. All dieses Material, das die Russen im Lauf der Jahre bestellt hatten – woher wussten sie, wo-nach sie fragen mussten? Woher wussten sie, dass es überhaupt exis-tierte? »Habt ihr Jungs jemals nachgeforscht, woher sie die genauen Titel ihrer Bestellungen kennen?«, fragte ich Ted und Terry. »Das

Ganze macht keinen Sinn. Die Russen wissen, woher auch immer, dass dieses Material existiert, und können es sich nicht beschaffen? Ist das nicht ein bisschen seltsam? Denn das meiste wird ja nicht einmal veröffentlicht.«

Die Agenten schienen neugierig geworden zu sein.

»Ich habe mich selbst ein bisschen umgesehen«, fuhr ich fort. »Ich habe in den Dokumenten, die die Russen haben wollten, nach Gemeinsamkeiten gesucht. Die Dokumente wurden zu unterschiedlichen Zeiten geschrieben. Einige, wenn auch nicht alle, konnte man über das Government Printing Office erwerben. Was also war die Gemeinsamkeit? Es erforderte einige Recherche, aber ich glaube, ich habe das Bindeglied gefunden.«

An all diese Informationen und mehr, erklärte ich Ted und Terry, könne man durch eine regierungseigene Datenbank des Defense Technical Information Center gelangen. »Dieses DTIC-System ist wie ein hausinternes Google für Berichte«, sagte ich. »Es bietet die Möglichkeit, schnell Millionen von unglaublich obskuren Titeln zur Militärtechnik zu durchkämmen und, wenn man den Zugang dazu hat, an die Berichte zu kommen.« Dann beugte ich mich, um die Wirkung zu erhöhen, vor und senkte die Stimme zu einem Flüstern: »Soweit ich weiß, ist jeder Bericht, den die Russen je bestellt haben, im DTIC zu finden. Wir müssen uns DTIC, was Juri angeht, voll zunutze machen.«

Dies müsse unser Vorankommen mit Northrop Grumman nicht ausbremsen, stellte ich klar. Wir sollten mit allem, was wir von dem Rüstungskonzern kriegen konnten, weitermachen und es Juri anbieten. Northrop Grumman würde sogar ein guter Testlauf für meinen DTIC-Ansatz sein. »Das Ganze hat folgenden Vorteil«, fuhr ich fort. »Wenn wir ab jetzt diejenigen sind, die die Optionen definieren und so etwas wie einen Katalog anbieten, verhindern wir, dass er Material bestellt. Damit sind wir es, die die Kontrolle haben.«

Die Agenten schienen für diese Idee empfänglich zu sein. Sie erklärten sich einverstanden, sie mit ihren Vorgesetzten zu diskutieren und sich dann bei mir zu melden. Wir beendeten unser Gespräch also mit einem positiven Ergebnis, doch welch emotionsgeladene Reise war dies gewesen. Manchmal konnte der Umgang mit Terry und Ted wirklich frustrierend sein. Ich wusste, dass wir uns auf schwierigem Terrain bewegten. Aber alles war so verwirrend und schien so nervtötend langsam vor sich zu gehen. Und immer wieder gab es plötzlich diese Nebenkriegsschauplätze.

»Gott, war das anstrengend!«, platzte ich plötzlich heraus. »Ted, Sie sind ein ebenbürtiger Gegner! Lassen Sie sich von niemandem das Gegenteil einreden.«

Er schien verblüfft zu sein. »Ein ebenbürtiger Gegner«, wiederholte er bedächtig. »Das ist eine sehr interessante Wortwahl.«

El Dorado

Sein Gesicht war stark geschwollen. Seine Wangen sahen fast gummiartig aus. Und er sprach sehr undeutlich. Mir war sofort klar, dass Juri starke Zahnschmerzen hatte. Und er tat mir wirklich leid, als wir uns an jenem düsteren Oktobermorgen in einer Nische des El Dorado Diner auf der Central Avenue niederließen.

»Haben Sie einen Faustschlag abbekommen?«, fragte ich ihn mit einer Stimme, die möglichst mitfühlend klingen sollte.

Ich glaube nicht, dass er die Frage witzig fand. »Ich schlage zu«, sagte er, ohne ein Lächeln aufblitzen zu lassen – was er ohnehin nicht hätte tun können. »Ich werde nicht geschlagen.«

»Außer von Zahnärzten.« Ich musste natürlich mal wieder das letzte Wort behalten!

Er habe einen Abszess gehabt, erklärte er, und der Zahnarzt habe den Zahn ziehen müssen. Ich fragte mich, ob er wohl eine Wodka-Narkose erwartet hatte. Vielleicht hatte Juri auf der GRU-Akademie in der Narodnogo-Opolchenia-Staße in Moskau Instruktionen zur Zunge lösenden Macht von Zahnextraktionsschmerzen erhalten, vielleicht auch nicht, doch auf jeden Fall hatte er die Lektion über Stoizismus verinnerlicht. Zuzugeben, dass er Schmerzen hatte, war für Juri wohl so undenkbar, wie eine Schwäche zuzugeben. Er behauptete steif und fest, dass es ihm gut gehe. Seine GRU-Ausbilder wären stolz gewesen.

Ich hatte Mitleid mit dem armen FBI-Typen, der die Unterhaltung vom Aufnahmegerät in der Uhr auf Papier übertragen musste. Thema: Verfaulte russische Zähne!

Dies war mein erstes Treffen mit Juri, nachdem ich Ted und Terry DTIC angepriesen hatte. Es hatte keine Veränderungen bezüglich unserer Operation gegeben. Niemand hatte mir gesagt, ich solle mich nicht mehr mit dem Russen treffen. Ich hatte keine Anweisungen erhalten, ihn dem Marinepiloten oder jemand anderem zu überlassen. In der Tat schienen wir zur Normalität zurückgekehrt zu sein.

Ich tat mein Bestes, Juris Zahnprobleme zu ignorieren und mich auf das Geschäftliche zu konzentrieren. »Ich habe Neuigkeiten«, sagte ich. »Ich gehe vielleicht zur Navy.«

»Der United States Navy?«, fragte er.

Zu welcher anderen Navy sollte ich sonst gehen? »Es gibt ein Sonderprogramm«, fuhr ich fort. »Das sogenannte Direct Commission Program. Dafür gelten sehr strenge Auswahlkriterien. Doch wenn man angenommen wird, ernennen sie einen anschließend sofort zum Offizier.«

Ein kleines Grinsen zeigte sich auf Juris schmerzerfülltem Gesicht. Ich hatte gewusst, dass ihm diese Neuigkeit gefallen würde. Er war als Hauptmann der russischen Marine in diplomatischer Mission, auch als Spionage bekannt, nach New York geschickt worden.

Ich ging ein wenig näher auf das Direct Commission Program ein. Es sei für Reservisten, sodass ich meinen Job behalten könne. »Für Sie und mich würde sich nichts ändern müssen«, sagte ich.

»Es könnte sogar besser werden«, meinte Juri. »Wir werden vielleicht wieder etwas zu feiern haben.«

Ich machte gleich weiter. »Und dann ist da noch das Northrop Grumman-Projekt. Ein großes Ding. Noch haben wir es nicht in trockenen Tüchern, aber irgendwann wird es so weit sein. Man wird uns Papierdokumente schicken, und wir werden sie digitalisieren und dann an die Firma zurückschicken. Mir wird nur ein enger Zeitrahmen zur Verfügung stehen. Ich muss wissen, ob Sie interessiert sind.«

»Ich bin interessiert«, sagte er. »Aber es wird davon abhängen, um welche Art von Dokumenten es sich handelt.«

»Natürlich«, erwiderte ich. Ich reichte ihm die Visitenkarte des Marinepiloten. »Er ist mein Kontaktmann dort.« Juri steckte die Karte in seine Tasche und reichte mir Papiere, auf denen zwei Positionen markiert waren. An den Rand neben eine der beiden hatte er geschrieben: »Ermitteln Sie den Preis.«

Ich versprach, es zu tun. Dies schien der perfekte Moment zu sein, um DTIC in unsere Unterhaltung einfließen zu lassen. »Wäre es nützlich für Sie, wenn ich Ihnen Zugang zu einer Regierungsdatenbank mit einer großen Bandbreite von Informationen zur Verteidigungstechnologie, einschließlich der Titel, um die Sie gebeten haben, beschaffen könnte?«, fragte ich. »Falls ja, können wir auf jeden Fall darüber reden.«

Er konnte nicht lächeln, doch sein Gesicht erhellte sich. »Ja«, sagte er. »Ich wäre interessiert.«

»Ich würde gern Folgendes tun«, erklärte ich. »Ihnen eine Liste von Dokumenten zeigen – vielleicht eine lange Liste –, die ich Ihnen möglicherweise besorgen kann. Sie können mir dann sagen, welche davon Sie haben möchten, und ich kann Ihnen sagen, was Sie das kosten würde.«

»Sie zeigen mir die Liste, und ich sagen Ihnen, woran ich interessiert bin?«

»Genau«, bestätigte ich.

»Daran wäre ich interessiert.«

»Wir müssen uns über das Geld einig werden«, sagte ich. »Aber ich denke, das kriegen wir hin.«

Das war perfekt. Ich hatte Juri gerade die Möglichkeit in Aussicht gestellt, Zugang zu der Datenbank zu erhalten, in die seine Vorgesetzten, wie ich glaubte, seit Jahren einzubrechen versuchten. Er würde ein Held sein. Es fiel uns beiden sehr schwer, nicht zu lächeln.

Sein Blick verriet mir jedoch, dass er mehr wissen wollte. Aber es war Zeit, zu dem Grund zurückzukehren, aus dem ich hier war. »Die Sache mit Northrop Grumman ist nur ein kleines Beispiel dafür, was ich Ihnen besorgen kann.« Ich weiß nicht, wie enttäuscht er war, dass ich wieder einen Schritt rückwärts gemacht und mich diesem Thema zugewandt hatte, doch ich musste ihm zeigen, dass ich es war, der die Kontrolle hatte. »Northrop Grumman wird nur ein Anfang sein«, sagte ich.

»Nur ein Anfang«, wiederholte er bedächtig meine Worte.

Es ging an jenem Tag im Diner nicht nur um Datenbanken. Juri und ich redeten auch noch über andere Dinge. Er hatte ebenfalls eine Agenda, die er ansprechen wollte. Er erwähnte wieder Frankreich. »Französisch ist eine so schöne Sprache. Sie haben Glück, dass Ihre Mutter Französin ist.« Was war das nur mit Juri und Frankreich? Er wollte mir wohl etwas schmackhaft machen. Ich wusste nur nicht genau, was. Er war sich offensichtlich mit meiner Mutter einig, die mir seit meiner Kindheit immer wieder gesagt hatte: »Naveed, Reisen erweitert den Horizont.« Sie und Juri hatten während ihrer kurzen Geschäftsbeziehung keinen sehr guten Draht zueinander entwickelt, waren aber in diesem Punkt definitiv einer Meinung.

»Reisen Sie gern?«, fragte er. »Reisen Sie gern ins Ausland?«

Er schien nicht besonders viel von Small Talk zu verstehen. Wer reist schon nicht gern? Worauf wollte er hinaus? »Klar«, erwiderte ich. »Ich reise gern. Es ist jetzt, wo ich ein Unternehmen leite, ein bisschen schwieriger. Aber natürlich reise ich gerne.«

»Gibt es Orte, die Sie schon immer mal besuchen wollten?«

»Mexiko«, platzte ich heraus und wusste, noch während ich es tat, wie dumm das war.

Ich konnte nicht glauben, dass ich dies gesagt hatte. Doch aus irgendeinem Grund war mir, während er mich ausfragte, *Der Falke und der Schneemann* in den Sinn gekommen, der Film mit Sean Penn und Timothy Hutton über zwei gut situierte Kalifornier, die in den 1970er-Jahren Geheimdokumente an die Russen verkaufen. Ihre Abenteuer führen sie nach Mexiko, wo Schlimmes geschieht.

»Ah, Mexiko«, sagte Juri aufgeregt. »Mexiko ist ein wunderbares Land. Wir sollten irgendwann mal dorthin fahren.« Super! Hatte er den Film gesehen?

Wollte ich wirklich mit Juri nach Mexiko reisen? Da saß ich nun, betrachtete die Spuren seiner Zahnoperation und stellte mir vor, was russische Geheimoffiziere möglicherweise mit mir anstellen würden, wenn ich amerikanischen Boden verlassen hatte: Ich befand mich in einem staubigen mexikanischen Dorf. Ein schwergewichtiger Mann wischte sich die Hände an einem Handtuch ab, nachdem er mir in dem Versuch, mich zum Reden zu bringen, die ersten beiden Zähne gezogen hatte. Ich war blind in meine eigene Version von *Spione wie wir* gestolpert. In diesem Film verhört der russische Vernehmungsbeamte, gespielt von James Daughton, den von Chevy Chase verkörperten und der Spionage verdächtigten Emmet Fitz-Hume. »Für jede Minute, die Sie uns nicht sagen, warum Sie hier sind, schneide ich einen Finger ab«, sagt der Vernehmungsbeamte.

»Einen von mir oder einen von Ihnen?«, kontert Fitz-Hume.

»Von Ihnen.«

»Verdammt!«

Ich konnte noch immer nicht glauben, dass ich Mexiko vorgeschlagen hatte.

»Ja, ja«, tat ich Juris Enthusiasmus ab. »Wenn wir uns das nächste Mal treffen«, lenkte ich die Aufmerksamkeit so weit wie möglich weg von etwaigen Trips in Gegenden südlich der Landesgrenze, »können wir

211

vielleicht ausführlicher über das DTIC-System sprechen. Und wir werden sehen, was mit Northrop Grumman passiert ist.«

»Ja, gute Idee«, stimmte Juri mir zu.

Nachdem wir unser Gespräch beendet und er die Rechnung – wie immer in bar – bezahlt hatte, gingen wir gemeinsam hinaus zum Parkplatz. Da sah er zum ersten Mal meine neue Corvette.

»Sieh mal an«, sagte er aufgeregt. »Sie haben ein neues Auto. Einen wunderschönen Mustang.«

Genauso gut hätte er mir gleich dort auf dem Parkplatz mit einer rostigen Zange und ohne Novocain einen Backenzahn ziehen können.

»Einen Mustang?« Meine Stimme triefte vor Abscheu. »Haben Sie Mustang gesagt?«

Er riss die Augen weit auf, die Kinnlade fiel ihm herunter. Er hatte keine Ahnung, was er Falsches gesagt haben könnte.

»Sehe ich aus wie jemand, der mit seiner Schwester ausgeht?«, fragte ich ihn. »Es ist eine Corvette, Juri. Sie sollten mich nicht derart beleidigen. Eine Corvette.«

»Ja«, sagte Juri. »Offensichtlich. Eine Corvette. Sie gefällt mir sehr gut.«

»Das ist eine Corvette«, wiederholte ich noch einmal. »Eine Corvette. Kein Mustang.«

»Eine Corvette«, sagte Juri.

Ted und Terry, die ich später am Nachmittag traf, liebten die Corvette-Geschichte. Vor allem Terry, der selbst eine Corvette hatte. »Gut gemacht«, lobte er. »Sie haben's ihm gegeben. Wie kann man eine Corvette nur mit einem Mustang verwechseln? Es ist eine Corvette.«

»Ja, so ein Arsch!«, schimpfte Ted.

Die Sache mit Mexiko fanden die Agenten allerdings nicht so gut. Als ich diesen Teil der Unterhaltung wiedergab, wurden sie ernst.

»Wessen Idee war Mexiko?«, fragte Ted. »Ihre oder seine?«

»Meine«, gab ich zu. »Aber könnten Sie beide nicht mitkommen? Oder, wenn das nicht möglich ist, einen Agenten mitschicken, der mich beschützt, während ich dort bin?«

»Was ist los mit Ihnen?«, fuhr Terry mich an.

Zeit, die angespannte Atmosphäre durch Humor aufzulockern, dachte ich. »Sie könnten eine Agentin mitschicken, die vorgibt, meine Frau zu sein. Wie Linda Hamilton in *Terminator 2.*«

»Ich werde prüfen, ob das möglich ist«, sagte Terry mit ausdruckslosem Gesicht. »Aber ich glaube, wir brauchen sie für jemand anderen.« Ted schüttelte nur den Kopf.

Die Agenten machten deutlich, dass ich unter keinen Umständen das Land mit Juri verlassen dürfe, schon gar nicht, um nach Mexiko zu reisen. Denn die Zuständigkeit des FBI sei in einem Fall wie diesem auf die Vereinigten Staaten begrenzt. »Stellen Sie sich vor«, fuhr Terry fort, »die Russen haben den Verdacht, dass Sie mit dem FBI zusammenarbeiten. Das Erste, was sie dann tun wollen, ist, Sie aus dem Land wegzubringen. Raus aus dem Schutzbereich des FBI. Wo niemand Sie im Auge behalten kann. Außerhalb unserer Reichweite.«

Jetzt war ich doch sehr beunruhigt. War das der Grund, weshalb Juri das Thema angesprochen hatte?

»Oh ja«, sagte Ted zu Terry. »Das wird großartig. Wir übergeben ihn einfach der ›Christian Inaction Agency‹ (Christliche Untätigkeits-Organisation).«

Ich hatte diesen Spitznamen der CIA noch nie gehört, obwohl er sicher Ausdruck jahrzehntelanger Rivalitäten zwischen den Geheimdiensten war.

»Glauben Sie mir«, raunte Ted. »Mit diesen Typen wollen Sie nicht zusammenarbeiten.«

Lügen, leicht gemacht

Im Auto sprachen Ted und Terry kaum ein Wort.

Zwei Wochen vor Weihnachten fuhren wir drei wieder einmal in Terrys Ford Taurus Richtung Osten, dieses Mal zu Northrop Grumman. Irgendetwas am Long Island Expressway schien die Agenten der Sprache zu berauben. Sie erwähnten, dass wir zuerst bei einem Motel in der Nähe anhalten würden, um einen Schlachtplan zu entwickeln.

Einen Schlachtplan?

»Worum geht es hier eigentlich?«, drängte ich, als wir irgendwo im Osten von Queens im dichten Verkehr steckten.

»Das werden wir im Motel besprechen«, sagte Terry bestimmt. Dann wechselte er schnell das Thema und erzählte, dass er morgens seinen Wagen habe waschen lassen, innen und außen. »Ich hab ihn sogar polieren lassen.«

»Schön für dich«, murmelte ich. Egal, was er tat, ein Taurus würde nie gut aussehen.

Unsere kleine Exkursion machte mich nervös. Und es kam mir so vor, als wären die Agenten ebenfalls nervös. Inzwischen mussten sie wissen, dass ich keine Überraschungen mochte.

Die Meadowbrook Motor Lodge pries sich als »Long Islands führendes Motel für preisbewusste Reisende« an. Ich würde sagen, die Betonung lag eher auf »preisbewusst« als auf »führend«. Ted besorgte bei der Rezeption den Schlüssel für unser Zimmer. Dann gingen er, Terry und ich hinein. Terry und ich schnappten uns Stühle. Ted setzte sich auf den Bettrand.

»Die Sache sieht so aus«, begann Ted. »Wir fahren zu Northrop Grumman und setzen Sie bei dem Gebäude ab, in dem sich deren Archiv befindet. Es ist wie eine Bibliothek. Dort sind Leute, die Ihnen helfen. Sie gehen rein und holen, was immer Sie möchten.«

Das beruhigte mich nicht. Ich hatte keine Ahnung, wen ich dort drinnen treffen würde, wohin ich gehen, wonach ich fragen und was ich holen sollte. Als Ted seinen »Schlachtplan« dargelegt hatte, fragte ich: »Was soll ich dort holen?«

»Weiß ich nicht«, erwiderte er. »Das ist Ihre Entscheidung.«

Warum gaben sie immer derartige Antworten? Vielleicht wussten sie nicht mehr als ich. So viel dazu, dass wir unseren Marinesoldaten dort drinnen hatten.

»Ich gehe also einfach da rein und frage nach Material? Nach welchem Material? Was soll ich sagen, warum ich da bin? Sage ich ihnen, dass ich von der Alphabetisierungsbehörde komme und nach Partizipien suche, die ein selbst nicht vorkommendes Nomen näher bestimmen?« Okay, das war albern. Doch ich hatte das Gefühl, völlig im Dunkeln zu tappen. »Können Sie mir wenigstens verraten, ob man mich erwartet?«

»Sie wissen, dass vielleicht jemand vorbeikommt«, sagte Terry. »Tun Sie einfach das, worin Sie gut sind. Erzählen Sie ihnen eine Geschichte über Forschung und Digitalisierung, und sagen Sie, dass Sie ein paar technische Handbücher brauchen.«

Vielleicht brauche ich einen eigenen Plan, dachte ich, um heil wieder dort rauszukommen. Ich erinnerte mich, was Sam (gespielt von Robert De Niro) in *Ronin* sagt, nachdem er seine Waffe in einer Gasse hinter einem mafiaverseuchten Restaurant versteckt hat. »Lady, wenn ich irgendwo reingehe, will ich auch sicher wieder rauskommen.« War ich dabei, gegen die *Ronin*-Regel zu verstoßen? Ich war froh, dass ich zweihundert Dollar in meine Gesäßtasche gesteckt und die Nummer des Carmel Car Service in mein Handy einprogrammiert hatte.

Ich wusste, dass die Agenten es genauso wenig mochten wie ich, an detaillierte Drehbücher gebunden zu sein. Aber ein bisschen Orientierungshilfe konnten die Jungs mir schon geben. »Ich nehme an, dass ich nicht erwähnen darf, wer ich wirklich bin, richtig?«

»Das ist eine korrekte Annahme«, antwortete Terry.

Ich schaute Ted an. So wie er auf dem Bettrand saß, den linken Fuß auf dem Fußboden, das rechte Bein auf dem Bett, konnte ich problemlos seine halb automatische Pistole, eine Glock 20, Kaliber 10 mm, sehen, die aus der Unterseite eines Lederhalfters herausragte – und direkt auf mich gerichtet war. Ich wusste, dass dies die Waffe war, die er stets mit sich herumtrug. Ich hatte nur nie so direkt in ihren Lauf geblickt.

Ich bin mir sicher, dass dies Zufall war – oder?

»Hören Sie, Naveed, die Sache ist völlig freiwillig«, sagte Ted. »Sie sollten nur das tun, wobei Sie sich wohlfühlen. Wir wollen nicht, dass Sie das Gefühl haben, dass Ihnen dies aufgezwungen wird.«

Ich ging nicht auf die Waffe ein, doch ich hätte schwören können, dass Ted ein Zwinkern in den Augen hatte. »Freiwillig? Ich könnte also freiwillig aufstehen und hier rausgehen?«

Das Lächeln verschwand aus Teds Augen.

»Was passiert, wenn jemand anfängt, Fragen zu stellen, warum irgendein Typ hereinkommt und mit einem Stapel von Betriebsunterlagen rausgeht?«, fragte ich. »Was passiert, wenn sie den Sicherheitsdienst rufen?«

»Wir warten auf dem Parkplatz«, sagte Terry.

Ich dachte noch einmal kurz darüber nach. Man erwartete also, dass ich irgendwo reinging, wo die Leute bestenfalls jemanden erwarteten, aber nicht ausdrücklich mich. Ich würde ihnen dann um den Bart gehen, um an Material ranzukommen – ich hatte keine Idee welches –, das wir für unsere Operation verwenden könnten. Wieder einmal wollte das FBI keinerlei Fingerabdrücke hinterlassen. Es handelte sich um Kommando und Kontrolle aus 9000 Metern Höhe – oder zumindest von dem rund hundert Meter entfernten Parkplatz aus. Andererseits war ich mir sicher, dass Ted und Terry mich nicht im Gefängnis würden verrotten lassen, wenn etwas schiefging. Sie waren das FBI. Sie mussten Freunde in der Strafverfolgungsbehörde haben, selbst auf Long Island.

Also willigte ich ein. Trotz meiner Bedenken vertraute ich mir selbst. Und ich vertraute den Agenten. Ich war noch nicht bereit, Juri aufzugeben.

Ich lächelte und erhob mich von meinem Stuhl im Motelzimmer. »Okay«, sagte ich. »Lasst uns einkaufen gehen.«

Terry fuhr zum Parkplatz. Als wir dort anhielten, deutete er auf das Gebäude, in dem sich das Archiv befand. Ted drehte sich um und sah mir direkt in die Augen. »Wir vertrauen Ihnen und Ihrem Urteil«, sagte er. »Seien Sie einfach vorsichtig. Diese Leute können reden und reden. Wenn Sie nicht aufpassen, werden Sie Stunden dort drinnen verbringen.«

»Ja«, fügte Terry hinzu, »die meisten von ihnen sind Rentner. Freiwillige. Sie haben viel Zeit.«

Super. Jetzt musste ich auch noch vor älteren Schwaflern auf der Hut sein. Ich stieg aus dem Auto und betrat das Gebäude.

Ich stellte mich mit meinem richtigen Namen vor, ohne zu wissen, ob das helfen würde, den Weg zu ebnen. Dann tischte ich ihnen eine Geschichte auf, die, wie die meisten guten Tricks, teilweise der Wahrheit entsprach. Ich erzählte, ich würde für Books & Research arbeiten, ein Informationsunternehmen, das auch für staatliche Behörden tätig sei. Wir würden an einem Digitalisierungsprojekt arbeiten und bräuchten Forschungsmaterial, mit dem wir das System testen könnten.

»Haben Sie irgendwelches Material, das wir scannen könnten?«, fragte ich den hilfsbereiten Angestellten.

»Ja, sicher. Was möchten Sie denn haben?«

Ich wusste, dass Northrop Grumman einige der besten Düsenjets im US-Arsenal gebaut hatte. In den Sechzigerjahren hatte das Unternehmen sogar die Apollo-Mondlandefähre gebaut. Trotz des von den USA und der Sowjetunion veranstalteten Wettlaufs ins All, der zum Symbol für die Ära des Kalten Krieges geworden war, glaubte ich nicht, dass Juri großes Interesse an der Raumfahrt hatte.

Doch es gab ausreichend andere Artikel im Northrop Grumman-Katalog, aus denen man auswählen konnte. »Ein paar von den Militärflugzeugen, für die das Unternehmen so geschätzt wird?«, schlug ich ein wenig schmeichlerisch vor.

Der Angestellte zögerte nicht. Er erwähnte mehrere Kampfjets, von denen ich gehört hatte, unter anderem die F-14. »Okay«, sagte ich. »Darf ich mal sehen?«

So ging das eine Weile weiter. Der Angestellte wartete stolz mit Namen von Northrop Grumman-Produktlinien auf, und ich fragte: »Kann ich die auch sehen?«

Ich quittierte nichts. Ich zeigte keinen Ausweis. Ich versprach nicht, etwas zurückzubringen. Ich reichte ihnen meine Visitenkarte, auf der »Books & Research« stand, doch die hätte jeder in einem Copyshop drucken lassen können. Niemand erwähnte, dass man mich erwartet habe. Niemand erwähnte den Marinepiloten, den ich getroffen hatte, oder ob er für mich gebürgt hatte. Niemand erwähnte das FBI. Ich erhielt keinerlei Hinweis darauf, dass das FBI mir den Weg geebnet hatte.

Wie dem auch sei, ich verließ Northrop Grumman mit einem Packen verlockender Dokumente über Amerikas führendes Militärflugzeug, genug, um einen großen Karton zu füllen und, wie ich hoffte, einen russischen Spion zu fangen.

Auf der Rückfahrt herrschte dichter Verkehr. Ich sah das Material durch, das sehr beeindruckend aussah. Auf der Queensboro Bridge geriet der Verkehr völlig ins Stocken. »Verdammt«, sagte ich zu Ted und Terry. »Können Sie nicht eine Sirene einschalten oder so was?«

Der Wagen stand still. Sie drehten sich beide um und sahen mich an.

»Das können wir nicht«, entgegnete Terry.

»Was soll das heißen, Sie können das nicht? Sie sind das FBI! Wieso können Sie das nicht? Wer würde davon wissen?«

»Wir würden es wissen.«

Ich glaube nicht, dass es als Witz gemeint war. Er lächelte ganz und gar nicht.

Als wir schließlich in meine Wohnstraße einbogen, hielt Ted am Straßenrand vor einem Hydranten. Wir hatten vereinbart, dass ich die Kiste mit den Handbüchern vorerst bei den Agenten lassen würde. Als ich aussteigen wollte, sagte Ted, dass wir noch Papierkram zu erledigen hätten. »Gib ihm die Papiere«, forderte er Terry auf.

Es war ein dreiseitiges, mit Maschine geschriebenes Dokument. »Verhaltenskodex« stand auf dem vorderen Blatt. Das Dokument war ziemlich detailliert. Es enthielt eine lange Liste mit Bedingungen, die ich akzeptieren musste: Ich würde nicht als FBI-Agent auftreten. Ich war allen bundesstaatlichen, staatlichen und örtlichen Gesetzen unterworfen. Ich musste alles, was ich im Lauf der Ermittlungen erhielt, unverzüglich dem FBI aushändigen.

Das war bei Weitem nicht alles, doch Ted wartete nicht, bis ich zu Ende gelesen hatte. »Okay«, drängte er, »auf der letzten Seite müssen Sie unterschreiben.«

Ich blätterte die Seiten um.

»Sie dürfen nicht Ihren richtigen Namen verwenden«, sagte Terry.

Das war neu. Seit Beginn der Operation hatte ich den Namen Naveed Jamali verwendet. »Okay.«

»Sie werden mit Green Kryptonite unterschreiben«, erklärte Ted.

»Green Kryptonite?«, fragte ich. »Was zum Teufel ist das?« Hatte ich gerade einen Codenamen bekommen?

»Ja, es ist ein verdammt cooler Name«, erklärte Ted stolz. »Ich hab's nachgeprüft. Bis jetzt hat den noch keiner.«

Ich vermutete, dass es beim FBI die Regel gab, dass Codenamen nicht doppelt verwendet werden durften. Und ich wusste, dass Ted ein Fan von Superhelden-Comics war. Garantiert war er nicht per Zufall auf diesen gestoßen. Kryptonit war mir ein Begriff: In seiner Nähe wurde Superman schwach und übel, seine Adern traten hervor und seine Haut wurde dunkel. Er verlor seine Superkräfte und riskierte den Tod. Dieses Kryptonit war eine verdammt mächtige Substanz!

»Wonder Woman und My Little Pony waren also bereits besetzt?«, stichelte ich. »Ich weiß, dass Sie gern Angst in die Herzen unserer Feinde pflanzen wollen. Aber Superman? Das klingt wie ein Name, der von einem Vierzigjährigen gewählt wurde, der bei seiner Mutter im Souterrain wohnt und viel World of Warcraft spielt. Noch nie von gehört, oder?«

Ted stöhnte. Doch die Wahrheit war, dass ich nicht aufhören konnte zu grinsen, jetzt, wo man mir meinen eigenen FBI-Codenamen gegeben hatte.

Woww, dachte ich. *Ein Codename.* Das war echt cool. Ich vergaß völlig all die Befürchtungen, die ich zuvor gehabt hatte. Zum Teufel mit der Gefahr, der bedrohlich auf mich gerichteten Glock und den Geheimdokumenten, die ich einem öffentlichen Auftragnehmer abgeschwatzt hatte. Ich war ein erwachsener Mann und hatte einen Codenamen. Wenn nur der Sechsjährige in mir mich jetzt sehen könnte!

Und obwohl ich es Ted gegenüber nie zugab: Er hatte eine fantastische Wahl getroffen. Green Kryptonite klang echt krass.

Das Tempo anziehen

Juri und ich waren übereingekommen, unsere Westchester-County-Lunchtour im Fountain Diner in Hartsdale fortzusetzen. Er saß bereits in der Nische, als ich an jenem Morgen Ende Dezember dort eintraf. Nach der Begrüßung entschuldigte er sich sofort, um die Toilette aufzusuchen.

Was war das nur mit diesen Geheimagenten und ihren ständigen Toilettenbesuchen? Ted, Terry, Juri – keiner hatte eine normal große Blase, ob Amerikaner oder Russe. Mit diesen Leuten würde ich keine Fahrt über Land unternehmen wollen. Wir würden auf dem Weg vom New Jersey Turnpike bis zum Santa Monica Freeway bei jedem zweiten Rastplatz anhalten müssen. Das wäre so, als würde man mit einer Wagenladung Sechsjähriger reisen. Wir würden an Altersschwäche sterben, bevor wir je den Pazifik sähen.

Ich nahm die Speisekarte in die Hand und beobachtete, wie Juri zur Toilette eilte. Falls er so wie ich ein verborgenes Aufnahmegerät trug, warum rannte er dann zur Toilette? Konnte er nicht auf dem Parkplatz auf *Aufnahme* drücken?

Als er zurückkehrte, kam ich sofort zur Sache. »Ich habe nach Ihren Artikeln gesucht. Ich denke, ich weiß, wo ich sie bekommen kann. Aber das sind nur zwei. Das ist so gut wie nichts. Wie ich schon beim letzten Mal gesagt habe, glaube ich, dass ich Ihnen eine bessere Lösung bieten kann.«

Juri sah mich an, wirkte aber nicht gerade glücklich. Glaubte er, dass ich ihn hinhalten wollte?

»Die Bundesregierung hat viele Datenbanken. Sie konzentrieren sich auf alle möglichen unterschiedlichen Dinge, und einige davon sind interessanter als andere. Diejenige, die ich Ihnen letztes Mal genannt habe, die DTIC, deckt einige Bereiche ab, an denen Sie, wie ich annehme, sehr interessiert sind.« Und dann legte ich den ultimativen Köder aus: eine säuberlich formatierte, 20-seitige Bibliografie von Artikeln über den Tomahawk-Marschflugkörper.

Ich gab ihm ein wenig Zeit, die Seiten durchzublättern und zu würdigen, was er sich anschaute. »Ich kann da rankommen, aber es wird nicht billig sein«, warnte ich ihn. »Ich weiß nicht genau, wie viel. Doch für die Summe werden Sie dann alles bekommen, was sie auf Ihrer Einkaufsliste haben.«

»Alles?«, fragte er.

»Viel«, erwiderte ich. »Ich denke, Sie werden es als sehr vorteilhafte Rendite auf Ihre Investition betrachten.« Warum nicht Begriffe aus der Finanzwelt verwenden?

»Okay.« Juri nickte bedächtig. »Das gefällt mir.«

»Nehmen wir zum Beispiel an, Sie seien an Tomahawk-Marschflugkörpern interessiert. Sie sagen mir ›Tomahawk-Marschflugkörper‹ und ich kann Ihnen eine lange Liste wie diese geben. Sie schauen sich die Liste an und sagen mir, an welchen Titeln Sie interessiert sind. Ich besorge sie Ihnen. Das ist so, als würde man im Russian Samovar à la carte bestellen. Wollen Sie die Blini oder den Kaviar?«

»Wie? Was?«

»Schon gut!«, sagte ich.

Doch so langsam dämmerte es ihm. »Sie werden mir die Liste zeigen, und ich sage Ihnen, woran ich interessiert bin?«

»Genau.«

»Das würde mich interessieren. Ja. Das würde mich interessieren. Lassen Sie es uns so machen.«

Ich erklärte ihm, dass die Registrierungskosten wohl rund zehntausend Dollar betragen würden und anschließend alle paar Monate eine Gebühr anfalle. So viel Geld hatte er nicht dabei. Doch er versicherte, er würde mir geben, was er habe, zweitausendfünfhundert, und versprach, den Rest zu unserem nächsten Treffen mitzubringen.

Das war ein wichtiger Meilenstein. Nicht das Geld. Ich hatte schon früher Geld von ihm bekommen. Doch er unternahm einen Schritt, ohne sich vorher die Genehmigung seiner Vorgesetzten einzuholen. Er demonstrierte sein Selbstbewusstsein und seine Entschlossenheit. Ich rechnete ihm seine Bereitschaft, Ja zu sagen, hoch an.

Die Sache könne eine Weile dauern, warnte ich ihn. Zuerst müsse die Datenbankregistrierung erfolgen und akzeptiert werden. Ich bräuchte von ihm das Geld für die Registrierung. »Einstweilen« – ich deutete auf die Ausbeute von meinem Trip nach Long Island – »habe ich vielleicht etwas Interessantes für Sie vom Northrop Grumman-Projekt.«

»Ja?«

»Es hat mit Kampfjets zu tun«, sagte ich.

Verdammt, ich wurde richtig gut darin! Ich wusste, welche Knöpfe ich drücken musste.

Nachdem die Kellnerin uns das Essen gebracht und sich weit genug entfernt hatte, fuhr ich fort: »Wir müssen bereit sein, schnell zu handeln.«

Ich war nicht in Eile. Ich wartete noch immer darauf, dass das FBI mir das Northrop Grumman-Material brachte. Doch während ich mir die Beine in den Bauch stand, wollte ich mehr Kontrolle über das Tempo haben. Ich wollte nicht, dass Juri jedes Mal, wenn er so weit war, mit den Fingern schnipste und ich dann springen musste. »Wenn ich das Material von Northrop Grumman bekomme, kann ich nicht wieder einen oder zwei Monate warten, bis Sie sich melden. Das Zeitfenster ist hierfür zu kurz. Ich werde versuchen müssen, Sie zu erreichen.«

Diese Einwegkommunikation stank mir schon seit Langem. Wenn ich Dringlichkeit vortäuschte, hatte ich vielleicht die Chance auf eine echte Zweiwegkommunikation. »Ich muss irgendwie Kontakt mit Ihnen aufnehmen können. Und ich meine nicht per E-Mail. Ich werde keine E-Mails schreiben. Zu viele Spuren. Ich habe eine andere Idee.«

Wenn ich ihn erreichen müsse, so sagte ich, würde ich ihm ein Signal senden, dass er mich anrufen solle. »Wir benutzen die Denver Craigslist, die Fundsachen-Abteilung. Ich gebe eine Anzeige auf, dass ich eine schwarze North-Face-Jacke verloren habe. Das ist dann für Sie das Signal, Kontakt mit mir aufzunehmen. Schauen Sie immer wieder bei Craigslist nach. Wenn Sie diese Anzeige sehen, dann wissen Sie, dass ich zu einem Treffen bereit bin.«

Um sicherzugehen, dass Juri mich verstand, gab ich ihm einen Craigslist-Spickzettel, eine schrittweise Erklärung, wo er nachschauen und wonach er suchen musste. Er schien zu glauben, dass er dies hinbekommen würde.

Bevor wir uns verabschiedeten, teilte Juri mir mit, dass er über die Feiertage in Russland sein würde. »Aber ich freue mich darauf, Sie im neuen Jahr wieder zu sehen«, sagte er fröhlich.

Mit beschwingtem Gang verließ er das Restaurant.

Ende Januar stellte ich eine Anzeige bei Craigslist Denver ein, dass ich eine schwarze North-Face-Jacke verloren hatte, und bot eine Belohnung an. Einige Tage lang hörte ich nichts. Dann rief Juri an.

Als mein Handy klingelte, aßen Ava und ich mit mehreren Freunden im Dinosaur-B-Que, einem beliebten Restaurant unterhalb des West Side Highway, gerade zu Abend. Juri rief von einer 718er-Nummer an, die ich nicht kannte. Doch ich hatte das Gefühl, dass er es sein könne, und nahm den Anruf entgegen.

»Ich habe die Nachricht im Internet gesehen, aber ich kann mich nicht mit Ihnen treffen«, erklärte er.

Im Restaurant war es laut. Ich verstand nicht alles, was er sagte. Ich bat ihn, dranzubleiben, und ging in eine Ecke, in der es ruhiger war. Aber auch dort konnte ich ihn nicht gut hören.

»Es tut mir leid«, sagte er. »Es ist nicht möglich. Ich rufe wieder an, wenn ich Sie treffen kann.«

Was konnte ich tun? Ich sagte »okay« und dann »Auf Wiederhören«. Aber ich war sehr unzufrieden. Ich hatte gedacht, ich hätte ihm klargemacht, dass jeder Versuch meinerseits, ihn zu erreichen, bedeutete, dass ich innerhalb eines kleinen Zeitfensters operierte. Ich hatte mehrmals auf die Dringlichkeit hingewiesen. Und Juri ließ mich hängen? Nicht cool.

Bevor ich an unseren Tisch zurückkehrte, ging ich hinaus auf den Bürgersteig, wo ich besser hören konnte, und wählte die 718er-Nummer. Juri kam nicht an den Apparat. Stattdessen sprach ich mit einem anderen Mann mit starkem russischem Akzent, das heißt, ich *versuchte*, mit ihm zu sprechen. Es war ein kurzes Telefonat.

Ich fragte nach Juri. Der Mann konnte genug Englisch, um zu antworten: »Er ist nicht mehr da.«

Als ich später darüber nachdachte, kam ich zu dem Schluss, dass der Gedanke, ich könne Juri herbeirufen, die Russen zutiefst beunruhigt haben musste. Es gab Juri keine Zeit, seine Vorgesetzten in Moskau zu informieren. Es gab seinen Vorgesetzten keine Zeit, Juri auf das Treffen mit mir vorzubereiten. Keine Zeit, um zu entscheiden, wie weit er gehen konnte. Keine Zeit für ihre Vorbesprechungen. Wenn ich begann, mich spontan umzuentscheiden, würde ich sie jedes Vorteils berauben, den sie ihrer Ansicht nach hatten.

So sehr es mir auch widerstrebte, wir waren wieder bei Mit-den-Fingern-schnipsen, springen, treffen.

Macht man diese Arbeit lange genug, wird man ein bisschen verrückt. So empfand ich es jedenfalls. Es ist eine Nebenwirkung des Doppelagentenlebens.

Ich konnte niemandem erzählen, was ich im Schilde führte. Ganz gewiss konnte ich nicht erwarten, dass meine Freunde ein so pikantes Geheimnis wahrten. Sobald ich einer zweiten und dritten Person etwas über mein Geheimleben ausgeplaudert hätte, würden 33 Leute – und dann 333 weitere – ebenfalls davon wissen. Und einer von ihnen hätte sicher einen russischen Freund.

Ich erzählte nur einem Menschen von meinen Gegenspionageaktivitäten. Ava. Selbst meine Eltern ließ ich weitgehend im Dunkeln. Sie fragten nicht viel und ich sagte nicht viel. Von Zeit zu Zeit fragten sie ganz vage: »Alles okay im Büro?« oder manchmal »Hörst du noch von den Russen?« Ich antwortete ähnlich vage: »Alles bestens.« »Wie immer.« »Ihr kennt doch die Russen.« Das schien alle zufriedenzustellen.

Doch Gott sei Dank hatte ich Ava. Sie war meine Vertraute, der Mensch, mit dem ich über meine Ängste und meine Frustrationen reden konnte. So gut ich Ted und Terry inzwischen auch kannte, wir sprachen meistens über taktische und operative Angelegenheiten. Wir rangelten immer um Positionen, kämpften immer darum, die Kontrolle über die Operation zu haben. Keine Partei wollte der anderen gegenüber eine Schwäche eingestehen. Ava war die Einzige, bei der ich dies tun konnte. Ich wusste, dass ich ihr vertrauen konnte, immer. Doch so wichtig sie für mich war, wenn es darum ging, Zweifel oder Ängste zuzugeben, sie war auch die Einzige, bei der ich es mir leisten konnte, offen darüber zu reden, wie aufregend ich die Sache fand, wie stolz ich war. Nicht selten hatte ich das Bedürfnis, einfach aufzustehen und laut zu brüllen: »Hier bin ich! Seht mich an! Ich bin ein unglaublich toller, knallharter Top-spion!« Ich wollte unbedingt irgendeine öffentliche Erklärung abgeben, das Fenster meiner Corvette herunterkurbeln und sie hinaus in die Welt schreien.

Stattdessen ließ ich mir ein Tattoo stechen.

Ich hatte das Gefühl, etwas tun zu müssen, was bewies, dass es diese Doppelagentengeschichte wirklich gab – es vor allem mir bewies. Etwas Körperliches. Etwas unleugbar Reales. Etwas, was mich mit dieser langen, geheimen Reise verband, auf die ich mich begeben hatte. Ich hatte nicht vor, ein Sammelalbum mit all meinen Geheimtreffen mit Juri oder dem FBI anzulegen. Eines Tages würde alles vorbei sein, und welchen Beweis hätte ich dann?

Und so zog ich am Morgen des 22. März, als ich mich auf mein nächstes Treffen mit Juri vorbereitete, ein T-Shirt mit dem Aufdruck »NY DOESN'T LOVE YOU« an und fuhr dann mit Ava zu Red Rocket Tattoos. Ich hatte mir vorher noch nie ein Tattoo stechen lassen. Der hell erleuchtete Shop lag im Stadtzentrum, in der zweiten Etage eines Ge-bäudes im Garment District, um die Ecke von Macy's. Ich sagte dem korpulenten, rockermäßig aussehenden Typen, dass ich die Wörter *Green Kryptonite* im Morsealphabet auf der Innenseite meines rechten Unter-arms haben wollte.

»Green Kryptonite?«, fragte er. »Was sind Sie? Eine Art Superheld?«

»Nein«, erwiderte ich, »obwohl ich daran denke, eine Umhang-Pro-duktlinie zu starten.«

»Was?«

»Nichts.«

Er sah mich ein wenig zweifelnd an. Doch nach dem zu urteilen, was ich auf sich wölbenden Bizepsen, Stiernacken und haarigen Rücken in New York gesehen hatte, kamen die Leute mit allen möglichen seltsa-men Bitten in die Tattoo-Studios.

»In Ordnung«, sagte er. »Kann ich machen.«

Ich kannte das Morsealphabet nicht. Und ich erwartete auch nicht, dass der Tattoo-Fritze es kannte. Ich hatte am Abend zuvor im Internet eine Morsealphabet-Tabelle gefunden und die Buchstaben gewissenhaft notiert: Strich-Strich-Punkt für G, Punkt-Strich-Punkt für R, Punkt für E, Punkt für das zweite E, Strich-Punkt für N und so weiter.

Er verband meinen Arm und Ava und ich fuhren nach Hause.

Während der Rückfahrt fragte sie mich: »Hast du dir das gut überlegt, Naveed?«

Ich sah sie nur an und entgegnete: »Tue ich das jemals?«

Ich erzählte den Agenten nichts von meinem Tattoo. Ich hatte Ted und Terry nicht um Erlaubnis gefragt. Sie hätten Einwände erhoben. Doch ich wollte mir von ihnen nicht sagen lassen, was ich auf meinen Körper tätowieren lassen durfte. Und ich muss zugeben, dass es sich außerdem gut anfühlte, ein Geheimnis vor ihnen zu haben.

Ich würde jetzt in Gegenwart von Juri doppelt so vorsichtig sein müssen. Von nun an langärmlige Hemden in der Pizzeria Uno! Eigentlich ging ich davon aus, dass er die Punkte und Striche nicht als das erkennen würde, was sie waren, selbst wenn er in der Schule das Morsealphabet gelernt hatte. Aber was, wenn er meinen Tattoocode doch knackte? Ich konnte mir die Fragen des Russen lebhaft vorstellen: *Was ist dieses Green Kryptonite? Warum ist Kryptonite grün? Sind Sie Superman?* Und dann stünde ich da und müsste versuchen, ihm zu erklären, dass Green Kryptonite mein Spitzname im College gewesen sei oder was auch immer.

Nennen Sie mich unreif, wenn Sie möchten. Nennen Sie mich impulsiv. Ich bekenne mich schuldig. Ich ging sogar auf Facebook und stellte ein Foto von meinem frisch tätowierten Arm mit der ach so geistreichen Bildunterschrift »Mein neues Tattoo, Leute!« ein, was meinen Freund Benjamin Dash zu dem Kommentar veranlasste: »Du hast was?

Du hast dir ein Tattoo machen lassen? Ich hoffe, du hast meinen Namen richtig geschrieben.«

Ich habe in meinem Leben eine Menge saudumme Dinge getan, aber ich glaube nicht, dass irgendetwas daran heranreichte, mir meinen geheimen FBI-Codenamen auf den Arm tätowieren zu lassen und dann damit auf Facebook anzugeben – mit fotografiertem Beweis!

Aber so tickte ich nun mal. Das Tattoo war mein kleines »Fuck you!«. Es war, als würde ich von Neuem gegen meine Eltern rebellieren. *Du darfst es niemandem erzählen, du darfst es niemandem erzählen, du darfst es niemandem erzählen* – nach einer Weile musst du es jemandem erzählen, selbst wenn es ein wie ein Rocker aussehender Typ in einem New Yorker Tattoo-Shop ist, der keine Ahnung hat, was das alles bedeuten soll. Ich glaube, das ist eine normale menschliche Reaktion auf Stress. Jedenfalls war es meine Reaktion.

Ava hatte nicht gesagt, dass sie ein Tattoo meines geheimen Codenamens für eine großartige Idee halte. Doch sie hatte auch nicht versucht, mich davon abzuhalten. Sie wusste fast alles. Geheimnisse vor ihr zu haben, kam mir nach dem Vorfall mit der Maxi-Binde fast so gefährlich vor, wie es für mich werden würde, wenn Juri herausfand, was ich vorhatte.

Ich überlegte jedoch, was meine Eltern wohl sagen würden, wenn sie wüssten, dass ihr Sohn, der Harvad-Aussteiger, sich ein Tattoo hatte machen lassen. Aber sie würden meine Punkte und Striche niemals mit dem in Zusammenhang bringen, was sie vor so langer Zeit mit den Russen begonnen hatten. Sie ahnten ganz sicher, dass meine Beziehungen zu den beiden Agenten und den Russen weit über ihre Beziehungen zu ihnen hinausgingen. Doch sie baten mich nie, ihnen zu sagen, wie weit. Ich glaube, sie wollten es nicht wirklich wissen. Und ich wollte sie nicht in die Sache mit hineinziehen. Andererseits gab mir dies das Gefühl, sehr isoliert und unsichtbar zu sein.

Ich will nicht klagen. Doch es kann sehr nervenaufreibend sein, ein so geheimes Leben zu führen – so viel vor Freunden und der Familie verbergen zu müssen, Zeit für die stundenlangen gewissenhaften Vorbereitungen zu finden, den zwangsläufigen Fragen über meinen Verbleib auszuweichen und streng meine Dreifach-Identität zu wahren. Dreifach, weil es nicht nur meine Doppelagenten-Doppelidentität war, die ich auseinanderhalten musste. Ich war eine Person mit Juri, eine andere mit dem FBI. Und ich war eine dritte Person mit allen anderen in meinem Leben. Manchmal hatte ich ein wenig Probleme, mich zu erinnern, was real war und wer ich war. Wenn Sie glauben, dies sei nicht verwirrend, dann versuchen Sie es einmal.

Ich hatte mein Green-Kryptonite-Tattoo. Und ich hoffte, ich würde nie ein Naveed-Jamali-Tattoo brauchen.

Die Übergabe

Am Tag der Übergabe trug ich selbstverständlich ein langärmeliges Hemd. Ich wollte auf keinen Fall, dass Juri mein Morse-Tattoo zu sehen bekam, wenn ich ihm die Cockpit-Handbücher von Northrop Grumman übergab.

Es war Anfang April, zwei Monate waren seit unserem letzten Telefongespräch vergangen, und Juri wirkte ungewöhnlich launisch. Er hatte gerne alles unter Kontrolle, dafür hatte ich Verständnis. Aber mein Vorschlag mit der Anzeige hatte ihn offenbar stärker als angenommen aus dem Konzept gebracht. Ich teilte den FBI-Agenten mit, dass ich fürchtete, ich hätte ihn ganz verscheucht. Ehrlich, die Anzeige auf Craigslist war nur ein Mittel für mich, ihn möglichst schnell zu erreichen, aber er hatte offenbar geglaubt, ich wollte ihm eine Falle stellen.

Was immer er allerdings dachte, er wollte sich die Leckerbissen nicht entgehen lassen, die ich ihm versprochen hatte. Er wartete mit einer eigenen neuen Idee auf.

Statt uns wie sonst in einem Restaurant oder Café zu treffen, wollte er diesmal seinen Wagen in der Stadt lassen und mit dem Zug nach Westchester rausfahren. Ich hatte nichts dagegen. Es war mir egal, wie er kam, solange er überhaupt kam. Das FBI hatte die Prüfung der Cockpit-Handbücher abgeschlossen und mir die blauen Ordner zukommen lassen. Ich konnte die lang ersehnte Übergabe kaum erwarten. Ich schlug Juri vor, an der Metro-Station Hastings-on-Hudson auszusteigen. Dort würde ich ihn abholen und bei der Übergabe der Handbücher doppelte Vorsicht walten lassen.

»Man kann nie vorsichtig genug sein«, erwiderte er.

Ich hatte einen schwarzen Acura RDX, Baujahr 2007, den ich hasste, gegen einen Jeep Cherokee von 2008 eingetauscht. Sechs Monate mit dem vierzylindrigen Acura hatten gereicht. Ich sehnte mich nach einem viertürigen Wagen mit ordentlich Power unter der Haube.

Die malerische Haltestelle bot einen herrlichen Ausblick auf den Fluss, aber kaum Abgeschiedenheit. Statt die dicken Ordner im Jeep mitzubringen, beschloss ich, sie an einem abgelegenen Ort zu deponieren und den Russen dorthin zu fahren. Er sollte Gelegenheit haben, die Ordner in Ruhe zu prüfen; dann wollte ich ihm einen winzigen, schwarzen Stick in die Hand drücken, der das gleiche Material enthielt und viel einfacher zu transportieren war. Für unser Treffen wählte ich eine Mietgarage am Ostufer des Hudson aus, mit dem Auto keine zwei Minuten vom Bahnhof. Ich kannte den Ort, weil ich früher dort meine Autos abgestellt hatte. Ich dachte mir das so, dass ich die Corvette parken, die Ordner im Kofferraum lassen und Juri mit dem Jeep vom Bahnhof abholen würde. Dann würden wir zum Parkhaus fahren, ein riesiges Ziegelgebäude mit wenig Verkehr, sehr diskret, der ideale Ort, um etwas zu übergeben.

Der erste Teil meines Plans klappte wie am Schnürchen. Wir trafen uns an der Haltestelle, fuhren zum Parkhaus und kamen problemlos rein. Ich fand die geparkte Corvette wieder.

Freilich, es gab, wie bereits geschildert, ein paar Pannen, im materiellen wie im metaphorischen Sinn. Der Radardetektor heulte los. Ich hätte Juri um ein Haar mit dem Kofferraumdeckel umgebracht – oder dachte das zumindest.

Aber die Übergabe fand statt, und ich brachte ihm keinen dauerhaften Hirnschaden bei. Wenn überhaupt, so schien unser gegenseitiges Vertrauen seither eher gefestigt.

»Es gefällt mir, wie sich die Sache entwickelt«, sagte Juri zu mir, bevor ich ihn mit einem kleinen, schwarzen Stick in der Tasche wieder am Bahnhof absetzte.

»Mir auch«, sagte ich.

Und das meinten wir beide auch so.

Meine Beziehung zu Juri verlief nie geradlinig. Das berauschende Gefühl, ein Superagent zu sein, das ich anfangs empfand, verpuffte nach und nach, wenn ich Wochen oder Monate lang nichts von ihm hörte. Manchmal machte mich das schier verrückt. Ehe ich es mich versah, eiferte ich dem Ronald Reagan in mir nach und hatte verstärkt das Bedürfnis, ihn zu dominieren. Ich schwöre, die amerikanischen Kommunistenhetzer haben eines richtig erkannt: Von den Russen bekommt man nicht einmal den kleinen Finger, wenn man immer nur ausweicht. Stärke und Zielstrebigkeit – das verstehen diese Leute. Juri lag offensichtlich daran, mit mir zusammenzuarbeiten und mich bei der Stange zu halten. Aber er hörte nie auf, unsere Beziehung wie eine Schachpartie zu behandeln. Es machte ihm nichts aus, einen starken Gegner zu haben, solange er das Gefühl hatte, einen Zug voraus zu sein und es nicht zu einem Patt kam.

Wo lag also das Problem für das FBI? Warum waren sie so kleinkariert und unkoordiniert? Womöglich musste ich den Agenten gegenüber genauso klar und offen auftreten wie Juri gegenüber. Halb wollte ich schon mit dem Schuh auf den Tisch hauen, genau wie Nikita Chruschtschow, oder meine beste Reagan-Parodie vom Stapel lassen: »Wir beginnen mit dem Bombardement in fünf Minuten.« Nach der ganzen Zeit und Mühe verlor ich allmählich die Geduld. Die Sache musste sich auszahlen. Und zwar bald.

Ich traf Ted und Terry im Riverside Park. Es war noch früh am Tag, aber schon heiß. Sie waren beide lässig gekleidet. Zum ersten Mal sah ich

Ted seine Marke an der Gürtelschnalle tragen. War das seine Art, mir zu signalisieren, dass ER das Sagen hatte?

»Das ist ein Haufen Arbeit für mich«, beschwerte ich mich. »Allmählich komme ich an den Punkt, wo es mir schwerfällt, das zu rechtfertigen. Der Ertrag für mich ist schlichtweg nicht vorhanden. Es ist kostspielig. Es ist zeitraubend. Es macht mir nichts aus, das Unternehmen ein Stück weit auszunutzen. Aber der Aufwand, um ein halbes Dutzend Bücher an Juri weiterzuleiten, ist reine Geldverschwendung. Ich mache dabei zwar einen Gewinn von 150 Prozent, aber es springen nur ein paar hundert Dollar heraus. Einige Leute im Büro fragen sich allmählich, warum wir das Ganze veranstalten.«

Das war eine durchaus berechtigte Frage. Doch meine Klage ging über den dürftigen Ertrag für die investierte Zeit hinaus. Ich wäre bereit gewesen, Zeit und Energie und noch mehr zu investieren, wenn wir bei unserem Streben nach dem Spionagepreis Fortschritte gemacht hätten. Wann würden wir Juri etwas wirklich Großes vor die Nase halten? Wann schluckte er endlich den Köder? Ich wollte ein wichtiger Doppelagent sein, nicht ein kleiner Spitzel. Ich musste ihm etwas Konkretes bieten. Ich war mir nicht sicher, wie lange ich ihn noch bei der Stange halten konnte. »Das erscheint alles so lächerlich«, sagte ich zu den Agenten. »Wenn man das, was wir getan haben, betrachtet, hätten wir ebenso gut alles so lassen können, wie es war, als meine Eltern noch im Unternehmen waren.« Ich wünschte mir so etwas wie einen Abschluss oder zumindest eine Aktion. Ich kannte das berühmte John-le-Carré-Zitat aus *Das Russlandhaus*: »Spionieren heißt warten«, sagt der Erzähler Harry de Palfrey. Aber die ganze Warterei ging mir gehörig auf die Nerven.

Die Agenten schlugen einen verständnisvollen Ton an. »Gewiss«, sagte Ted, »das ist viel Arbeit, ich verstehe Sie vollkommen – der Stress, dem Sie ausgesetzt sind und dem das Unternehmen ausgesetzt ist. Wir sind Ihnen wirklich sehr dankbar dafür. Sehr dankbar.«

»Aber so etwas dauert seine Zeit«, fuhr er fort, als würde ich zum ersten Mal diese Botschaft hören. »Wenn man es überstürzt, werden sie misstrauisch. Dann fragen sie sich, warum Ihnen so viel daran liegt, denen zu helfen. Wir haben das Tempo ganz richtig gewählt, denke ich. Es ist wichtig, dass sie diejenigen sind, die den Ton angeben. Es wird passieren. Meistens klappt es.«

Ich wusste die Anerkennung zu schätzen. Sie klang ehrlich. Aber während Ted zur Geduld riet, wie schon unzählige Male zuvor, war meine Geduld am Ende.

»Seht mal«, sagte ich, »das habe ich alles begriffen. Ich will Ihnen ja helfen. Ich versteh' schon, dass es nicht von heute auf morgen geht. Aber es gibt Grenzen. Sie müssen auch an meine Zeit denken. Sie erwarten von mir, dass ich mich hinstelle und das durchziehe, egal wie lange es dauert. Ich will das auch tun, ich will mich engagieren, aber ich habe das Gefühl, die Sache läuft nicht so, wie ich es mir vorgestellt habe.«

Nach dem, was ich hörte, bekam ich den Eindruck, dass sich die Probleme zwischen den Amerikanern und den Russen zuspitzten und dass ich außen vor blieb. »Es sieht so aus, als würden die Russen uns ständig etwas am Zeug flicken«, sagte ich. »Haben Sie den Artikel in der *New York Times* gelesen?« Ich hatte ihn ausgedruckt: »Fabrikbesuch im Zusammenhang mit Ausweisung der Attachés aus Russland«, von C. J. Chivers. Ich gab Terry den Ausdruck.

»Die Russen haben eben erst zwei amerikanische Attachés ausgewiesen«, sagte ich. »Sie erteilten ihnen die Erlaubnis, außerhalb von Moskau zu reisen. Und kaum kamen die Attachés dort an, wo immer sie hin wollten, widerriefen die Russen ihre Reiseerlaubnis und warfen sie einfach aus dem Land, weil sie angeblich ohne Genehmigung herumgereist waren.«

Ted und Terry lachten. »Diese Kerle sind Hurensöhne«, sagte Ted. »Sie halten sich fast nie an die Regeln. Wir hingegen müssen bei unseren

Operationen alle möglichen Vorschriften befolgen. Wir werfen nieman-den raus, solange wir ihn nicht wirklich ertappt haben.«

Ich wollte die Agenten wieder auf den eigennützigen Part zurück-bringen – der mich betraf. Es schien fast so, als hätten wir ganz verges-sen, warum ich das Ganze vor allem begonnen hatte. »Es ist wegen der Navy«, erinnerte ich sie. »Was immer ich mit euch Jungs anfange, ich tue es für die Navy. Ich möchte, dass wir etwas erreichen, was sie sich anse-hen und sagen können: ›Wow, das hat er gemacht.‹ Meinen Sie, dass wir das schaffen können? Vielleicht ist es an der Zeit, dass wir versuchen, uns das wieder in Erinnerung zu rufen.«

Wie aufs Stichwort kamen zwei Cobra-Kampfhubschrauber des Marine Corps zusammen mit ein paar »Hueys«, dem legendären Bell UH-1-Hubschrauber, über den Hudson geflogen. Sie machten einen sol-chen Lärm, dass die Parkbänke aus Beton fast wackelten. »Wissen Sie«, sagte Ted, »das Militär ist eine faszinierende Sache. Es ist doch immer wieder richtig beeindruckend, wozu wir imstande sind.«

»Meinen Sie, wir könnten versuchen, die Sache mit der Navy wieder ins Auge zu fassen? Das würde es mir erleichtern, die ganze Zeit und Mühe zu rechtfertigen.«

Ted klang so beruhigend wie immer und genauso unverbindlich. »Das lässt sich machen«, sagte er. »Schauen wir mal, was wir tun können.«

Während ich wartete, konzentrierte ich mich auf den Erfolg, den wir mit Northrop Grumman und den NATOPS-Handbüchern gehabt hat-ten. Ich hatte immer noch vor, das DTIC-Projekt zu realisieren. Aber ich konnte nicht einfach im Pentagon zu einem Schalter gehen und sagen: »Hallo Leute, ich hätte gerne freien Zugang zu allen Ihren militärischen, wissenschaftlichen und technischen Informationen.« Ich brauchte je-manden, der für mich bürgen würde. Ich sprach mit Ted und Terry dar-über. Ich wusste, dass die Autorität des FBI diesen Zugang öffnen konnte. Und genauso kam es auch.

»Unser Vorgesetzter Frank hat richtig Druck gemacht, und wir haben grünes Licht bekommen«, teilte mir Terry eines Tages mit.

Obwohl ich Franks Name schon gehört hatte, wusste ich kaum etwas über ihn, außer dass er der Vorgesetzte der beiden war. Aber mir gefiel seine Bereitschaft, uns zu unterstützen.

Unter dem Namen Books & Research unterschrieb ich einen Vertrag, »der FBI Procurement, also der Beschaffung und Auftragsvergabe, Beratungs- und Recherchedienste bezüglich der Trends und Muster der föderalen, akademischen Forschungs- und Ausbildungseinrichtungen zu Themen wie Katalogmanagement, Digitalisierung und damit verwandten Feldern zu liefern. Das sekundäre Ziel wird es sein, Beschaffungsdienste für Bücher und andere Materialien zu bieten.«

Na, dann ist ja alles klar!

Ich hatte Juri gesagt, dass die Russen mir rund zehntausend Dollar zahlen müssten, um mich für DTIC zu registrieren. Tatsächlich kostete die Aktion über sechzehntausend Dollar, und sie wurde mit einem Scheck von der GSA, der Government Services Administration, bezahlt. Auf diese Weise musste ich nicht Mittel aus dem Unternehmen oder mein privates Bankkonto angreifen. Außerdem brauchte ich nicht darauf zu warten, bis der knausrige Juri endlich mit der Kohle rüberkam. Inzwischen schuldete er mir einen ganzen Batzen Geld, wie er mit Sicherheit wusste.

Jetzt hatte ich den Vertrag. Noch wichtiger: Ich hatte für Juri den schriftlichen Beweis, dass ich online Zugang zu DTIC hatte. Eine gigantische Menge an Informationen wartete nun auf mich. Es gab eine Unzahl von banalen Tabellen und Notizen und Berichten, aber auch viele Daten, bei denen den Russen das Wasser im Mund zusammenlaufen dürfte.

»Unter keinen Umständen geben Sie den Russen jemals Ihre DTIC-Zugangsdaten«, warnte Ted mich. Das hielt ich für selbstverständlich. Ich versicherte ihm, dass ich darauf achten würde.

Unablässig zermarterte ich mir den Kopf, wie ich Juri die Details erklären sollte. Tag und Nacht fragte ich mich, wie ich ihm so ein Angebot präsentieren würde, wenn ich ein echter Verräter wäre? Ganz behutsam, beschloss ich, da ich großen Wert darauf legen würde, nicht erwischt zu werden.

Ich hatte die Zugangsdaten und die Freigabe. Ich hatte eine Lizenz des FBI, das auch meine Eintrittskarte bezahlt hatte. Außerdem hatte ich eine schlaue Antwort auf die Frage parat, wie ich denn eine Enttarnung verhindern wollte. Ich wusste genau, was ich tun musste: Ich würde die russischen Anfragen einfach in einen Stapel unschuldiger Recherchen einschieben. Ich wollte die gleiche Ablenkungstaktik anwenden, mit der wir uns in der Highschool-Zeit Bier verschafft hatten. Ich würde es dazwischen mogeln und vor ihrer Nase ausschleusen, indem ich meine verräterischen Erkundigungen ganz offen »versteckte«.

Ich beschloss, Juri zu sagen, dass die Dokumente auf eine bestimmte Art, zu einem bestimmten Zeitpunkt und an einem bestimmten Ort beschafft werden mussten, um eine Enttarnung zu verhindern. Das klang nur vernünftig. Es würde mir auch einen gewissen Schutz bieten, falls er hartnäckig eine gigantische Menge an Daten fordern sollte oder meinen Benutzernamen samt Passwort wissen wollte.

Die ganze Sache besprach ich mit Ted und Terry, die wiederum ihren Vorgesetzten Bericht erstatteten. Es herrschte eine richtige Euphorie. Wir konstruierten endlich einen gigantischen Schwindel, um ein paar ganz schlimme Kerle zu schnappen.

Es war erstaunlich, wozu ich alles Zugang hatte. Eine wahre Fundgrube an staatlich finanzierter Forschung. Einige Studien hatten Jahre gedauert und am Ende mit siebenstelligen Budgets abgeschlossen. Die Daten aus jeder einzelnen Studie könnten unter Umständen die Sicherheit der Vereinigten Staaten ernsthaft gefährden. Keine einzige war für feindliche, fremde Augen gedacht. Mit diesem neuen Zugang schienen selbst die kleinsten technischen Details potenziell bedeutsam.

Am 29. Mai 2008 hatte ich um 11.30 Uhr in Amityville, Long Island, einen Termin mit David Harris. Er war genau wie Jeff Jones Commander in der Navy. Harris war in der Region Neu-England für die Reserve des Nachrichtendienstes zuständig. Wegen einer unergründlichen Besonderheit der militärischen Geografie gehörte New York dieser Region an. Ich hatte Ted zwar an die Navy erinnern müssen, aber dann hatte er sich für mich eingesetzt und dieses Treffen arrangiert.

Eine Stunde bevor ich das Büro im ersten Stock betrat, waren Ted und Terry schon dort gewesen. Als ich mich vorstellte, sagte der Navy-Commander als Erstes folgendes zu mir: »Diese Kerle im Anzug kamen kurz vor Ihnen her und sagten: ›Wir dürfen Ihnen nicht mitteilen, woran er arbeitet. Wir dürfen Ihnen kein Wort darüber sagen. Aber wir können sagen, dass er sehr intelligent und aufgeweckt ist.‹ Seither sitze ich hier und denke: ›Tja, und was soll ich jetzt damit anfangen?‹«

Ich sagte gar nichts, brauchte ich auch nicht. Harris fuhr fort. »Ich bin nur ein einfacher Seemann, der den größten Teil seines Lebens chinesische und russische U-Boote gejagt hat. Das ist alles sehr interessant, nicht wahr?«

Ich nickte und stimmte ihm zu.

Die beiden Commander, die ich kennenlernte, hätten kaum verschiedener sein können. So subtil Commander Jones war, so hochtrabend war Commander Harris. Sie kleideten sich sogar anders: Harris trug eine khakifarbene Navy-Uniform, während Jones in einem gebügelten, grauen Anzug zu unserem Treffen gekommen war.

Während ich nun dem Commander zuhörte, hatte ich das Gefühl, das sei für einen hohen Offizier eine merkwürdige Art, ein wichtiges

Treffen zu eröffnen. Der Commander hatte seine Worte nüchtern gesagt. Er schickte keine Fragen hinterher und verlangte auch keine weiteren Erklärungen. Er hatte einfach seinen Wortwechsel mit Ted und Terry geschildert und ließ ihn in der Luft hängen, als würde er eine ärgerliche Bemerkung wiederholen, die er heute Morgen bei Starbucks gehört hatte – auch wenn ich mir Harris nicht in einem Starbucks vorstellen konnte. Er war eindeutig eher der Typ für die Messe auf dem Schiff.

Bislang hatte er mich nicht aufgefordert, etwas zu sagen. Die ganze Szene war, dachte ich deprimiert, weniger ein Treffen mit einem hochdekorierten Mann der Navy, als vielmehr das Herumsitzen in einem Büro und Zuhören, wie jemand über mich redete.

Ich wusste, dass Ted und Terry versucht hatten, mir zu helfen, aber sie hatten sich gegenüber dem Commander so kryptisch geäußert, dass ihr Besuch mehr Fragen aufgeworfen hatte, als er beantwortete, und lediglich Misstrauen mir gegenüber weckte. Ich war überzeugt, Harris glaubte, die Person, mit der er sich traf, müsse in irgendeiner Form kriminell geworden sein. Sind das nicht die Leute, die am Ende mit dem FBI kooperieren? Leute, die verzweifelt aus ihrem eigenen Schlamassel herauskommen wollen und sich auf einen Deal einlassen? Ich wünschte, Ted und Terry hätten klargestellt, dass ich noch nie in Schwierigkeiten war, dass eine große Operation im Gang sei und dass sie mein Werk sei, dass ich bei Juri und dem FBI die Initiative ergriffen hatte und dass sogar das Gespräch mit der Navy eine Angelegenheit sei, die ich selbst in die Wege geleitet hatte. Es schien, als wäre ich umsonst nach Long Island gefahren.

Aber dann schob Harris unerwartet die FBI-Geschichte beiseite und fing an, mit mir zu reden.

Ich hatte mir ausgemalt, was der Commander über jemanden mit dem Namen Naveed Jamali denken mochte, der in den Nachrichtendienst der Navy eintreten wollte. Bei der merkwürdigen Vorbereitung und meinem pakistanischen Namen hätte ich gewettet, dass er glaubte, ich stände mit einer Terrorgruppe in Verbindung. Ich glaube, es gelang mir, diesen Verdacht zu zerstreuen. Welche vorgefassten Vorstellungen er anfangs auch gehabt haben mochte, denke ich, er war angenehm überrascht zu hören, dass ich recht belesen und versiert sowohl in militärischen als auch in internationalen Angelegenheiten war und mich auch ganz gut dazu äußern konnte – und das Wichtigste: Nach ein paar direkten Fragen wusste er, dass ich keine offensichtlichen kriminellen oder terroristischen Verbindungen hatte. Soweit ich das beurteilen konnte, fand er sichtlich Gefallen an unserem Meinungsaustausch.

»Ich sehe, Sie sind einer von den Leuten, die Unmengen von Material verschlingen«, sagte er schließlich. »Sie setzen sich gerne hin und nehmen so viel wie möglich über das, was um sie herum vorgeht, auf, jemand, der den Dingen auf den Grund gehen möchte. Habe ich recht?«

Nun ja, das stimme schon, sagte ich.

Das hieß nicht, dass ich die peinlichen, ersten Minuten vergessen hätte. Kaum hatte ich das Gebäude verlassen, musste ich mit Ted sprechen. »Mann«, sagte ich, »tauch bitte nie wieder irgendwo im Anzug auf, redet mit einem von der Navy und erzählt ihm kryptisches Zeug über das, was ich für euch tue. Die glauben erst mal, ich sei ein Drogendealer oder ein Verbrecher oder Terrorist. Wenn das eure Hilfe ist, kann ich darauf verzichten.«

Ted ließ mich weiterreden, wie meistens. Nach einer Weile sagte er: »Ich habe verstanden, aber ich kann nichts versprechen.«

An einem sonnigen Samstagvormittag Ende Juli wurde ich zu Gesprächen mit dem regionalen Auswahlkomitee nach Fort Hamilton bestellt, einem gemeinsamen Stützpunkt der Army und der Navy im Hafenviertel von Brooklyn. Juli holte mich im unterirdischen Parkhaus ab. Sie führte mich zu einem Wartebereich, wo sechs weitere, nervös wirkende junge Männer saßen. Das waren die anderen Endkandidaten aus New York für den Nachrichtendienst. Ich hatte beeindruckende Konkurrenten, Leute, die wirklich schon etwas geleistet hatten: ein Anwalt, ein paar Leute aus der Strafverfolgung, zwei Flugsicherheitsbegleiter, von denen einer ein Jura-Examen hatte. Einer arbeitete gerade an seiner Dissertation. Mehrere hatten sich schon einmal für den Dienst in der Navy gemeldet.

Trotz des Ernstes der Veranstaltung hatte man uns mitgeteilt, weder Anzug noch Krawatte oder gar Uniform seien nötig. Nur ein Leutnant, der anscheinend Juli kannte, hatte das offenbar nicht mitbekommen. Er trug seine gebügelte Khaki-Uniform der Navy mit mehreren Streifen auf der Brust. »Ich haben Ihnen doch gesagt«, fuhr Juli ihn so laut an, dass auch die anderen es hörten, »hier trägt man keine Uniform.«

Ich saß neben einem Finalisten namens Thomas. Auf den ersten Blick erkannte ich, dass wir beide die einzigen mit »ethnischem Hintergrund« waren. Er war indischstämmiger Amerikaner. Wir verstanden uns auf Anhieb.

»Sind Sie auch wegen einer Green Card hier?«, fragte ich.

»Nein«, kam es wie aus der Pistole geschossen zurück. »Ich bin hier zum Vorsprechen für Terrorist Nummer Drei in der Fernsehserie *24*. Bin ich da richtig?«

»Keine Ahnung. Aber wenn Sie und ich dabei beobachtet werden, wie wir noch zwei Minuten miteinander reden, hält man uns womöglich für Mitverschwörer und der Leutnant da drüben kann uns nach Recht und Gesetz jederzeit abknallen.«

Dann lachten wir beide und gaben uns die Hand. Thomas war in meinem Alter, hatte kürzlich geheiratet und eine kleine Tochter. Er hatte bei der New Yorker Polizei angefangen, bevor er Air Marshal wurde. Genau wie bei mir schienen Beleidigungen einfach an ihm abzuprallen.

Die fünfzehn Minuten, in denen wir uns an dem Tag gegenseitig neckten, begründeten eine jahrelange Freundschaft.

Einer nach dem anderen wurden wir sieben in den Konferenzsaal gerufen und aufgefordert, an einem langen Eichentisch Platz zu nehmen. Das letzte Mal, als ich an so einem Tisch saß – bei meinem Vorstellungsgespräch in Boston –, hatte ich am Ende gegen Bewerber mit längeren Lebensläufen verloren, von denen einige sogar aussagekräftige, operative Erfahrungen vorzuweisen hatten. Auch diesmal hatte ich einige Rivalen mit guten Referenzen, aber ich war inzwischen älter. Ich leitete jetzt ein Unternehmen, das in den zurückliegenden Jahren zunehmend expandierte. Und ich war bereits ein Doppelagent, auch wenn man bei der Aufdeckung von Einzelheiten große Vorsicht walten lassen musste.

Der Vorsitzende des regionalen Auswahlkomitees, Captain Gary Golomb, stellte mir kaum technische Fragen. Er wollte weder wissen, was ein »foc'sle« (Kurzform für *forecastle,* Vorderdeck) ist, noch legte er mir Zeichnungen von Flugformationen vor. Er schien vielmehr daran interessiert, über die aktuellen Ereignisse zu sprechen. Er fragte mich nach meiner Meinung zu den amerikanischen Beziehungen zum Iran. Wir gerieten in eine lange Diskussion über einen Bestandteil der Bush-Doktrin, nämlich der Auffassung, dass eine Nation, die Terroristen Unterschlupf gewährt, ebenso schuldig sei wie die Terroristen selbst und deshalb genauso zur Verantwortung gezogen werden müsse, wenn es zu einer Reaktion des US-Militärs komme.

Die Bush-Doktrin wurde genau genommen gar nicht von George W. Bush erfunden. Ähnliche Argumente wurden schon in den Tagen des Kalten Krieges gegen die Sowjetunion und ihre Satellitenstaaten vorgebracht. Aber sie war ein zentraler Bestandteil des amerikanischen Versuchs, asymmetrische Bedrohungen seit 2001 zu bekämpfen, und sie taucht ständig auf. Terroristen existieren, weil Staaten es ihnen erlauben, indem sie es unterlassen, die Extremisten zu stoppen, oder indem sie diese gar materiell unterstützen.

Ich redete gerne über dieses Thema und das merkte man auch. Wie erwartet, stellte mir das Komitee keine einzige Frage zu meiner Tätigkeit mit dem FBI und den Russen.

Nach dem Treffen hat Juli offenbar mit Captain Golomb oder einem anderen Komiteemitglied gesprochen, weil sie schnell mit einem ausführlichen Bericht zu mir kam.

»Die Mitglieder waren sehr beeindruckt von Ihnen«, sagte sie. »Sie haben sofort beschlossen, Ihre Unterlagen nach Millington zu schicken.«

In Millington, Tennessee, hat die Personalabteilung der Navy, die die endgültige Entscheidung trifft, ihren Sitz.

Von allen Kandidaten in dieser Runde hätten sie, sagte Juli, die Namen von nur zwei Bewerbern weitergeleitet: den von Thomas und meinen.

Ich war begeistert. Ich war immer noch im Rennen.

Juri auf den Zahn fühlen

Dieser Sonntagvormittag war besonders schwül, einer von jenen Tagen, an denen man, kaum kommt man aus der Dusche, sofort wieder zu schwitzen anfängt. Es war gewiss keine Hilfe, dass ich auch noch einen Frosch im Hals hatte. Eine Erkältung bahnte sich an. Ich warf eine Tablette Sudafed D ein, rief Ted und Terry an und teilte ihnen mit, dass ich mich jetzt auf den Weg nach Long Island machte. »Es geht mir nicht besonders«, sagte ich zu Terry, »aber ich fahre trotzdem.«

Im Spionagegeschäft gibt es keine bezahlten Krankheitstage.

Es war der 22. Juni, der zweitlängste Tag des Jahres. Mein Treffen mit Juri sollte mittags stattfinden. Diesmal hatte er mir nicht einfach eine Visitenkarte zugesteckt, sondern gleich die Speisekarte des Restaurants!

Wir gingen zu Vincent's Clam Bar am Carle Place. Vincent's war, erfuhr ich aus der Speisekarte, bekannt für die großzügigen Portionen gekochter Muscheln und eine »weltberühmte« Tomatensoße. Das Haus hatte seine Wurzeln in einem Familienrestaurant, das 1904 in Manhattans »Little Italy« eröffnet wurde. Es war mit Sicherheit besser als die üblichen Etablissements und Pizzerien.

Ich hatte mehrere dringende Angelegenheiten mit Juri zu besprechen, die sich seit unserem letzten Treffen im April ergeben hatten. Ich wollte ihn über mein Gespräch mit Commander Jeffrey Jones von der Ständigen Vertretung der USA bei den Vereinten Nationen informieren. Ich wusste, dass ihn das beeindrucken würde.

Ted und Terry hatte ich gefragt, ob ich Juri Jeffs Visitenkarte zeigen durfte. Sie meinten, das sei in Ordnung. Aber vor allem wollte ich an jenem tropischen Tag im Juni dem Russen das Innenleben von DTIC zeigen und ihm das ganze Material vorführen, das ich beschaffen konnte. Ich wusste genau, DTIC war nicht nur der beste Zug, den wir hatten. Es war auch der einzige Zug. Ich konnte es nicht erwarten, Juri diese Datenbank zu präsentieren und seine Reaktion zu beobachten.

Ich beschloss, wieder den großen schwarzen Jeep zu nehmen. Die Corvette konnte einen in Schwierigkeiten und auch wieder aus ihnen herausbringen – und das sehr schnell. Aber sie stand nicht gerne untätig herum. Selbst im Leerlauf klang das Fahrzeug wie eine dröhnende Basstrommel. Sie war ein supereleganter Sportwagen. Und sie fiel auf. Trotz der Größe und Karosserie wusste ich, dass der Jeep auf dem Parkplatz eines Einkaufszentrums auf Long Island weit weniger Aufmerksamkeit erregen würde als die laut wummernde, tiefliegende Corvette Z06, mit der unübersehbaren Nockenwelle und den abgedunkelten Scheinwerfern.

Ich brachte meinen Laptop mit, einen Lenovo T60, der von der chinesischen Firma gebaut worden war, die die PC-Abteilung von IBM aufgekauft hatte. Außerdem hatte ich eine 3G-Speicherkarte mit integriertem WLAN und ein Ladegerät dabei, für den Fall, dass der Akku schlapp machen sollte. Und vor allem hatte ich einen großen Stapel Papier für Juri.

Das war eine Lektion, die ich aus meiner Zeit an der Universität und in der Wirtschaft gelernt hatte. Die Leute wollen etwas Handfestes: Papiere, Berichte, Ausdrucke, Dokumente, Zertifikate, Richtlinien – einfach alles. Das traf auf Juri zu. Das traf auch auf das FBI zu. Ich begrub gerne andere Leute unter Papierbergen. Dann fühlten sie sich wohler. Auf unerfindliche Weise ließ dieser Papierkram die ganze Angelegenheit seriöser erscheinen. Wenn Leute nach einem Treffen etwas in der Hand haben, dann können sie es in aller Ruhe später prüfen, und sie haben ihren Vorgesetzten und Kollegen gegenüber den konkreten Beweis, dass sie *wirklich* dort waren.

Ich fuhr über die Throgs-Neck-Brücke auf den Cross Island Parkway zum Long Island Expressway und dann zur Northern State. Das war die beste und schnellste Route, die ich kannte, von Upper Manhattan nach Long Island, auch wenn dort sogar an einem Sonntagmorgen viel Betrieb war. Das Vincent's befand sich auf der anderen Seite der Old Country Road gegenüber der Roosevelt Field Mall, in einem Einkaufszentrum zwischen Toys »R« Us und Petco. Von Little Italy war es ein weiter Weg bis hierher.

Ich fuhr auf den Parkplatz und drückte den Aufnahmeknopf an der Armbanduhr. Dann stieg ich aus dem Jeep und ging in das Restaurant. Das Licht war gedämpft. Die Klimaanlage summte. Juri wartete an der Bar auf mich. »Hallo, wie geht's?«, fragte er. »Ist das okay hier?«

»Sieht gut aus.« Den Rest des Satzes behielt ich für mich: *im Vergleich zu den Fast-Food-Ketten, in die du mich sonst geschleppt hast.*

»Wollen wir uns setzen?«, fragte er.

»Klar.«

Die Wirtin führte uns an einen Tisch mitten im Speisesaal. Der Raum war zu zwei Dritteln gefüllt, würde ich sagen – eine ganz ansehnliche Zahl für Sonntagmittag.

Die Kellnerin brachte uns einen Korb italienisches Fladenbrot und goss etwas Olivenöl auf einen Brotteller. Wir bestellten das Essen: Aubergine parmigiana für mich, Calamari für Juri.

Das Gespräch war von Beginn an sehr angespannt. »Sollen wir über DTIC sprechen?«, fiel ich gleich mit der Tür ins Haus. Doch noch ehe ich die Gelegenheit hatte, den gewaltigen Umfang der Datenbank zur Rüstungstechnologie zu erklären, fing Juri an, Fragen zu stellen, bei denen mir der Verdacht kam, dass er selbst einen Recorder laufen ließ.

»Sagen Sie mir, was Sie vorhaben«, sagte er.

»Was wollen Sie denn von mir?«, erwiderte ich. »Sie wollen, dass ich Ihnen Material beschaffe, richtig? Sachen, an denen Sie interessiert sind.«

»Was für Sachen können Sie damit beschaffen?«, fragte er.

»Das hängt davon ab, was Sie wollen«, sagte ich unverbindlich. Dieses Hin und Her erweckte eher den Eindruck eines Pingpong-Trainings als einer Konversation. Wollte er mich dazu bringen, mich selbst zu kompromittieren, ohne selbst eine Angriffsfläche zu bieten? Allmählich fühlte ich mich nicht mehr ganz so wohl in meiner Haut.

Ich beobachtete Juris Gesicht, versuchte, seine Miene zu ergründen, und achtete vor allem auf die Augen des Russen. Was ging in seinem Kopf vor? Während ich ihn anstarrte, musste ich an den Tag im Jahr 2001 denken, als George W. Bush sagte, er habe Russlands Präsident Wladimir Putin in die Augen gesehen und sei imstande gewesen, »einen Eindruck von seiner Seele zu bekommen«. Sie sei ihm »sehr aufrichtig und vertrauenswürdig« erschienen.

Ich kann nicht sagen, was ich damals in Juris Augen sah. Ich neigte eher zu Senator John McCain aus Arizona, der Bushs Bemerkung spöttisch kommentierte: »Ich habe Mr. Putin in die Augen gesehen, und ich habe drei Dinge gesehen: ein K und ein G und ein B.«

»Ich kann Ihnen zeigen, zu welcher Art von Sachen ich Zugang habe«, sagte ich zu Juri.

KGB, SWR oder GRU – es spielte keine Rolle. Heute war der Tag, an dem ich Juri aus der Reserve locken wollte. Ich zog einen Stapel Dokumente aus der Tasche. Ich zeigte ihm eine Kopie meiner Registrierung bei der DTIC. Ich zeigte ihm ein paar Screenshots der DTIC-Suchmaschine. Ich legte ihm eine Liste der Bibliotheken vor, zu denen DTIC Zugang hatte. Ich dämpfte meine Stimme. Ein volles Familienrestaurant war nicht gerade der geeignete Ort für eine Verkaufsveranstaltung mit streng geheimen, militärischen Daten. Aber es machte mir nichts aus, ihm einen Vorgeschmack zu geben. Ich hoffte, dass er hinlänglich beeindruckt war, um den Wert zu erkennen.

»Ich würde gerne weitermachen«, sagte ich zu ihm. »Aber zuerst müssen wir ein paar Dinge klären.« Das Heft in die Hand zu nehmen, war das beste Mittel, mein Unbehagen zu überspielen. »Sie müssen mich bezahlen. Sie schulden mir immer noch etwas. Wenn wir hier weitermachen wollen, dann müssen Sie zuerst das regeln.«

Er sah mich verständnislos an. War er wirklich verwirrt oder wollte er nur verhandeln? Verhandeln vermutete ich. Und das regte mich auf.

»Die Sache ist mit einem erheblichen Risiko verbunden«, sagte ich ernst und gab ihm keine Gelegenheit, eine weitere Frage einzuschieben. »Ich brauche in der Beziehung eine klare Vereinbarung. Wir brauchen einen Geschäftsplan. Bei der Sache muss etwas für mich rausspringen. Sie müssen die Gebühr für die DTIC-Registrierung zahlen. Allmählich kommt es mir so vor, als wollten Sie mich austricksen.«

Ich wusste, dass das FBI mir am Ende das Geld zurückzahlen würde, das ich ausgegeben hatte. Aber das wusste Juri nicht. So geizig wie er war, würde er Geiz von meiner Seite verstehen und annehmen, dass ich nicht gerade Unmengen von Geld für die Russische Föderation übrig hatte. Immerhin waren sie eine mittlere Weltmacht, und ich war nur ein kleiner Mann in New York.

»Ich kann Ihnen jetzt etwas Geld geben«, sagte er. »Aber ich würde gerne einen besseren Eindruck von …«

»Kein besserer Eindruck«, schnitt ich ihm das Wort ab. »Ich setze meine Existenz aufs Spiel. Wir hatten eine Vereinbarung. Ich möchte für meine Zeit entschädigt werden. Wenn Sie Fortschritte machen wollen, dann sage ich Ihnen eines: Ich werde mich nicht auf eine Beziehung einlassen, bei der wir jedes Mal, wenn ich Sie treffe, darüber sprechen müssen, ob Sie mich bezahlen oder nicht.«

Ich klang wütend. Und das war auch meine Absicht. Aber Juri gab nicht nach.

»Sie müssen begreifen«, sagte er, »wir wollen ins Geschäft kommen. Aber ich muss sehen, was wir von Ihnen erwarten können. Sagen Sie mir, was Sie uns zu bieten haben.« Er übergab mir eine Quittung. »Außerdem müssen Sie diese Quittung unterschreiben.«

Das brachte mich noch mehr auf. Es gab Zeiten, da war meine Wut sorgfältig gespielt, aber diesmal nicht. Meinte er das wirklich ernst?

»Ich werde keine verdammte Quittung unterschreiben«, sagte ich lauter als beabsichtigt. »Sie wollen, dass ich eine Quittung für Sie unterschreibe, auf der steht, dass ich das mache? Das hier ist Verrat. Für diese Sache kommt man den Rest seines Lebens hinter Gitter. Woher soll ich denn wissen, wer Sie sind? Woher soll ich wissen, dass Sie nicht ein Bulle sind? Woher soll ich wissen, dass Sie nicht für das FBI arbeiten?«

Ich merkte gleich, dass ich einen Fehler gemacht hatte, als mir die Worte herausgerutscht waren. *Ich Blödmann!* Aber ich ließ ihm keine Zeit, lange darüber nachzudenken. »Es sieht ganz so aus, als wollten Sie mir eine Falle stellen«, schloss ich.

Er sah sich nervös um und prüfte, ob mein Wutausbruch unerwünschte Aufmerksamkeit erregt hatte. Er wünschte ganz eindeutig, dass ich in aller Öffentlichkeit nicht so redete. In der Beziehung hatte er auch recht. Ich musste mich beruhigen. Es ist vielleicht besser, dachte ich, erst mal wieder runterzukommen. Ich brauchte eine Minute, um mich zu sammeln und nachzudenken. Manchmal tut eine kurze Pause gut. Der Sinn dieses ganzen Treffens war doch letztlich, Juri DTIC zu zeigen und bei der militärischen Bundesdatenbank in die Pötte zu kommen. Wie sehr er mich auch provozieren mochte, ich wollte nicht, dass er uns vom Kurs abbrachte. Also spielte ich Juri einen leichten Ball zu.

»Zeigen Sie mir Ihre ID«, verlangte ich.

Juri zögerte.

»Ich möchte den Ausweis sehen, der beweist, dass Sie für die UN arbeiten«, sagte ich. »Das möchte ich gerne bestätigt haben.«

Er seufzte erleichtert und lächelte wie ein Mann, der in einem finsteren, dichten Wald zum ersten Mal einen Lichtschein entdeckt. Das war eine Forderung, die er erfüllen konnte. Er öffnete seine Brieftasche und holte zwei laminierte Plastikkarten heraus. »Selbstverständlich, selbstverständlich«, sagte er. »Hier ist meine UN-Karte. Das ist meine Karte mit dem Wohnsitz.«

Ich schaute mir die Ausweise an. Für mich sahen sie echt aus, wie ich es auch erwartet hatte. Wenn er nicht der richtige Mann gewesen wäre, hätte das FBI das gewusst. Aber ich hatte die Spannung herausgenommen und ihn vielleicht einen Moment lang aus dem Konzept gebracht. Ich gab sie Juri zurück.

Meine Erkältung meldete sich jetzt richtig. Der Hals wurde immer rauer. Ich fühlte mich fiebrig. »Entschuldigen Sie mich einen Moment«, sagte ich.

Ich stand auf und ging zur Toilette. Als ich beim Pissoir fertig war, trat ich ans Waschbecken und klatschte mir Wasser ins Gesicht. Während ich mich abtrocknete, kam ein dünner Mann herein. Er war in den Vierzigern und hatte sandfarbenes Haar. Etwas kam mir komisch an ihm vor. Er sagte kein Wort, also hörte ich auch keinen Akzent. Aber er sah für mich eindeutig russisch aus. Der Mann blieb auf dem Weg zu den Kabinen stehen, wandte sich um und starrte mich Sekunden lang an. War ich paranoid? Warum hatte ich das Gefühl, ich würde verfolgt? Vielleicht wurde ich das wirklich. Ohne überhaupt auf ihn zu reagieren, ging ich zurück an den Tisch und setzte mich zu Juri. Unser Essen war gekommen.

»Wenn wir gegessen haben, gehen wir raus«, sagte ich zu ihm. »Ich zeige Ihnen ein paar Sachen, die ich für Sie auf meinem Laptop habe.«

Wir aßen schweigend, und obwohl das Essen gut war, wollten wir beide die Mahlzeit so schnell wie möglich hinter uns bringen. Juri war

253

mit den Calamari zuerst fertig und stand auf, um zu gehen. Ich legte die Gabel hin und folgte ihm. Auf dem Weg zur Tür reichte er der Kellnerin mit den Worten: »Das dürfte reichen« ein paar gefaltete Scheine – ich konnte nicht erkennen wie viele –, ohne das Tempo sonderlich zu drosseln. Wir traten hinaus in die Sauna von Long Island und gingen zu meinem noch heißeren schwarzen Jeep. Kaum waren wir eingestiegen, drehte ich die Klimaanlage auf volle Kraft und verließ den Parkplatz auf der Suche nach einem ruhigen Ort, wo wir miteinander reden konnten. Die peinliche Szene im Restaurant hatte nichts geändert: Ich wollte ihm immer noch unbedingt zeigen, was wir mit DTIC gemeinsam erreichen konnten.

Der USB-Stick

»Warum fahren wir nicht in das Parkhaus?«, sagte Juri.

Das Parkhaus lag auf der Seite des Einkaufszentrums an der Old Country Road. Als ich mit dem Jeep die Einfahrt passiert hatte, sagte Juri: »Fahren Sie auf die zweite Ebene.« Von dort lenkte er mich zu einem leeren Platz auf einem Drittel des Weges in der linken Reihe: »Fahren Sie hier rein.«

Ich schaute nach links, nach rechts und hinter mich, wie ich es gelernt hatte, vergewisserte mich, dass wir allein waren. Außer uns war niemand hier.

»Ich schalte den Computer ein«, sagte ich zu Juri, als ich den Motor abstellte. »Die WLAN-Karte müsste hier funktionieren. Ich würde Ihnen gerne all die Sachen zeigen, zu denen man über DTIC Zugang hat.«

Genau in diesem Moment kam ein Kaufhausbulle die Rampe hoch und fuhr in unsere Richtung. Da ich in den Vorstädten Amerikas aufgewachsen war, wusste ich, dass man vor den Kaufhauspolizisten keine Angst haben musste. Sie mochten offiziell wirkende Uniformen tragen. Vielleicht fuhren sie sogar Autos, die wie ein Streifenwagen aussahen. Aber ihre quadratischen Marken beinhalteten keinerlei gesetzliche Vollmacht. Ein Kaufhauspolizist konnte einem nichts anhaben.

Ich weiß nicht, ob es in den Vorstädten des sowjetischen Moskaus Kaufhauspolizisten gab, als Juri ein Teenager war. Aber er wirkte ein wenig verängstigt, als der Bulle vom Roosevelt Field in seinem weißen Chevy Cavalier mit blinkendem Warnlicht abbog. »Warten wir lieber ein wenig«, flüsterte Juri mir zu.

Ich schloss den Deckel meines Laptops und bewegte mich nicht. Der Kaufhauspolizist fuhr langsam an uns vorbei. »Blödmänner«, murmelte ich, als ich den Laptop wieder öffnete.

»Übrigens«, sagte Juri und streckte mir seine Hand hin, »ich gebe Ihnen den zurück.« Es war der schwarze USB-Stick, den ich ihm im April gegeben hatte, der mit den Cockpit-Handbüchern von Northrop Grumman.

Ich wusste nicht recht, warum er einen USB-Stick für 20 Dollar zurückgab. Aber ich nahm ihn, warf ihn in den Becherhalter neben dem Schalthebel und bedankte mich, bevor ich mich wieder meiner DTIC-Demonstration am Laptop widmete.

»Das Gute daran ist«, erklärte ich Juri und trieb damit den Kaufpreis in die Höhe, »dass wir hier direkt stöbern können. Ich kann es so einrichten, dass automatische Suchprogramme darüber laufen. Es kann eine Zeit lang Artikel in einer Bibliografie speichern.«

Ich zeigte ihm die Basissuchfunktion und dann noch eine Liste von Artikeln. »Man kann es auf eine Zeitspanne eingrenzen«, sagte ich ihm. »Auf eine Zeichenkette, wenn man will.« Ich zeigte ihm, wie jeder Artikel mit einer Nummer codiert war und einen kurzen Abstract hatte. »Ich bin derjenige, der die Suchanfrage eingibt«, erklärte ich. »Hier ist die Bibliografie, in der er abgespeichert wird. Und hier ist der eigentliche Artikel. Hier steht, inwiefern die Information in dem Artikel mit der Bibliografie übereinstimmt.«

Ich rief keine einzelnen Dateien auf. Ich zeigte ihm, wie die Anwendung funktionierte. Zufällig führte ich den Cursor zu einem Artikel aus einer langen Liste von Suchergebnissen. Er stammte aus der DARPA, der Behörde des Verteidigungsministeriums für fortgeschrittene Forschungsprojekte, und er hatte etwas mit Linguistik zu tun. Ich las zunächst nicht den vollen Titel, aber ich begriff, dass es um das Unterrichten von Fremdsprachen ging. Das war für die DTIC keineswegs ungewöhnlich.

DARPA ist die Dienststelle im Pentagon, die Forschungen an neuen Technologien für das US-Militär finanziert und hinter dem sich so gut wie alles verbergen kann. Die Stelle wurde 1958 als Reaktion auf den Start des ersten Sputniks der Sowjetunion ins Leben gerufen. US-Präsident Eisenhower wollte sicherstellen, dass die amerikanische Militärtechnologie weiter entwickelt war als alles, was potenzielle Feinde zu bieten hatten. Aber bei der Stelle geht es nicht nur um Raketen und Programmiercodes. Viele von der DARPA finanzierte Technologien sind inzwischen in der zivilen Welt gang und gäbe, etwa die Vernetzung der Computer, Hypertext, frühe Versionen von GUI (grafische Benutzeroberfläche) und die neusten Methoden für das Sprachtraining.

»Kann ich eine Kopie davon bekommen?«, fragte Juri.

»Sie wollen eine Kopie?«, sagte ich. »Klar, ich kann Ihnen später eine ziehen.«

»Kann ich sie jetzt bekommen?«

»Ich habe keinen Drucker hier«, sagte ich. *Oh-oh!* Ich hielt ihn hin. Ich war mir nicht sicher, ob er es merkte, aber allmählich hatte ich das Gefühl, als hätte ich ein Problem.

Ich sah mir den Titel genauer an: »Final Technical Report, March 2008. Robust, Rapidly Configurable Speech-to-Speech Translation for Multiple Platforms«, auf Deutsch: »Technischer Abschlussbericht, März 2008. Stabile, rasch konfigurierbare Sprache-zu-Sprache-Übersetzung für multiple Plattformen«. Ich wusste nicht, was konkret damit gemeint war, aber es hatte eindeutig mit Übersetzungen zu tun. Nicht gerade Lektüre für den Strand.

Juri schien den Artikel völlig willkürlich ausgewählt zu haben. Es war derjenige, auf dem mein Cursor zufällig gelandet war. Ich nahm an, er wollte einfach noch einen Stapel Papier, um seinen Vorgesetzten den Wert von dem, was er für sie tat, vor Augen zu führen, einen weiteren Beweis für den eindrucksvollen Datenzugang seines neuen amerikanischen Kontaktmannes.

Ich wagte nicht, ihn direkt anzusehen. Aus dem Augenwinkel nahm ich wahr, dass sich sein Gesichtsausdruck nicht verändert hatte. Aber ich hatte dennoch das Gefühl, dass er aufgeregt war – sich lediglich bemühte, es nicht zu zeigen.

Ted und Terry und ich hatten viele Szenarien durchgespielt, als wir dieses Treffen mit Juri planten. Aber wir hatten nie darüber gesprochen, dass ich Juri irgendwelche Dateien übergab. Nicht, bevor sie jedes Dokument geprüft hatten.

»Würde es Ihnen etwas ausmachen, den Artikel auf den Stick zu ziehen? Sie könnten ihn dorthin kopieren«, sagte Juri.

Oh, Mist, Mist, Mist!

Was sollte ich ihm sagen? Was sollte ich nur machen?

Eine Panik stieg in mir auf.

Der ganze Sinn der Aktion war es, Juri Zugang zu DTIC zu verschaffen oder ihn in dem Glauben zu lassen, dass ich es für ihn tat. Aber alles, was ich ihm aushändigte, musste vom FBI genehmigt werden.

Stopp. Denk nach.

Eine Datei über Sprachwissenschaft – wie sensibel dürfte so etwas sein? Das Äquivalent des Pentagons einer Spanisch-Lektion an der Highschool? Er verlangte ja nicht die Codes der amerikanischen Atomraketen! Die wären ohnehin nicht auf DTIC.

Ich wusste nicht, was ich tun sollte. Juri durfte kein Zögern merken. Zögern war Schwäche. Ich musste so tun, als sei seine Bitte keine große Sache. Wenn ich ein echter Spion wäre, dann würde es mir nicht das

Geringste ausmachen, ihm eine Datei über Sprachwissenschaft zu geben. Wenn ich ein echter Spion wäre, dann wäre ich frech, arrogant, geradezu darauf erpicht, ihm zu demonstrieren, was ich zu bieten hatte. Es käme mir gewiss nicht in den Sinn, ihm meinen Benutzernamen und das Passwort zu geben. Aber für einen Spion war die Kopie eine akzeptable Bitte. Ich bewies damit nur, dass ich es ernst meinte.

Ich hatte mit den Agenten, die ganze Stapel von Verhaltensvorschriften besaßen, nicht darüber gesprochen. Ich war allein auf weiter Flur. *Lass es auf dich zukommen.* Mir blieb nichts anderes übrig. Die ganze Zeit waren die Agenten und ich uns einig gewesen: »Es gibt kein fertiges Drehbuch, keine Liste der Schachteln, die jedes Mal gecheckt werden müssen. Wir wollen immer wissen, wie die Sache läuft, aber ein guter Doppelagent muss in aller Ruhe eigenständig denken.«

War das nicht genau das, worin ich gut war?

Die Erkenntnis traf mich wie ein Schlag. Die merkwürdigen Fragen im Restaurant waren ein Fingerzeig gewesen. Die scheinbar harmlose Rückgabe eines überflüssigen Sticks war ein zweiter. Juri stellte mich auf die Probe. Ich wollte nicht das ganze Vertrauen aufs Spiel setzen, das ich zu ihm aufgebaut hatte, nicht wegen eines einzigen unscheinbaren Artikels aus der DTIC. Ich brauchte eine Antwort – und zwar sofort. Ich hörte Teds Stimme ganz deutlich in meinem Kopf: »Es darf kein Zögern geben. Sie müssen das ›glauben‹, was Sie sagen. Sie dürfen ihm auf keinen Fall Zweifel signalisieren.«

Juri holte den Stick aus dem Becherhalter, hielt ihn mir hin. Ich vermute, er war genauso nervös wie ich, aber er zeigte es nicht, und ich glaube, ich auch nicht. Er beobachtete mich genau. Ich konnte meinen Atem und seinen hören. Er verfolgte aufmerksam jede Bewegung.

Ich handelte nach dem Überlebensinstinkt. Ich dachte: *Mach es einfach echt. Lass dir auf keinen Fall etwas anmerken! Lass deine Tarnung nicht auffliegen. Tu, was du tun musst. Beweg dich zielstrebig und langsam.*

Ich nahm die Plastikkappe ab und steckte den Stick in den USB-Anschluss an der Seite des Laptops. Ich sah ein rotes Licht aufblinken. Dann ging auf dem Bildschirm ein Fenster auf, das fragte, was ich als Nächstes tun will:

Bilder und Videos importieren?

Ordner öffnen, um Dateien zu sehen?

Dieses Laufwerk für ein Backup oder Speed Up des Systems verwenden?

Ich wollte gar nichts davon tun. Also klickte ich das Fenster weg.

Denk drei oder vier – nicht zwanzig – Schritte voraus. Bleib in der Gegenwart. Sei glaubwürdig.

Den Windows Explorer hatte ich bereits geöffnet. Ich kopierte den Linguistik-Artikel als pdf-Datei aus dem DTIC-Verzeichnis. Dann zog ich die Datei zum Stick und kopierte sie. Schließlich beendete ich den Explorer.

Behalte einfach die Kontrolle.

Ganz cool griff ich nach unten und zog den Stick heraus. Ich steckte die Kappe wieder auf und gab ihn Juri zurück.

Die ganze Aktion dauerte allenfalls sechs Sekunden. Diese sechs Sekunden hätten um ein Haar meine Laufbahn als Doppelagent beendet.

Vermasselt

Weder Juri noch ich sagten danach viel. Ich fühlte mich noch kränker als zuvor, allerdings kam zu dem Fieber jetzt das wachsende Gefühl einer Gefahr dazu. Ich sagte Juri, wir würden voneinander hören. Er stimmte zu. Dann gab er mir eine Visitenkarte für unseren nächsten Treffpunkt, eine Hooters-Filiale in Wayne, New Jersey. Offensichtlich machte sich Juri nichts aus Etablissements mit gepflegter Küche, wir kehrten wieder zu den uramerikanischen Ketten zurück, allerdings zu einer, die eher für die gewagten Ausschnitte bei den Kellnerinnen bekannt ist als für die Burger, das Bier oder die Chicken Wings.

»Waren Sie schon einmal in dem Restaurant?«, fragte Juri, bevor er aus dem Jeep stieg. »Ich habe gehört, die Atmosphäre dort sei angenehm.«

So kann man es auch sagen.

Juri stieg aus und wechselte in den Buick LeSabre neben uns. Ich hatte nicht gemerkt, dass er den Platz direkt neben seinem eigenen Wagen ausgewählt hatte. Das war ein Auto, wie es vielleicht mein Dad fahren würde, eine ausgewachsene Limousine der oberen Mittelklasse. Juris Wagen war Baujahr 2005, das letzte Jahr, in dem der LeSabre gebaut wurde.

Er fuhr rückwärts aus seiner Box. Dann fuhr ich aus meiner. Mir schmeckte überhaupt nicht, wie sich das Ganze entwickelte.

Mist, dachte ich, als ich das Parkhaus verlassen hatte. *Was war passiert? Habe ich eben etwas gemacht, das ich noch ernstlich bereuen werde?*

Ich hatte Juri ein Dokument übergeben, das im Voraus von keinem Menschen genehmigt worden war, hatte das ganz auf eigene Faust gemacht. Welche Gründe ich auch dafür haben mochte, ich hatte eine der Regeln gebrochen, an die ich mich von Anfang an gehalten hatte. *Verdammt!*

Ich fuhr auf dem Long Island Expressway Richtung Westen. Ich kannte nur eine Methode, den Zorn zu verarbeiten, der in mir brodelte, ganz zu schweigen von den inzwischen höllischen Kopfschmerzen: Ich fuhr wie ein Wahnsinniger. Ich schlängelte mich durch den dichten Sonntagnachmittagsverkehr zwischen Hamptons und Manhattan, entdeckte Lücken in den Fahrzeugkolonnen und quetschte mich rein, wo es nur ging. Nach zwei oder drei halsbrecherischen Manövern fuhr ich irgendwo im Osten von Queens an den Rand. Ich wartete eine Weile, um sicher zu gehen, dass mir niemand folgte, auch wenn ich mir kaum vorstellen konnte, wie das jemand hätte bewerkstelligen können. Dann rief ich Terry an.

»Das ist gut«, sagte er, als ich ihm mitteilte, dass ich eine Ausfahrt genommen hatte. »Warten Sie ein Weilchen. Achten Sie darauf, dass Ihnen niemand gefolgt ist. Dann melden Sie sich wieder.«

Ich erzählte weder etwas von dem Stick noch irgendwelche Details meines Treffens mit Juri. Aber mein Unbehagen wurde eindeutig immer stärker. Was hatte ich mir nur dabei gedacht, Juri den Stick zu geben? Ich brauchte gar nicht zu fragen. Ich wusste genau, dass das FBI das niemals genehmigt hätte. Wie in aller Welt sollte ich das Ted und Terry erklären?

Wir hatten vereinbart, uns im *Marrakesch* zu treffen, ein Hotel mit marokkanischem Flair Ecke Broadway und 103rd Street. Ich war schon tausend Mal daran vorbeigegangen und konnte nur hoffen, dass sie Rabatt bekamen.

»Etwas ist passiert«, war alles, was ich gegenüber Terry am Telefon durchblicken ließ, bevor ich wieder auf den Highway fuhr. »Ich erzähle euch alles später. Ich könnte echt ein Bier vertragen.«

262

»Okay, kein Problem«, sagte er. »Was möchten Sie?«

»Irgendwas Beschissenes«, sagte ich. »Und kalt.«

»Alles klar.«

Ich parkte den Jeep in meiner Garage an der 110th Street, schnappte mir die Laptoptasche und ging die sieben kurzen Blocks zum Hotel zu Fuß. Mein Kopf pochte wegen der Erkältung, der Angst und der Tabletten.

Die Eingangshalle des Marrakesch hatte gedämpftes Licht und dunkle Wände. Die Aufzüge befanden sich rechts neben der Rezeption. Als ich darauf zuging, hörte ich die Stimme einer Frau: »Entschuldigen Sie, Sir. Kann ich Ihnen behilflich sein?«

Mist! Mir war nicht klar gewesen, dass das Marrakesch so hohe Sicherheitsstandards hatte. Ich hatte keine Lust auf eine Unzahl von Fragen von einer neugierigen Empfangsdame.

»Sind Sie hier Gast?«, fragte sie.

»Ich möchte hier jemanden treffen«, sagte ich.

»Den Namen des Gastes, bitte.«

Ich war mir nicht sicher, ob ich das beantworten wollte. »Nur ein Freund von mir«, sagte ich. »In Zimmer 305.«

»In Ordnung, sagen Sie mir Ihren Namen bitte?« Sie ließ nicht locker. »Würden Sie sich bitte ins Gästebuch eintragen?«

Ich war kurz davor, einfach zum Aufzug zu gehen, sodass sie mir nachgehen musste, als der Manager aus einem Büro hinter der Rezeption kam. »Das ist schon in Ordnung«, sagte er zu der Frau. »Er wird jemanden treffen.«

Ich glaube nicht, dass der Manager eine Ahnung hatte, wer ich war oder wen ich womöglich treffen würde oder dass FBI-Agenten sein Hotel für eine Nachbesprechung nach einer Operation in einem sensiblen russischen Spionagefall nutzten. Aber vielleicht wusste er auch Bescheid. Wie dem auch sei, ich war froh über die Hilfe zur rechten Zeit.

Ich drückte den Knopf für das dritte Stockwerk und fuhr nach oben. Ich fand Zimmer 305 und klopfte an. Terry machte mir auf.

»Gute Güte!«, sagte ich zu ihm und Ted. »Was habt ihr denn der Empfangsdame erzählt? Sie führte sich auf, als wäre ich zu einem flotten Dreier hergekommen!«

»Etwa nicht?«, gab Ted trocken zurück.

So aufgeregt ich war, konnte ich mir ein Grinsen dennoch nicht verkneifen.

Ich saß auf einem schwarzen Vinyl-Schreibtischstuhl in dem engen Hotelzimmer. Ted reichte mir eine Dose Miller Lite. Ich suchte nach einem geeigneten Anfang.

»Der Typ ist so ein verdammtes Arschloch«, sagte ich. »Er treibt mich noch zum Wahnsinn! Wir versuchen, zusammen einen Plan auszuarbeiten. In letzter Sekunde fällt ihm immer noch eine kleine Änderung ein.«

»Also, was ist passiert?«, fragte Ted. »Erzählen Sie uns, was passiert ist, Naveed. Hat er nach Mexiko gefragt?«

»Nein, nein«, sagte ich. Die Frage hatte ich nicht erwartet. »Mexiko war das Einzige, was nicht zur Sprache kam.« *Wenn es nur Mexiko wäre!* »Irgendwann«, fuhr ich fort, »versuchte er, mich dazu zu bringen, etwas zu unterschreiben. Eine Quittung. Ich habe natürlich nicht unterschrieben.«

»Eine Quittung?«, fragte Terry ungläubig. »Er wollte, dass Sie schriftlich bestätigen, dass Sie Verrat begehen? Das ist dreist.«

»Er wollte, dass ich eine Quittung für die Dreitausend unterschrieb, die er mir beim letzten Mal zahlte«, sagte ich. »Warum gab er mir nicht einfach einen an ihn adressierten, frankierten Umschlag, den ich dem FBI schicken sollte? Das hätte die ganze Sache doch viel einfacher gemacht. Ihr hättet nicht einmal lange nachforschen müssen.«

»Wenn es um Geld geht«, sagte Ted, »dann weiß man nie so recht, woran man bei diesen Jungs ist. Füllen sie sich selbst die Taschen, oder befolgen sie nur irgendwelche Anweisungen von bescheuerten Bürokraten im eigenen Land? Das Geld ist immer eine heikle Sache bei ihnen.«

»Ja«, sagte ich und hörte nur halb zu, wie Ted versuchte, meine Befürchtungen zu besänftigen. Eine gute Chance, die Beichte ein wenig hinauszuzögern, denn die Buchführung der russischen ständigen Vertretung war gewiss nicht das Thema, das mir schwer im Magen lag.

»Ich zwang ihn, mir seinen Ausweis zeigen«, berichtete ich. »Ich sagte: ›Woher weiß ich denn, dass Sie kein Bundesagent sind? Woher weiß ich, dass Sie wirklich bei den Vereinten Nationen arbeiten?‹«

Ted und Terry mussten beide darüber lachen. »Eins zu null für Sie«, sagte Ted. Er klang wirklich beeindruckt, dass ich mich offenbar wacker gegen einen erfahrenen, russischen Offizier geschlagen hatte, einen langjährigen Spion.

Das Kompliment war zumindest zum Teil verdient, und ich war stolz darauf. Aber das gute Gefühl hielt nicht lange an. Ich ließ die Bombe langsam platzen.

»Gut. Dann sprachen wir über DTIC«, sagte ich.

Ted fragte: »Wie lief das?«

Ich nahm noch einen Schluck Miller Lite. »Nicht besonders gut«, sagte ich.

Sie wechselten einen Blick. Keiner sagte etwas.

»Ich gab ihm im Restaurant die Papiere und zeigte ihm alles, worüber wir gesprochen hatten«, sagte ich. »Dann gingen wir zum Jeep und fuhren in ein Parkhaus. Ich führte ihm vor, wie die Suchanfragen funktionieren, und er gab mir den Stick vom letzten Mal zurück, dann war da ein Dokument im Verzeichnis, auf das ich einfach so zeigte, und er fragte, ob er eine Kopie von dem Dokument haben könne. Ich hatte natürlich weder einen Drucker noch einen CD-Brenner im Jeep, also bat

265

er mich, das Dokument auf den Stick zu ziehen, und das habe ich gemacht und ihn ihm zurückgegeben. Zum Glück war es nur ein Dokument über Sprachwissenschaft.«

Das alles sprudelte ohne Punkt und Komma aus mir heraus. Ich nehme an, ich hoffte, die Reaktion würde milder ausfallen, wenn ich es in einem einzigen Atemzug los wurde. Vielleicht hoffte ich auch, dass der Teil, wo ich ein Dokument der DTIC übergab, in der Flut der Details unterging.

Ich bemerkte einige Blicke, aber Ted und Terry sagten kein Wort. Sie ließen mich einfach ausreden. Aber ihre Körpersprache – beide setzten sich auf – verhieß nichts Gutes. War es Schock? War es Panik? Das konnte ich nicht sagen.

Ted hob die Spannung auf. »Weißt du, Terry«, sagte er bedacht, »zumindest weiß Juri jetzt, dass das Ganze ernst ist. Er wird bestimmt nicht länger daran zweifeln, ob es echt ist oder nicht.«

Terry nickte, lächelte aber nicht.

»Hört mal, Leute«, sagte ich und versuchte, was immer da auf mich zukam, noch zu stoppen. »Ich hatte keine Wahl. Wenn es echt wäre, dann hätte ich ihm die Datei auf jeden Fall gegeben. Ich musste es ihm geben. Was hätte ich denn sonst tun sollen?«

Terry klang nicht überzeugt, als er sagte: »Sie hätten ihn hinhalten können. Sie hätten mehr Geld verlangen können. Sie hätten alles tun können, außer ihm die Datei geben. Wir haben nie darüber gesprochen, dass Sie seinen USB-Stick in Ihren Computer stecken und irgendetwas da rausholen. Oder?«

»Moment mal«, sagte ich. »Das ist Blödsinn. Ich hatte zwei Sekunden, um eine Entscheidung zu treffen. Ich entschied mich für das, was ich für richtig hielt. Ich dachte, es hieß: ›Alles muss spontan sein.‹ Das haben wir doch immer gesagt.«

»Trotzdem«, sagte Terry.

»Wollen Sie mir sagen, dass Sie mir bei der Sache nicht den Rücken frei halten werden?«

»Wir müssen jetzt abwarten, was daraus wird. Ich weiß nicht, welche Reaktion kommt.«

»Was soll denn das heißen?«

»Die Reaktion von oben«, sagte Terry.

»Nach drei Jahren in diesem Geschäft ist also die ganze harte Arbeit und der Respekt, den ich mir verschafft habe, einfach vergessen wegen einer Entscheidung, die ich im Bruchteil einer Sekunde treffen musste, als ich mich in einer unmöglichen No-Win-Situation befand? Ihr hängt die Latte verdammt hoch. Mal ehrlich, Jungs, was hätte ich denn machen sollen? Wenn ich Nein gesagt hätte, dann wäre er wenig überzeugt gegangen – oder hätte, noch schlimmer, geglaubt, dass man ihm eine Falle gestellt hat. Zum Glück wirkte das Dokument ziemlich harmlos. Sprachwissenschaft? Das klang nicht nach etwas, das die nationale Sicherheit gefährden könnte. Es hätte wirklich noch schlimmer kommen können.«

Ich merkte, dass meine Tirade ihre Bedenken nicht ganz besänftigte. Mir ging es ja genauso. Aber diese Agenten hatten so viel mit mir durchgemacht. Sie steckten genauso tief in der Sache drin wie ich – und waren genauso überzeugt von dem, was wir machten. Zumindest dachte ich das, hoffte, dass es stimmte.

Ich wusste nicht, was ich sonst hätte sagen können. Terry hatte offensichtlich mit seinem Wunsch nach strikter Einhaltung der FBI-Vorschriften und -Standards zu kämpfen. Es war Ted, der mir eine schwache Rettungsleine zuwarf.

»Da ist ein Typ in unserer Dienststelle«, sagte er. »Demnächst geht er in Ruhestand. Er zählt zu den Menschen mit undefinierbarer Herkunft. Er könnte Libanese sein. Er könnte ebenso gut Spanier sein. Man weiß es einfach nicht. Die Hemden trägt er bis zum untersten Knopf offen.

Die Haare gehen ihm bis auf die Brust. Er hat jahrzehntelang undercover gearbeitet. Er ist einer der fleißigsten verdeckten Ermittler, die wir haben. Und er wird nie auf Drogen gecheckt. Es besteht eine Übereinkunft – eine Annahme, würden Sie vielleicht dazu sagen –, dass er früher oder später das Vertrauen der Leute, mit denen er zu tun hat, untermauern muss, indem er mit illegalen Drogen dealt. Der Fall hier liegt im Grunde nicht so sehr anders.«

Ich wusste zu schätzen, dass Ted diese Geschichte erzählte. Es war eine tröstliche Analogie. Es gab einen Agenten, der verstanden hätte, warum ich Juri dieses Dokument geben musste. Ich wollte ihn kennenlernen, ehe er sich zur Ruhe setzte. Ich wollte ihn fast schon umarmen.

»Wir verstehen Sie«, sagte Terry und klang eine Spur ruhiger, aber immer noch besorgt. Seine Stimme war, das merkte ich sofort, absolut geschäftsmäßig. »Hören Sie, wir werden ein wenig Schadensbegrenzung betreiben müssen. Als Erstes brauchen wir den Namen des Dokuments und sämtlicher Details, die Sie darüber haben.«

»Kein Problem«, sagte ich. »Ich habe alles hier.«

»Wir müssen herausfinden, was da drinsteht«, sagte Terry. »Wir müssen ein paar Leute informieren.«

Erst als ich meinen Laptop wieder hochgefahren hatte, entdeckte ich folgenden Passus am Ende des Dokuments, das ich für Juri kopiert hatte: »Gemäß 22 U.S.C. 2778 liegt die Strafe für den unrechtmäßigen Export von Daten oder Informationen, die den ITAR [International Traffic in Arms Regulations, Bestimmungen für den internationalen Verkehr mit Waffen] unterliegen, bei bis zu zehn Jahren Gefängnis oder einem Bußgeld in Höhe von 1 000 000 Dollar oder beidem. Gemäß 50 U.S.C., Appendix 2410, ist die Strafe für den unrechtmäßigen Export von Daten oder Informationen, die der EAR [Export Administration Regulation, der amerikanischen Exportkontrolle] unterliegen, ein Bußgeld in Höhe von bis zu 1 000 000 Dollar oder das Fünffache des Wertes der exportierten Ware, je nachdem, welcher Betrag höher ist. Für eine Einzelperson beträgt die Strafe eine Haftstrafe von bis zu zehn Jahren oder ein Bußgeld in Höhe von 250 000 Dollar oder beides.«

Ich wusste nicht, was alle diese Artikel und Strafen zu bedeuten hatten oder inwiefern sie, wenn überhaupt, auf mich zutreffen könnten. Ich hatte derartige Floskeln schon auf unzähligen Regierungsdokumenten gesehen, von denen manche völlig harmlos waren. Aber in dem Geisteszustand, in dem ich mich gerade befand, war das alles ziemlich erschütternd.

»Fuck«, sagte ich zu den Agenten. »Ich kann nicht glauben, dass ich ihm dieses Dokument gegeben habe.«

Wir beendeten unsere Nachbesprechung, indem ich ihnen die Armbanduhr reichte. Ted und Terry würden sie wie üblich ins Büro mitnehmen und die Aufzeichnung herunterladen. »Wir gehen das so schnell wie möglich durch«, sagte Terry. »Wir werden checken, wie die Dinge stehen.«

Als ich vom Marrakesch nach Hause ging, senkte sich allmählich der Adrenalinspiegel der letzten Stunden. Die Erkältung schlug dafür voll zu. Ich fühlte mich beschissen und tat mir selbst leid. Mit jedem Block in Richtung Norden kippte meine aus Selbstschutz aufgebaute Wut immer mehr in Verzweiflung um.

Ich kann es einfach nicht glauben, dachte ich. *Die wollen mir eins auswischen. Ich trage das ganze Risiko. Sobald etwas Fragwürdiges auftaucht, sind sie bereit, mich einfach fallen zu lassen – dann hacken sie einer nach dem anderen auf mir herum.* Ich war Matt Damon, wie er Leonardo DiCaprio in *The Departed* zur Rede stellt: »Bring mich einfach um.« Der ehemalige Verbündete einer mächtigen Behörde, der ich war, dachte auf einmal, die Behörde könnte sich gegen mich stellen. Aber der lebensfrohe Mensch, der ich war, gelangte zu der Auffassung, dass ich womöglich auf keinen anderen als auf mich selbst wütend sein musste.

Ich betrat die Wohnung, ließ mein Zeug einfach fallen. Ich ging ins Bad und drehte die Dusche auf, ganz heiß. Ich machte die Tür zu, legte mich auf den Boden und wartete, bis der Raum voller Dampf war.

Ein paar Minuten danach ging die Tür auf. Ava kam herein, während ich auf dem Boden lag und alles voller Dampf war. »Was ist los?«, fragte sie.

Ich konnte mich gerade noch beherrschen, nicht loszuheulen. »Ich habe alles vermasselt«, sagte ich. »Ich kann es einfach nicht glauben. Ich habe Mist gebaut.«

»Erzähl mir einfach, was passiert ist«, sagte sie.

Ich erzählte ihr alles über Juri, den USB-Stick und Ted und Terry, und wie sie reagiert hatten und dass ich ziemlich sicher sei, dass ich alles ruiniert hätte.

Sie stand nur da, die Hände in der Hüfte, und schaute ernst. »Das ist alles?«, sagte sie am Ende. »Darüber machst du dir Sorgen? Sieh mal, wenn sie die Reißleine ziehen, dann ziehen sie eben die Reißleine. Du hast mehr getan, als die meisten Menschen getan hätten. Mehr als die meisten Menschen in ihrem ganzen Leben tun werden, in hundert Leben. Du hast eine große Karriere hinter dir. Aber diese Operation ist nicht das richtige Leben, nicht unser richtiges Leben.«

»Aber ich will nicht, dass es schon zu Ende ist«, sagte ich. »Ich bin noch nicht fertig. Wenn es aufhören muss, möchte ich es nach meinen Vorstellungen beenden.«

»Naveed«, sagte sie scharf. »Bei all dem, was du für die schon getan hast, glaubst du wirklich, dass sie die Reißleine ziehen werden? Was hätten sie denn davon? Das mag für sie ein Spiel sein, aber es ist ein wichtiges Spiel. Es geht hier um Manipulation. Ich bin absolut überzeugt, dass das nicht das Ende der Geschichte sein wird. Und wenn es vorbei ist, dann wird etwas Großes vollbracht sein, das kannst du mir glauben. Ich weiß es nicht hundertprozentig, aber so wird es kommen.«

»Vielleicht«, sagte ich.

Ava war noch nicht fertig. »Aber du musst die Sache sehen, wie sie ist«, sagte sie. »Sie hat keine Zukunft. Es gibt keine Karriere. Du musst einen Weg finden, deinen Frieden damit zu machen. Du tust das, weil du es tun willst. Aber es wird enden, wann immer es endet. Du hast keine Kontrolle darüber. Das hier definiert nicht, was für ein Mensch du bist. Es ist einfach nur etwas, was du getan hast.« Avas Stimme wurde sanfter. »Ich verspreche dir, Naveed, das wird nicht die einzige Leistung in deinem Leben bleiben.«

Ich starrte bedrückt in die Dampfwolken.

Am frühen Montagmorgen erreichte Ted mich auf der Fahrt ins Büro. Er klang deutlich ernster als noch am Vortag.

»Hören Sie«, sagte er, »man kann schlimme Dinge mit USB-Sticks anrichten. Die Russen könnten etwas auf Ihrem Laptop installiert haben, mit dem sie alles, was Sie auf ihm machen, verfolgen können. Wir brauchen Ihren Computer.«

Ich fuhr an den Straßenrand. »Muss das sein?«, fragte ich. »Ich würde ihn nur sehr ungern hergeben.«

Immerhin war es mein Privatgerät. Ich benutzte ihn nicht nur für meine richtige Arbeit, ich benutzte ihn auch privat, hatte persönliche Dinge darauf gespeichert, Mails. Online-Banking. Rein Privates. Es kam mir vor, als würde auf diese Weise jemand in mein Leben schauen. Von Anfang an hatte ich mich als der zivile Partner der Agenten betrachtet. Jetzt fühlte ich mich immer mehr wie ihr Angriffsziel, das sie permanent im Visier hatten.

»Wollen Sie sagen, ich habe keine andere Wahl? Ihr werdet mich dazu zwingen?«

»Hören Sie«, sagte Ted, »niemand will es dazu kommen lassen. Erledigen wir das doch auf freundschaftliche Art.«

Welche Alternative hatte ich schon? Blaulicht und Handschellen? Befanden wir uns nicht alle auf derselben Seite? Einmal mehr hatte ich nicht das Gefühl, als hätte ich eine andere Wahl.

Niemand drohte mir direkt, schon gar nicht Ted oder Terry. Aber man gab mir eindeutig zu verstehen, dass es keine andere Möglichkeit gab. Sie sagten nie ausdrücklich, was passieren würde, falls ich mich weigerte, aber gerade das macht ja am meisten Angst.

Ich willigte schließlich ein, den Rechner auszuhändigen. Und sie versprachen, ihn nur für einen Tag zu behalten, die Festplatte zu spiegeln und dann zurückzugeben.

Im Büro verbrachte ich den Rest des Tages damit, den Laptop zu bereinigen. Ich löschte meine persönlichen E-Mails, entfernte den Akku, koppelte den Laptop von meiner Arbeit und den Netzwerken zu Hause ab. Ich löschte alles Mögliche, obwohl mir klar war, dass es keinen großen Unterschied machen würde, aber ich tat es trotzdem. Immerhin ging es hier um das FBI. Die konnten bestimmt alles problemlos wiederbeschaffen, selbst Daten, die theoretisch bereits gelöscht oder überschrieben waren. Ich ging die Vorgänge trotzdem durch. Ich musste davon ausgehen, dass die Russen den Laptop infiziert hatten. Am liebsten hätte ich die Festplatte sofort in den Mülleimer geworfen.

Ich traf Terry am 27. Juni an der 95th Street. Er reichte mir ein Blatt Papier, das wie ein Haftbefehl aussah. Das war es nicht. Es war eher ein Bitte-Danke-Befehl.

Das Dokument war sehr konkret. »Agenten werden für die Zeitspanne eines Tages den Computer in Besitz nehmen«, stand da. »Es werden zwei Kopien der Festplatte erstellt werden. Es wird eine Prüfung der gespiegelten Laufwerke vorgenommen. Das FBI wird nach Hinweisen auf eine potenzielle Infizierung des Computers durch einen fremden Geheimdienst suchen.«

»Freiwillige Übergabe«, stand als Überschrift auf dem Dokument. Aber mir kam das Ganze nicht sonderlich freiwillig vor.

Hooters

Hatte ein einziger USB-Stick alles verändert? Die Agenten gaben mir den Laptop am nächsten Tag zurück. Offenbar hatten sie nichts Beunruhigendes darauf gefunden. Aber in den nächsten Tagen schien keiner so recht zu wissen, wie die Dinge standen – am wenigsten Ted, Terry oder ich. Wir befanden uns in einer Art Warteschleife. Wir wussten lediglich nicht, worauf wir warteten und wie lange.

»Was soll ich machen, wenn er Kontakt zu mir aufnimmt?«, fragte ich. »Was sage ich, wenn er anruft?«

Das wusste anscheinend niemand so recht. Nur eins war offenbar klar: »Sie nehmen auf keinen Fall den Computer mit«, betonte Ted.

Das sagte er mir nicht nur einmal, und es hatte beinahe etwas Beleidigendes. Glaubten die wirklich, dass ich mich wieder in eine so brisante Lage bringen würde? Nach dem, was passiert war? Selbst ein Kind fasst nur einmal eine heiße Herdplatte an.

Ich konnte es kaum erwarten, wieder in den Normalzustand zurückzukehren, was immer das hieß. Ich hasste es, nichts von Juri zu hören, seit ich ihm das Dokument auf dem Stick gegeben hatte. Wenn er mich auf die Probe stellen wollte, ob ich ihm alles, was er aus DTIC auswählte, auch zukommen ließ, so hatte ich den Test doch wohl bestanden. Aber seitdem herrschte Funkstille. Es war nervenaufreibend.

Schließlich rief er doch an und sagte, er wolle sich mit mir treffen. Einen Ort hatten wir ja schon vereinbart.

»Ist es okay, wenn ich ihn treffe?«, fragte ich Terry.

»Gehen Sie«, war alles, was er sagte.

»Also gut«, sagte ich. »Und was soll ich ihm vorlegen, wenn ich ihn treffe?«

»Bringen Sie nur nicht Ihren Computer mit«, ermahnte mich Terry tatsächlich noch einmal. »Drucken Sie ein paar Dokumente aus und zeigen Sie uns die vorher. Unsere Leute wollen alles sehen, bevor Sie es jemandem aushändigen.«

Die nicht gerade subtile Erinnerung daran, dass ich ohne Genehmigung einen Bericht übergeben hatte, ärgerte mich. Ich hatte bereits unzählige Male mit im Voraus genehmigten Unterlagen gearbeitet. Wenn ich ihn schon nicht mit der richtigen DTIC-Datenbank locken durfte, dann hatte ich zumindest etwas in der Hand.

Ich suchte mir einen schattigen Platz auf der leeren Parkfläche hinter dem Restaurant *Hooters*. Selbst um 11.30 Uhr war die Augusthitze vor dem Einkaufsparadies an der Route 23 in Wayne, New Jersey, enorm. Ich genoss noch die Klimaanlage in der Corvette und versuchte mich auf das Treffen mit Juri zu konzentrieren. Ich ging die Unterlagen noch zwei Mal durch. Das wichtigste war eine Rechnung über 15000 Dollar – der Betrag, den er mir schuldete. Ich zog die Klappe an meinem G-Shock-Uhrenarmband hoch und drückte den winzigen Knopf, um das Aufnahmegerät einzuschalten. Aber noch während ich wartete, dass das kleine rote Licht blinkte, sah ich Juri zielstrebig auf meinen Wagen zugehen.

Oh, Mist!, dachte ich. *Hoffentlich ist der Recorder jetzt auch eingeschaltet.*

Ich legte meinen Arm rasch auf den Oberschenkel, lächelte und öffnete die Tür. Ich wurde von einem lässig gekleideten Juri begrüßt: Jeans, braun-grünes Polohemd und große Pilotensonnenbrille. Er wirkte schlanker als in seinem ausgebeulten Sakko. Ohne Trenchcoat hätte ich ihn fast nicht erkannt.

Die lässige Haltung hatte auf mich den gegenteiligen Effekt. Ich begrüßte ihn besonders förmlich. »Hallo Juri. Wie geht es Ihnen?«

»Ganz gut«, sagte er, das übliche breite Lächeln im Gesicht.

Ich war schon früher mal bei Hooters [amerik. Restaurantkette, aber auch Slang für »Titten«. Anm. d. Übersetzer] gewesen. Die Chicken Wings waren ebenso scharf gewesen wie die Kellnerinnen. Unsere Bedienung in ihren orangefarbenen, superkurzen Shorts und dem tief ausgeschnittenen Top – das eigentliche Geschäftsprinzip der Hooters-Kette – hatte damals tapfer meine idiotischen Freunde und mich ertragen müssen. Ehe wir das für seine Gastfreundschaft und wegen seiner tief dekolletierten Kellnerinnen bekannte Etablissement betraten, blieben wir noch eine Zeit lang neben meinem Wagen stehen und sprachen übers Geschäft. Juri teilte mir mit, dass seine Leute in Moskau endlich dazu gekommen wären, den Stapel der Northrop Grumman-Unterlagen zu prüfen.

»Und?«

»Sie hatten keinerlei Interesse daran«, sagte er zu mir. »Das Material ist völlig wertlos für sie.«

Ich wusste, dass die Handbücher an sich nicht besonders heiß waren; aber führte Juri mich womöglich an der Nase herum? War seine Antwort eine List, um an meinem Selbstvertrauen zu kratzen?

Ja und ja. Ich glaube, ihm waren selbst die Hände gebunden.

»Aber wir möchten mit DTIC ins Geschäft kommen«, fügte er rasch hinzu.

»In Ordnung«, sagte ich.

Juri war noch nicht fertig. Seine Freunde in Moskau hatten darüber nachgedacht, wie man mich für meine Recherchen auf DTIC entschädigen könnte. »Wir würden gerne folgendermaßen vorgehen«, sagte er. »Wir haben einen Vorschlag.«

Ich dachte, wir hätten miteinander bereits eine Vereinbarung getroffen, wenn auch nicht gerade einen festen Handel – eben jene Vereinbarung, auf die Juris unbezahlte Rechnung zurückging. Aber mit den Russen war ein Deal nie endgültig abgeschlossen. Diese Lektion lernte ich immer wieder von Neuem.

»Das hat keinen Sinn, Juri«, sagte ich zu ihm. »Wir hatten doch bei unserem letzten Treffen eine Vereinbarung. Sie schulden mir bereits Geld. Und jetzt wollen Sie mir erzählen, dass wir darüber verhandeln?« Damit waren wir immer noch bei Schritt eins, zwei Monate nachdem ich erklärt hatte, dass er die Kosten für die Registrierung bei der DTIC übernehmen und mich für alles, was wir aus der Datenbank herausholten, bezahlen müsse. Ich kam mir vor wie ein Ein-Mann-Inkasso-Betrieb, aber mir blieb nichts anderes übrig, als mitzuspielen. »Also, wie stellen Sie sich das vor?«, fragte ich.

»Sie geben mir die Dateien«, sagte Juri. »Ich bringe sie nach Hause. Wir analysieren sie. Wir sagen Ihnen dann, wie viel jede Datei wert ist.«

Ich konnte nicht glauben, dass er mir allen Ernstes so einen Vorschlag auftischte. Allerdings musste ich anerkennen, dass er seine Lektion in freier Marktwirtschaft gelernt hatte.

»Für bestimmte Dateien«, so Juri, »werden wir ein paar hundert Dollar zahlen. Für andere zahlen wir einige tausend Dollar. Die Dateien haben unterschiedlichen Wert. Die Bezahlung wird sich nach dem Wert richten, den sie haben.«

Ich wollte kein Wort mehr hören. »Wollen Sie mich verarschen?«, platzte ich los. »Das ist die dümmste Idee, die ich jemals gehört habe. Ich gebe Ihnen eine Datei und warte brav ab, bis ich von Ihnen höre, wie viel sie Ihrer Meinung nach wert ist, und dann sehe ich dafür *vielleicht* Geld? Oder auch nicht. Außerdem werden Sie entscheiden wie viel?« Ich machte kaum eine Pause zum Luft holen. »Juri, Sie begreifen nicht, welches Risiko ich eingehe. Ich muss nicht nur den Zugang zum DTIC-System beibehalten, ich muss auch meine Suchanfragen verstecken. Ich muss die Arbeit, die ich für Sie erledige, in legale Arbeit einschmuggeln, damit sie nicht auffliegt. Meine Kosten sind fix, ob ich Ihnen nun fünf Dateien oder tausend zuspiele. Die Arbeit ist für mich die Gleiche. Das Risiko ist für mich das Gleiche. Die einzelnen Dateien haben für mich keinen Wert. Es ist Zeit und Risiko, die ich in Ihrem Namen eingehe. Kommen Sie mir bloß nicht damit, dass Sie die Dateien analysieren und mir dann sagen, wie viel sie wert sind. Ich kann nicht einmal glauben, dass Sie so einen Vorschlag gemacht haben.«

Während meines Wortschwalls wurde, so schien mir, der Russe zunehmend nervös. Ich wusste nicht recht, ob das nur sein nächster einstudierter Zug in einer zähen Verhandlung war: Schlag etwas Verrücktes vor, spiele den Verblüfften wegen der feindseligen Reaktion, und bekomme am Ende fünfzig Prozent mehr, als man eigentlich verdient hätte. Oder er hatte womöglich ein wenig Respekt vor mir, weil ich sein erstes kümmerliches Angebot nicht angenommen hatte.

»Wenn wir ins Geschäft kommen wollen, dann machen wir es richtig«, kam ich zum Schluss. »Wenn nicht, dann verschwende ich nur meine wertvolle Zeit mit Ihnen.«

Das meinte ich wirklich so. Ich war so aufgebracht, dass ich kurz davor war, ins Auto zu steigen, ohne die tiefen Einblicke im Hooters zu genießen, und nach New York zurückzufahren.

Was ich sofort bereut hätte. Ich hatte ein größeres Ziel, als bei einem aalglatten russischen Unterhändler meine Selbstachtung zu bewahren. In dem großen Bild spielte es keine Rolle, ob ich einen guten Handel mit Juri abschloss oder nicht. Ich musste ihn zum Reden bringen, ihn dazu bringen, dass er ständig Material forderte und dann immer mehr forderte.

Mir fiel ein, was Ted in einem der ersten Gespräche gesagt hatte: »Fassen Sie Juri hart an. Drohen Sie, Schluss zu machen. Die müssen glauben, dass Sie wirklich aufhören würden, wenn man Sie nicht ordentlich behandelt.« Vor der Tätigkeit beim FBI hatte Ted für den Nachrichtendienst der Air Force gearbeitet, wo er mit verdächtigen Personen zu tun und verdeckte Ermittlungen geleitet hatte. »Manchmal muss man aggressiv sein. Seien Sie nicht immer liebenswürdig. Es ist in Ordnung, einfach wegzugehen. Wenn die Basis stimmt, dann werden sie Ihnen immer hinterherlaufen.«

Ich legte die Hand auf die Autotür und sagte: »Wie sieht es aus, Juri? Kommen wir ins Geschäft oder nicht?« Ich hielt den Atem an. Ich machte mehr Druck als je zuvor, zum ersten Mal, und schloss einen Deal, von dem ich mir nicht mal sicher war, ob ich ihn einhalten konnte.

Aber Ted hatte Recht. Juri kam sofort auf mich zu. »Hören Sie, hören Sie, hören Sie«, sagte er.

Ich nahm die Hand von der Tür.

»Es ist gut, Naveed«, sagte er. »Beruhigen Sie sich. Alles ist in Ordnung.«

Juri griff in seine Gesäßtasche und zog drei Umschläge heraus. Er legte sie auf die Motorhaube meiner Corvette. Sie waren dick. Das war richtig Geld, aber ich hatte keine Ahnung, wie viel genau. In dem Moment reichte ich ihm die Rechnung.

»Ich möchte bezahlt werden«, sagte ich. »Sie sagen, hier geht es nur um Vertrauen und guten Willen. Sie können nicht einmal die Rechnung an der Bar bezahlen und wollen schon etwas Neues anleiern? Haben Sie mein Geld?«

»Wir werden das in die Wege leiten«, sagte Juri. Er öffnete an einem Umschlag die Lasche. Ich sah einen Stapel Geldscheine. Er gab mir den und die anderen beiden. »Hier ist etwas für den Anfang. Das sind achttausend Dollar.«

Ich beruhigte mich. »Sehen Sie«, sagte ich zu ihm, »Sie müssen verstehen. Bei der Sache gehe ich ein enormes Risiko ein. Ich könnte ins Kittchen kommen. Ich könnte alles verlieren. Das muss die Sache wert sein.«

»Ich verstehe«, sagte er. »Warum gehen wir nicht hinein, wo es kühl ist, und essen eine Kleinigkeit.«

Die Umschläge legte ich ins Handschuhfach und schloss den Wagen ab. Wir gingen zur Vorderseite des Gebäudes und betraten das »Etablissement«. Mehrere Kellnerinnen hingen an der Bar herum, während eine Bedienung im knappen Standardoutfit uns zu einem Tisch in der Mitte des Saals führte. Wir hatten uns schon in vielen Restaurants getroffen, aber mir kam es ein wenig surreal vor, mit einem Mädchen von Hooters und einem russischen Spion zu einem Tisch zu gehen. Plötzlich fiel mir die Szene in *Spy Game* ein, als Nathan Muir und sein Schützling Tom Bishop ein volles Restaurant kritisch prüfen.

»Der Mann, der die Speisekarte liest«, sagt Muir. »Eine Gefahr?«

Bishop glaubt nicht. »Höchstens für die Kellnerin«, sagt er.

Angesichts der Art, wie Juris Augen an der Kellnerin klebten, während sie zum Eingangsbereich zurückging, hätte ich aufstehen und sie warnen müssen.

»Sind Sie schon einmal hier gewesen?«, fragte mich Juri und achtete auf meine Reaktion, als würde er durch einen Zwei-Wege-Spiegel ein Verhör beobachten.

»Nicht in dieser Filiale«, sagte ich und beließ es dabei.

Ehe wir unser Gespräch fortsetzten, musste ich prüfen, ob meine Uhr alles aufnahm, wie es sich gehörte. Aber bevor ich eine Entschuldigung murmeln konnte, um Juris Aufmerksamkeit zu entrinnen, kam schon die Kellnerin und stellte sich als Crystal vor. Sie war groß und blond und hatte – muss ich das noch extra erwähnen? – mächtige Brüste. Sie schien nett zu sein. »Worauf habt ihr Jungs denn heute Lust?«

Eigentlich eine ganz normale Frage, aber bei Crystal schienen etliche Untertöne mitzuschwingen. Ich bestellte eine Diät-Cola, was, soviel ich wusste, keine Bedeutung außer einer Diät-Cola hatte. Juri wollte einen

Sam Adams – ging es noch Amerikanischer? – und studierte die Speisekarte.

Ich hatte keine Ruhe. Die Armbanduhr wog schwer. Ich bemühte mich, nicht darauf zu starren. Während ich mich im Restaurant umsah, wartete ich nur auf einen geeigneten Augenblick, um mich zu entschuldigen. Mir lief der Schweiß herunter und ich wollte mir Wasser ins Gesicht klatschen. Außerdem musste ich dringend auf Toilette. Als Crystal ging, um unsere Getränke zu holen, und Juri kein Auge von ihr wenden konnte, entschuldigte ich mich und stand auf.

Das Restaurant war fast leer. Es war noch nicht einmal Mittag. Die heutigen Vorbereitungsspiele der NFL hatten noch nicht begonnen. Als ich den Saal durchquerte, fiel mir auf, dass die riesigen Fernsehbildschirme die Baseballspiele von gestern zeigten.

Die Herrentoilette war leer. Ich benutzte das Urinal, sah nach meiner Uhr und stellte fest, dass das rote Licht blinkte, wie es sollte. Ich ging zum Becken, um mir Gesicht und Hände zu waschen. Als ich gerade das kalte Wasser aufdrehte, flog die Tür auf und ein Weißer im mittleren Alter stürmte herein. Er war klein und dick und trug eine brandneue Jets-Kappe. Dass die Kappe nagelneu war, merkte ich daran, dass an der Oberseite noch der Knick von der Verpackung zu sehen war.

Er sah mich an. Ich schaute nicht zurück, beobachtete ihn jedoch aus dem Augenwinkel. Er drehte rasch den Kopf weg und ging in eine Kabine, verriegelte aber nicht die Tür.

Wie der Mann, den ich bei Vincent's gesehen hatte, sprach er kein Wort, sodass ich keine Gelegenheit hatte, einen Akzent herauszuhören. Aber er hatte unablässig auf eine Weise über die Schulter geblickt, die seltsam und unbeholfen wirkte. Hatte Juri den Verdacht, dass ich in die Toilette schlüpfte, um zu telefonieren? War der Mann deshalb so hereingestürmt, weil er zu spät gemerkt hatte, dass ich vom Tisch aufgestanden

war? Hatte er die neue Jets-Kappe womöglich von einer der Beklei-
dungsberaterinnen, falls es so was in der Ständigen Vertretung gab, die
ihm voller Überzeugung versichert hatte: »Genau das ziehen amerikanische Männer an, wenn sie zu Hooters gehen«? Oder war ich einfach nur
allzu misstrauisch? Ich hatte keine Zeit, darüber nachzudenken. Ich
musste zurück zu Juri.

Nach meiner Rückkehr an den Tisch bestellten wir bei Crystal unser
Essen: einen Teller Sliders für Juri, einen grünen Salat mit gegrilltem
Hähnchen für mich. Mir fiel auf, dass Juri in Richtung Bar starrte. Da
der Mann mit der Jets-Kappe an einem Tisch in unserer Nähe saß,
musste etwas anderes Juris Aufmerksamkeit erregt haben. Es war ein anderes Hooter Girl, eine kleine Afroamerikanerin.

Juri lehnte sich zu mir, als wolle er einen neuen großartigen Spiona-
gevorschlag machen. Aber es ging ihm überhaupt nicht um Spionage.
»Schauen Sie«, sagte er, grinste und nickte zu der Kellnerin hin. »Die
haben hier auch Schwarze.«

Wie sollte ich denn darauf reagieren? Ich unterdrückte ein Lachen
und bemühte mich, die Diät-Cola nicht auszuspucken. Dann antwortete ich ganz offen. »Ja«, sagte ich und versuchte, absolut aufrichtig zu
klingen. »Wir hatten die Bürgerrechtsbewegung. Die Leute sind auf die
Straße gegangen, damit schwarze Frauen bei Hooters arbeiten dürfen.«

Ich glaube nicht, dass er das verstanden hat.

Ich bin keineswegs prüde. Ich war schon in weit zwielichtigeren Etablissements gewesen. Wenn jemand in einem Restaurant wie Hooters
arbeiten möchte, was geht mich das an? Wenn die Kunden gerne ihre
Chicken Wings von Pseudostripperinnen in extrem engen T-Shirts ser-
viert bekommen möchten, warum nicht? Das ist ein freies Land. Aber als
ich an jenem Sonntagmittag mit Juri dort saß, fühlte ich mich doch ein
wenig unbehaglich – als würde mein Boss die Weihnachtsfeier in einem

Bordell veranstalten oder mein Onkel seinen Sechzigsten in einem Hustler-Klub feiern.

Ich versuche gerade, hier ein internationales Spionagegeschäft abzuwickeln. Also, Juri, hör auf zu glotzen. Oh Mann!

Als wäre das nicht schon peinlich genug, zeichnete ich das Ganze auch noch für das FBI auf.

Während der ganzen Zeit, in der wir am Tisch saßen, kamen wir nicht mehr auf das Geschäft zu sprechen. Er war viel zu sehr mit den fettigen Burgern und der aufmerksamen Bedienung beschäftigt, das Höchste waren ein paar an mich gerichtete anzügliche Bemerkungen. Erst als wir draußen waren, gelang es Juri wieder, sich zu konzentrieren.

»Also haben wir jetzt eine Vereinbarung oder nicht?«, fragte ich ihn. »Sie werden mich unabhängig von den Dokumenten bezahlen. Keine Rede mehr von diesem Bockmist, mich pro Artikel zu bezahlen.«

Juri klang zuversichtlich, dass es ihm gelingen würde, das zu bewerkstelligen. Aber er wies darauf hin, dass die Vereinbarung von anderen abgesegnet werden müsse. Er sagte, dass er mir bei unserem nächsten Treffen wohl eine definitive Antwort geben könne. Dann reichte er mir eine Karte für eine Uno-Filiale auf der anderen Seite des Parkplatzes von Hooters. Juris Amerika bestand anscheinend aus einer langen Einkaufsmeile schlechter Restaurantketten. Ich nahm an, dass ich mich in seinem Stapel an Karteikarten in der Nähe derjenigen befand, auf denen die Ketten *Olive Garden* oder *Cracker Barrel* standen. Wie konnten wir nur *Applebee's* und *Johnny Rockets* überspringen?

Bevor wir uns trennten, legte er mir seine nächste Reihe von Anfragen vor. »Hier, das ist, was ich gerne von Ihnen hätte«, sagte er und reichte mir ein Blatt Papier. »Ich möchte, dass Sie die DTIC nach mehreren Kategorien – allgemeinen Kategorien – durchsuchen. Zeigen Sie mir, was Sie dort finden.«

»Kategorien«, sagte ich. Wenn das FBI bei meiner DTIC-Idee noch mitspielte, konnte ich mit Kategorien arbeiten. Jede Kategorie, die Juri vorschlug, konnte ich in die Suchmaschine eingeben und dann für ihn zusammenstellen, was immer die DTIC ausspuckte.

Ich schaute auf die Liste. Nicht gerade bescheiden. Ein Posten hieß »Kampfsysteme der Zukunft«, das grundlegende Modernisierungsprogramm der US-Armee Anfang und Mitte der 2000er-Jahre. Ein anderer hieß »F22 Raptor«, ein Überschalljagdflugzeug der fünften Generation, das von Lockheed Martin für die US-Luftwaffe gebaut wurde. Da fiel mir das Stichwort »Cruise Missiles« ins Auge. Juri hatte anscheinend meine Anregung mit den Marschflugkörpern aufgegriffen!

»Das sind sehr umfassende Themen«, sagte ich zu ihm. »Ich kann eine Bibliografie erstellen. Auf diese Weise bekommen Sie eine Liste der Dokumente, die zugänglich sein müssten.«

»Daran wären wir interessiert«, sagte Juri mit einer gewissen Begeisterung, allerdings nicht ganz so euphorisch, wie er die Hooter Girls beobachtet hatte.

Nachdem ich mich von Juri verabschiedet hatte, fuhr ich direkt nach Manhattan. Ich hatte ausgemacht, Ted und Terry zu einer sofortigen Nachbesprechung im Hotel Marrakesch zu treffen. Diesmal ging ich schnurstracks an der Rezeption vorbei zu den Aufzügen.

Im Zimmer erzählte ich Ted, dass ich seinen Rat befolgt und gedroht hätte, die ganze Sache abzublasen, wenn Juri nicht die fällige Rechnung beglich und meinen Entschädigungsvorstellungen zustimmte.

»Er fing rasch an zurückzurudern«, sagte ich.

»Schön für Sie«, sagte Ted. »Das habe ich Ihnen doch gesagt.«

Gerade in diesem Moment bedeutete mir Teds Zustimmung viel. Ich vertraute seiner Erfahrung und seinem Urteilsvermögen. Ted schien immer zu wissen, wovon er sprach.

Ich erzählte ihnen, was auf dem Parkplatz passiert war. Ted und Terry schüttelten den Kopf über Juris bescheuerten Vorschlag. Sie amüsierten sich köstlich über Juri und die Hooters Girls und die Peinlichkeit der ganzen Situation für mich. »Das hat er wirklich über die Schwarze gesagt?«, fragte Ted. »Hat er in einem Käfig gelebt?«

»Er hat es gesagt«, versicherte ich ihnen, während sie sich vor Lachen den Bauch hielten. Seit ich den Agenten von der Gewohnheit der Russen, Bücher mitgehen zu lassen, erzählt habe, haben sie nicht mehr so über einen Bericht gelacht.

Ich hatte zwei harte Monate hinter mir, aber die Nachbesprechung an dem Tag trug erheblich dazu bei, die Spannung zu lösen, die ich immer noch empfand. Ted und Terry machten ihre Sache großartig und vermittelten mir das Gefühl, ich stünde wiederum kurz vor der echten Aufnahme in einen exklusiven Klub, obwohl ich genau wusste, dass ich kein FBI-Agent war und deshalb nie ein richtiger Insider sein würde, wie nahe ich ihnen auch kommen mochte.

Mit der Zeit begriff ich, was für eine Belastung für den eigenen Verstand das sein kann. Das FBI, die Russen – das sind gigantische Organisationen mit eigenen Agenden, eigenen Kulturen und ihrer eigenen Macht. Sie arbeiten mit einem zusammen oder auch nicht, wie es ihren Interessen und Ressourcen entspricht. Aber in meiner Lage muss man selbst auf sich aufpassen. Man weiß nie, wer einen unterstützt – ob überhaupt jemand einen unterstützt. Man kann ebenso leicht von beiden Seiten geschluckt werden.

Aus diesem Grund traf mich Teds Abschied so hart. Ich hörte die schlechte Neuigkeit kurz nach dem Tag der Arbeit. Ted hatte einen neuen Job angenommen und zog mit seiner Frau nach Washington. Ich mochte Ted. Er war ein begabter Agent und ein sehr guter Mensch. Er hatte mich immer unterstützt, schätzte meinen Tatendrang und meine Kreativität, selbst wenn er mich manchmal am liebsten erwürgt hätte.

Bei allem, was man womöglich über roboterhafte, ferngesteuerte FBI-Agenten gehört haben mag, war er ein Mensch aus Fleisch und Blut. Ted, Terry und ich – wir waren ein Team, in jeder Beziehung. Sogar als ich völlig enttäuscht von ihnen war, wusste ich, dass uns etwas Persönliches verband. Und als die Dinge nicht so liefen, wie ich es mir wünschte, hatte ich den Eindruck, dass die hohen Tiere daran schuld waren. Ich ging davon aus, dass Ted und Terry immer tun würden, was in ihrer Macht stand.

Ted hatte noch nie viel von Zeremonien gehalten, also umarmten wir uns nicht unter Tränen oder trafen uns zum Abschiedsessen. Er sagte einfach Auf Wiedersehen und wünschte mir Glück. »Ich werde mich nach Ihnen erkundigen«, sagte er. »Es war wirklich ein Vergnügen, Mann. Sie sind in sehr tüchtigen Händen.« Ich merkte, dass er müde war. Ich auch.

Diese »tüchtigen Hände« gehörten einer Agentin namens Lisa. Sie sei am Rande an der Operation beteiligt gewesen, erfuhr ich, habe Juris Frau und Tochter an den Tagen observiert, als er sich mit mir traf. Kurz nach Teds Abschied lud Terry mich und Lisa zu einem Kennenlern-Essen bei Harvest am Hudson ein, ein nobles Restaurant in Hastings. Ich bemühte mich, offen zu sein.

Lisa sah wie eine Marathonläuferin aus. Sie hatte einen kurzen, modischen Haarschnitt und wirkte insgesamt wie jemand aus dem Mittleren Westen. Sie hatte die Militärakademie in West Point absolviert und diente in der Reserve. Während ihrer aktiven Dienstzeit war sie bei der 25. Infanteriedivision gewesen, die auf Hawaii stationiert war. Sie war freundlich und offensichtlich intelligent. Ich konnte keinen Grund finden, gegen sie Einspruch zu erheben, außer der Tatsache, dass sie eben nicht Ted war. Ich war froh, dass Terry nirgendwohin ging.

Beim Essen äußerte ich meine Besorgnis, dass der Zwischenfall mit dem Stick allem Anschein nach die Operation stärker verändert habe, als man mir mitteilte. Ich mochte es nicht, mich ausgegrenzt zu fühlen. Lisa und Terry versuchten beide, mich zu beruhigen. Hinter meinem Rücken werde überhaupt nichts passieren, sagten sie. Ich bekäme immer Gelegenheit, mich zu äußern. Sie betonten, wie wichtig es sei, dass ich ein »Teamspieler« bleibe.

»Natürlich bleibe ich das«, sagte ich. Aber ich kannte auch die Szene in *Spy Game,* als Nathan Muir erklärt, wie sehr es ihm zuwider sei, ermahnt zu werden, ein Teamspieler zu sein: »Jedes Mal wenn mein Trainer mir das sagte, wusste ich genau, dass ich demnächst auf der Bank sitzen würde.«

»Ich möchte nicht auf die Bank geschickt werden«, sagte ich Terry und Lisa.

»Man wird Sie nicht auf die Bank setzen«, sagte Terry.

Vielleicht nicht auf die Bank. Aber hatte man womöglich einen neuen Spieler in den Kader aufgenommen? Einige Spielregeln hatten sich verändert. Andere wurden bevorzugt, als wäre ich ein taufrischer Rookie. Das musste doch etwas bedeuten, nicht wahr?

Planänderung

»Eine Entscheidung ist gefallen …«, fing Terry nach ein paar lahmen Höflichkeitsfloskeln an.

Das klang unheilvoll.

»Eine Entscheidung ist gefallen?«, gab ich zurück und parodierte ihn dabei fast schon. »Was soll denn das, verdammt nochmal, heißen?«

Ich glaube, Terry wurde von der Heftigkeit meiner Reaktion überrascht. Das Lächeln war mir eindeutig vergangen.

Wir befanden uns – es war mittlerweile Ende September – auf einem Parkplatz zwischen dem West Side Highway und dem Hudson River an der 95th Street. Auf Terrys Anweisung hin war ich nach der Arbeit dorthin gefahren. Ich hatte meine schwarze Corvette neben Terrys Ford Fusion geparkt und war dann zu ihnen ins Auto gestiegen.

Terry war durch meine Unterbrechung aus dem Konzept gebracht worden und schickte sich wieder an zu erklären, was er meinte. »Man hat die Entscheidung getroffen, Juri einen Dämpfer zu verpassen«, sagte er. »Wir haben beschlossen, das zu tun, indem wir Sie vor seinen Augen verhaften.«

Der erste Teil klang absolut vernünftig. Aber: »*Mich* verhaften?«

»*So tun,* als würden wir Sie verhaften«, stellte Lisa klar.

Die Sonne ging über dem Hudson unter. Pendler jagten hinter mir auf dem Highway nach Hause. Vor mir joggten Leute den Pfad am Flussufer entlang. Zwei große Segelboote kreuzten zurück in den Bootshafen. Der Himmel erstrahlte in einer Mischung aus Orange- und Blautönen. Aber ich starrte verständnislos aus der Windschutzscheibe auf den Fluss und das dahinter liegende New Jersey. Alles schien irgendwie auseinanderzufallen. Ich gewöhnte mich nur schwer daran, ohne Ted zu arbeiten. Lisa sprach ständig in einem leicht herablassenden Tonfall: »Naveed, Sie sind doch ein intelligenter Mensch – das wissen wir.« Auf ihre Schmeicheleien folgte immer ein *aber,* ausgesprochen oder nicht. Und jetzt lautete also der Plan, mich zu »verhaften«?

Die Agenten auf dem Vordersitz waren still und warteten ab, bis ich das verdaut hatte, was sie sagten.

Ich fragte mich, wie viel Druck man ihnen von oben machte. In unserer ganzen gemeinsamen Zeit hatten Ted und Terry mir nie ein Drehbuch vorgegeben. Wir setzten uns hin und stellten zusammen, was immer vernünftig klang, wobei die Agenten mich anleiteten und die Aufsicht hatten. Aber am Ende ging ich auf meine Art mit Juri um.

Ich musste sofort an den *Miami Vice*-Film denken. Crockett und Tubbs sind einem internationalen Drogenring mit Verbindungen in Haiti, Puerto Rico, Dubai und Genf auf der Spur. Aber das FBI besteht darauf, dass sich die Cops auf ein paar kleine Dealer vor Ort beschränken. »Die Antwort lautet Nein«, sagt der risikoscheue Agent Fujima. »Wir holen uns die Arischen Brüder und die Schützen und zwingen sie zu einer Aussage. Lieber einen Spatz in der Hand, ich würde meinen Einsatzplan nicht aufgrund irgendwelcher vagen Spekulationen ändern…«

Ich stelle mir dann immer vor, wie Crockett ihm einen Schlüsselbund hinwirft.

»Was ist das?«, fragt Fujima.

»Die Schlüssel zu einem Boot«, sagt ihm Crockett. »Schnappen Sie sich dieses Arschloch doch selbst.«

Tubbs schaltet sich ein und übersetzt die wütenden Worte seines Partners: »Was er damit sagen will: Er möchte ungern die Unterwanderung einer großen Organisation des Drogenschmuggels aufgeben.«

»Also war alles für'n Arsch?«, schäumt Crockett, jetzt wieder O-Ton. »Weißt du, was der Pisser will? Sein Foto auf dem Titelblatt von der Verhaftung, damit er seinen beschissenen Job in Washington behalten darf.«

Während ich auf dem Parkplatz saß und über den Hudson starrte, kam ich mir vor wie Crockett und Tubbs. Genau genommen, eher wie Crockett.

Die Navy hatte sich noch nicht bei mir gemeldet. Allmählich wurde ich ziemlich nervös. Nach drei anstrengenden Jahren als Doppelagent wollte ich inzwischen etwas anderes anfangen mit meinem Leben. Ich hatte gewusst, dass ich mich an einem bestimmten Punkt auf die eigene Karriere konzentrieren musste. Aber ich dachte, dass wir das große Ziel ins Auge fassten und langfristig dachten, zumindest längerfristig als das. So aus heiterem Himmel klang Terry wie die Puppe eines Bauchredners mit seinem Stuss von wegen: »Eine Entscheidung ist gefallen«.

Ich beruhigte mich allmählich. Lisa spürte offenbar, dass ich bereit war zuzuhören, und fuhr fort. »Das hat nichts mit dem Laptop zu tun«, erklärte sie, obwohl ich gar nicht gefragt hatte, ob es darum ging. »Juri verlässt das Land. Wir wissen, dass er aus den Vereinten Nationen ausscheidet, und ein Neuer wird kommen und ihn ablösen.«

Das war eine Neuigkeit. Juri hatte kein Wort zu mir gesagt.

»Das gehört einfach zu ihrer üblichen Rotation an der Ständigen Vertretung«, sagte Lisa. »Aber es gibt uns eine Gelegenheit. Wir möchten nicht, dass er das Land verlässt, ohne dass er etwas unternimmt. Das ist jetzt womöglich die Chance für uns.«

»Und so wollen wir vorgehen«, sagte Terry.

Terry und Lisa redeten ständig von *wir* und *uns*. Ich fragte mich ständig: Meinten die beiden eigentlich *sie?*

»Aufgrund der Tatsache, dass Juri kurz davor ist, das Land zu verlassen«, fuhr er fort, »glauben wir, dass uns das eine günstige Gelegenheit bietet, gegenüber den Russen Flagge zu zeigen.«

Ich verstand, dass Juri abreiste. Ich verstand, dass wir keinen Einfluss auf das Rotationsschema an der Ständigen Vertretung Russlands hatten. Ich verstand auch, dass das FBI ihn nicht aus dem Land ausreisen lassen wollte, ohne ihn für die wiederholten Versuche, sensible Informationen von mir zu bekommen, zur Rechenschaft zu ziehen. Aber mir gefiel die Vorstellung nicht, gegen Juri auf eine Weise vorzugehen, die meine Rolle als Doppelagent beenden würde. Wenn man mich vor Juris Augen verhaftete, dann würden die Russen nie wieder Vertrauen zu mir als Informant haben, ob sie nun den Schwindel mit der Verhaftung glaubten oder nicht.

Von dem Tag an würden sie immer befürchten, dass ich für die US-Regierung arbeitete, dass ich im Gegenzug für einen milden Deal umgekippt sei. Würden sie denn nicht merken, dass mein Name, trotz der dramatischen Verhaftung wegen Hochverrats, nie auf der Liste des Bundesgerichts in Manhattan auftauchte? Würden sie nicht merken, dass ich keineswegs im Begriff war, ein paar Jahrzehnte hinter Gittern zu verbringen? Die Russen konnten die New Yorker Boulevardpresse ebenso gut lesen wie jeder andere oder die Akten im Büro des District Courts einsehen. Sobald wir mit Juri dieses kleine Theater inszenierten, waren meine Tage als Doppelagent vorbei.

Hinzu kam das bescheuerte Timing! Genau in dem Moment, in dem ich möglicherweise als Nachrichtenoffizier in die Navy aufgenommen wurde. Genau in dem Moment, wo ich den Russen zeigen konnte, wie wertvoll ich tatsächlich für sie war, wo Juri mich so gut wie sicher mit einem warmen Händedruck und einer eindringlichen Empfehlung an seinen Nachfolger weiterleiten würde.

Andererseits war es vermutlich an der Zeit, etwas Neues zu suchen. Eine Stimme in meinem Kopf – oder Ava? – fragte unablässig, wie lange ich noch dieses Doppelleben führen wollte. Ich war jetzt drei Jahre dabei. In drei Jahren kann viel passieren, und vieles wird aufgeschoben. Ava und ich wollten gerne eine Familie gründen. Es war für uns alle eine Zeit des Wandels, auch für die Agenten. Terry und seine Frau hatten vor Kurzem ihr zweites Baby bekommen. Ted hatte sich mit seiner neuen Stelle verabschiedet.

In all den Jahren hatte ich von ihnen nie erfahren, wie das Ende aussehen würde. Jetzt hatte jemand über uns diese wichtige Entscheidung getroffen. Ich war mir nicht sicher, ob man Terry, Lisa oder Ted überhaupt konsultiert hatte, und je mehr ich darüber nachdachte, desto weniger hatte ich das Gefühl, dass die Entscheidung des FBI richtig war.

Terry erklärte mir die Logik, so gut er konnte. »Wenn Juri glaubt, Sie wären verhaftet worden«, sagte er, »dann kann das unter Umständen das ganze russische Spionagenetz in New York stören. Sie werden nicht wissen, was passiert ist, warum oder wer kompromittiert wurde, wem sie noch trauen können. Sie werden nicht wissen, wer auf ihrer Seite steht und wer nicht.«

Wenn ich gehofft hatte, dass jemand meine Überlegungen dazu hören wollte, so belehrte mich Lisa rasch eines Besseren. Die Entscheidung war endgültig. Die Agenten sprachen bereits über das Wo und Wie.

»Wir möchten Sie so schnell wie möglich zu dem vereinbarten Treffpunkt bringen«, sagte sie, bevor ich aus dem Fusion stieg und mich zu der kurzen Heimfahrt wieder in meinen Wagen setzte. »Wir werden die Details noch besprechen, die ganze Logistik, wie wir vorgehen. Wir werden Ihnen alles genau erklären.«

Diesmal gab es ein Drehbuch.

Ich brauchte erst mal einen klaren Kopf.

Statt direkt vom Parkplatz nach Hause zu fahren, machte ich mit der Corvette einen kleinen Trip auf einer Route, die ich schon etliche Male gefahren war, allerdings selten so schnell. Ich verließ den Parkplatz Richtung West Side Highway im Süden und sah mich kein einziges Mal um. Der Wagen hat sechs Gänge. Der dritte hatte bei gut 170 Sachen sein höchstes Drehmoment. Ich fuhr schnell, sehr schnell. Das war für mich die beste Möglichkeit, die wütenden Gedanken, die mir durch den Kopf gingen, zu verdrängen, denn wenn ich so schnell fuhr, musste ich mich ganz auf die Straße konzentrieren. Ich fuhr auf dem West Side Highway direkt nach Süden bis zur Battery an der Südspitze von Manhattan, dann wieder zurück zur Dyckman Street am nördlichen Zipfel von Manhattan, wo ich noch einmal kehrtmachte und dann nach Hause fuhr.

Ich jagte mit einem hohen dreistelligen Karacho über die Straße. Ich wünschte mir fast schon, dass man mich erwischte; das wäre mein spezieller Stinkefinger für das FBI. Sie brauchten mich, um das durchzuziehen. Aber ich wollte das gar nicht durchziehen. Wollte ich alles sausen lassen? Ihnen die Schlüssel hinwerfen, wie Crockett? Einfach mit der Achsel zucken und sagen: »Macht's gut, Jungs«? Oder stand ich das ohne zu jammern durch und führte fort, was ich angefangen hatte? Sie hatten alle Trümpfe in der Hand. Die Tatsache, dass ich das von Anfang an gemacht hatte, war, so meinten sie wohl, für mich Grund genug, es auch zu Ende zu bringen – allerdings auf ihre Weise.

Ich fuhr in die Garage an der 110th Street. Der Motor war so heiß geworden, dass er knackte, als ich anhielt.

Ich ging ins Haus, warf die Schlüssel in die Schale und marschierte an Ava vorbei, auf meine Schuhe starrend.

Sie blickte von ihrer Arbeit auf. »Du kommst spät. Alles in Ordnung?«

Als Antwort bestellte ich japanisches Essen.

»Was ist passiert?«, fragte sie.

»Das FBI will die ganze Sache beenden«, sagte ich ihr. »Ich kann es einfach nicht glauben. Nach drei Jahren harter Arbeit und so kurz vor meinem Eintritt in die Navy!«

»Warum wollen sie das tun?«, fragte sie. »Wegen der Datei?«

»Wahrscheinlich«, sagte ich.

Ava schaffte es, mich in jeder Situation auf die grundlegende Frage zurückzuholen. Darin war sie schon immer gut. »Du musst dich jetzt entscheiden«, sagte sie. »Hör auf, ihre Bestätigung zu suchen, oder mach es einfach und finde dich damit ab. Beides ist in Ordnung. Aber entscheide dich!«

Ich sagte, ich sei mir nicht sicher, ob ich wirklich eine Wahl hätte. »Im Grunde sagen die Agenten: ›Machen Sie das.‹«

Das wollte Ava nicht gelten lassen. Sie meinte, ich würde ihnen zu viel Autorität überlassen. »Warum hängst du so sehr daran?«, fragte sie. »Was macht es für einen Unterschied? Lass es einfach sausen. Sag ihnen: ›Es war eine schöne Zeit.‹ Erinnere dich selbst daran: ›Ich muss mein Leben leben.‹ Sag: ›Das ist zu viel. Ich muss ein Unternehmen leiten.‹ Du schuldest ihnen gar nichts. Du musst das nicht tun. Du hast schon mehr getan, als man von den meisten Menschen erwarten würde. Es ist in Ordnung, alles stehen und liegen zu lassen.«

»Naveed«, fügte sie hinzu, »wir haben immer gesagt, wenn ein bestimmter Punkt erreicht ist, dann hörst du einfach auf. Vielleicht ist es jetzt soweit.«

Das begriff ich. Aber ich war wütend, und ihre fehlende Wut auf das FBI machte mich noch wütender. »Findest du nicht, dass die mich unfair behandeln?«, fragte ich.

Ava antwortete ruhig. »Es sieht nicht so aus, als hättest du groß die Wahl. Du kannst nur entscheiden, ob du weitermachst.«

Sie hatte recht, und ich wusste tief im Innern, wie ich mich entscheiden würde: Ich hatte beschlossen, das zu machen, und jetzt würde ich es durchziehen, auch wenn das Ende nicht so aussah, wie ich es mir vorgestellt hatte. Ja, ich würde ihnen am liebsten sagen, sie sollten sich verpissen. Aber ich war nicht bereit wegzulaufen. Ich wollte an diesen letzten

Schritten beteiligt sein. Nach dem Plan des FBI war es für mich so oder so vorbei.

»Schlaf drüber«, sagte Ava. Sie sagte nicht: »Sieh den Tatsachen ins Auge.« Sie sagte nicht: »Es ist vorbei.«

Am nächsten Morgen hatte ich beschlossen, dass es besser sei mitzumachen. Ich wollte meine Zeit als Agent nicht einfach so beenden. Ich würde also vor den Augen des Russen verhaftet werden! Ich teilte das Terry mit, als er anrief.

Terrys schwarzer Fusion fuhr vor meinem Apartmenthaus vor. Es war Samstag, der Tag, an dem wir den Schauplatz auskundschaften wollten. Er und Lisa fuhren mich zu der Pizzeria Uno in Wayne, New Jersey, wohin Juri unser nächstes Treffen verlegt hatte.

Wie immer wusste ich nicht, wann Juri anrufen würde. Ich wusste nur, dass mir, wenn er es tat, nicht viel Zeit blieb. Er würde sich vermutlich am nächsten Tag mit mir treffen wollen – maximal zwei Tage später. Was immer also die Agenten und ich an Planung oder Vorbereitung zu erledigen hatten, wir konnten es uns nicht leisten, lange zu warten.

Es herrschte dicke Luft, als ich zu Terry und Lisa ins Auto stieg, und das ging nicht nur mir so. An jenem Morgen staute sich der Verkehr vor dem Lincoln Tunnel. Wir krochen im Stop-and-go über die Eleventh Avenue. Kaum waren wir im Schritttempo nach links auf die 40th Street abgebogen, tauchte eine junge Frau in Uniform neben Terrys Seitenfenster auf und klopfte zweimal dagegen. Er ignorierte sie. Sie klopfte noch einmal gegen das Fenster, diesmal etwas energischer.

Terry ließ langsam die Scheibe herunter. »Was?«, sagte er eher als er fragte.

»Führerschein und Papiere«, antwortete die Polizistin, ebenso barsch wie Terry.

Terry rührte sich nicht von der Stelle.

»Es ist verboten, die Windschutzscheibe zu tönen«, sagte sie.

In diesem Moment verzog sich der lediglich gereizte Ausdruck in Terrys Gesicht zu einer Fratze, die eher etwas wie »Sind Sie denn völlig bescheuert?« ausdrückte. Er sagte immer noch kein Wort, aber er schnappte sich die FBI-Plakette, die mit dem Gesicht nach oben auf dem Armaturenbrett lag, und hielt sie der Polizistin unter die Nase.

»Oh«, war alles, was sie sagte, bevor sie sich abwandte und zurücktrat.

Die Stimmung im Wagen war so angespannt, dass ich kein Wort sagte. Aber zwei Gedanken schossen mir durch den Kopf: Was für ein Arschloch Terry doch war – und ich würde bei meinem nächsten Verkehrsdelikt auch gerne einfach eine Plakette vorzeigen! Aber seine Ohrfeige für die Polizistin schien Terry keinen Spaß gemacht zu haben. Wenn überhaupt, so war er danach noch gereizter. Ich hatte das Gefühl, dass ihm die Richtung, in die wir uns bewegten, ebenso wenig gefiel wie mir.

Endlich kamen wir aus dem Tunnel wieder heraus. Terry nahm die Route 3, die Secaucus-Umgehungsstraße, und schlängelte sich durch den dichten Verkehr bis zur Willowbrook Mall und dem Parkplatz der Pizzeria Uno an der Route 23. Im Auto hatten wir kaum ein Wort gewechselt, aber wir kamen sofort zur Sache, als wir an Ort und Stelle waren.

Lisa und Terry zeigten mir, wo ich parken sollte, wenn ich zum Treffen mit Juri hierher fuhr. Sie hatten einen Eckplatz auf der anderen Seite der Ausfahrt von Pizzeria Uno ausgesucht. Wir betraten gemeinsam das Restaurant und bekamen einen Tisch am anderen Ende des Speisesaals. Terry und Lisa wussten genau, wo sie mich platzieren würden, sie waren eindeutig schon einmal hier gewesen und hatten sich alles überlegt. Sie gingen davon aus, dass es mir gelingen würde, Juri an einen Tisch zu führen, auch wenn er lieber an einem anderen Platz säße, vermutlich dem mit der schärfsten Kellnerin.

Das Restaurant war so gut wie leer. Eine Kellnerin brachte uns Soft Drinks, und wir bestellten das Essen. Dann erklärten mir die Agenten das Szenario.

Wie ich es verstand, würden FBI-Agenten an anderen Tischen warten und die Lage im Auge behalten, während Juri und ich miteinander redeten. Auf mein Signal hin würden sie dann an unseren Tisch kommen und mich »verhaften«. Juri würde nicht verstehen, was da vor sich ging, was es zu bedeuten hatte. Wir hofften, dass er in Panik geriet. Und dann? Offenbar hatte das noch niemand für uns entschieden. Dieses offene Ende des Plans gefiel mir überhaupt nicht.

»Wir haben vor reinzukommen, wenn ihr beide bereits am Tisch sitzt«, sagte Terry. »So können wir die Umgebung viel besser kontrollieren.«

»Klingt das vernünftig?«, fragte Lisa munter.

»Absolut nicht«, sagte ich zu ihrem Erstaunen. »Was ist, wenn mich jemand erkennt? Ich möchte nicht, dass irgendjemand, den ich flüchtig kenne, zusieht, wie ich vom FBI verhaftet werde, und dann hören sie nichts Gegenteiliges. Auf keinen Fall. Das gefällt mir überhaupt nicht. Wir müssen uns etwas Besseres einfallen lassen.«

Mir kam es so vor, als wüssten die Agenten in groben Zügen, was wir erreichen sollten – eine großartige Szene vorspielen, die Juri hinters Licht führen und erschüttern würde –, dass sie aber davon ausgingen, dass sich die meisten Details spontan ergeben würden.

»Sobald ihr mich verhaftet habt, was macht ihr dann mit Juri?«, fragte ich Terry.

»Wir warten noch auf Anweisungen«, sagte er.

»Werdet ihr ihn verhaften?«

»Vermutlich nicht«, sagte Lisa. »Er genießt diplomatische Immunität.«

»Werdet ihr imstande sein, ihn zu befragen?«

»Wir sind nicht sicher. Wir erwarten dazu noch Instruktionen.«

Das ergab doch keinen Sinn. Warum mich verhaften und Juri laufen lassen?

Für das FBI und alle übrigen Bundesbehörden, mit denen sie sich koordinieren mussten, war der bevorstehende Höhepunkt offenbar eine hochkomplexe Angelegenheit. Terry und Lisa stellten das klar. Sie schienen unter einem Hochleistungsmikroskop zu stehen. Ich glaube, ihnen gefiel das ebensowenig wie mir. Aber die Agenten waren auf meine Kooperation angewiesen. Sie waren darauf angewiesen, dass ich ihren Instruktionen folgte. Sie brauchten mich als klugen Mitspieler. Zu ihrem Leidwesen war ich absolut dagegen, in einem vollen Restaurant vor unzähligen Leuten, die mich eventuell erkannten, verhaftet zu werden. Womöglich machten Kunden Fotos von der Szene? Und stellten sie dann online?

Wir stocherten im Essen herum, als es gebracht wurde. Ich hatte ein Chicken-Sandwich mit grünem Salat. Lisa hatte nur einen Salat bestellt. Terry bekam einen Burger mit nichts Grünem auf dem ganzen Teller. Und dann machten wir drei uns daran, einen Plan B auszubrüten.

»Manches lässt sich nicht ändern. Wenn wir Sie verhaften«, sagte Terry, »dann müssen Sie und Juri zusammen sein. Es hat keinen Sinn, Sie zu verhaften, wenn er nicht als Augenzeuge dabei ist.«

Damit hatte Terry recht.

»Also müssen wir zusammen das Restaurant verlassen«, schlug ich vor. »Macht es doch auf dem Parkplatz.« Ich durfte nicht zulassen, dass Juri vor oder nach mir das Restaurant verließ, wie er es in seiner eigenen Version der FBI-Sicherheitsvorkehrungen häufig gemacht hatte. Ich könnte die gleiche Strategie wie bei Vincent's anwenden, als ich ihn zu meinem Jeep lockte, um über DTIC zu reden.

»Ich werde ihm sagen, dass ich etwas im Auto habe, das ihm sehr gefallen wird«, sagte ich zu Lisa und Terry. »Nur so wird das funktionieren. Es muss etwas ziemlich Wichtiges sein. Ich muss erreichen, dass er es unbedingt haben will.«

Das schien beiden Agenten zu gefallen.

»Also bringen Sie ihn zum Wagen«, sagte Terry. »Wir werden Agenten drinnen und auf dem Parkplatz einsetzen. Sie geben uns irgendein Signal. Und wir schlagen zu.«

»Was für ein Signal?«, fragte ich.

»Was weiß ich. Tragen Sie einfach eine Kappe. Dann nehmen Sie die Kappe ab. Meinen Sie, das schaffen Sie? Daran zu denken, die Kappe abzunehmen?«

Zum ersten Mal an dem Tag taute Terry ein wenig auf, zumindest so weit, dass er mich gleich wieder necken wollte. Das war eine Sprache, die ich viel besser als das Drehbuch verstand.

»Na hören Sie«, sagte ich. »Logo, ich werde die Kappe abnehmen. Nur mache ich das nicht drinnen.«

Juri rief mich an einem Freitagnachmittag, es war der 10. Oktober, auf dem Handy an. »Sonntagmittag«, sagte er.

Endlich sollte die Show beginnen.

Da wir bei Uno bereits alles durchgesprochen hatten, war es nicht notwendig, uns noch einmal zu treffen. Aber den ganzen Samstag über hingen die Agenten und ich am Telefon und gingen alles noch einmal durch. Und dann, am Samstagabend, zur Essenszeit, rief mich Terry noch einmal an.

»Gehen Sie morgen nicht hin«, sagte er.

»Nicht hingehen?«

»Nicht hingehen«, sagte er. »Wir blasen es ab. Morgen ist abgesagt. Gehen Sie nicht.«

Er nannte mir keine klare Erklärung. Nur dass eine Entscheidung getroffen worden sei – schon wieder! –, dass ich Juri nicht am Sonntag treffen sollte. Vielleicht wollte das FBI Juri ein bisschen einheizen. Das Einzige, zu dem sich Terry sehr klar äußerte, war, dass ich auf keinen Fall – *auf gar keinen Fall!* – wie geplant hingehen durfte.

Stattdessen, so wies er mich an, sollte ich ihn und Lisa am nächsten Morgen um halb elf, genau zu der Zeit, wo ich nach Jersey gefahren wäre, auf dem Parkplatz des Fairway-Supermarkts in Harlem an der Twelfth Avenue und 132nd Street treffen. Wahrscheinlich wollten sie auf Nummer sicher gehen, dass ich nicht auf eigene Faust nach Wayne fuhr.

Es war ein schöner Sonntagmorgen. Wir hatten von dem Parkplatz aus einen herrlichen Blick auf den Hudson. Der Tag schien hell und klar. Aber in mir brodelte es eher wie bei einem Gewittersturm.

»Was habt ihr euch eigentlich dabei gedacht!«, warf ich Terry und Lisa vor. »Für mich ist die ganze Situation schrecklich, ich will es endlich hinter mich bringen. Ich verstehe nicht, warum wir es nicht einfach machen. Leute, wieso kriegt ihr das nicht auf die Reihe?«

Wir saßen da. Die Zeit verging. Ich konnte mir ohne Schwierigkeiten ausmalen, wie Juri im Restaurant sein Mütchen kühlte, die anderen Tische beobachtete, einen Blick auf den Parkplatz warf und sich fragte, wo ich denn zum Teufel blieb und was meine Abwesenheit zu bedeuten haben mochte. Es kam nicht infrage, dass ich ihn anrief. So hatten wir das nie gehandhabt. Wir wussten beide: Wenn einer von uns zu einem Treffen nicht erscheinen konnte, dann machten wir weiter wie bisher, ich würde also darauf warten, dass Juri wieder Kontakt aufnahm.

Es machte eigentlich wenig Sinn, dass ich stundenlang mit den Agenten zusammensaß, außer dass sie sichergehen wollten, dass ich nicht plötzlich eine unbändige Lust auf eine Pizza nach Chicagoer Art mit dicker Kruste bekam.

»Es ist nur ein Aufschub«, sagte Terry, um mich zu beruhigen und die Zeit totzuschlagen. Er wollte mir immer noch nicht sagen, warum wir in Bereitschaft waren. »Wir werden so weit sein, wenn Juri wieder anruft.«

»Und was ist, wenn er nicht anruft?«, fragte ich. »Wenn damit alles vorbei ist? Was ist, wenn wir es völlig verpatzt haben? Wenn er kalte Füße bekommt oder nach Hause gerufen wird oder – Mist, alles Mögliche könnte passieren.«

Aber Juri rief an. Zwei Freitage später. Er klang keine Spur anders als sonst. Den Sonntagmorgen, an dem ich ihn warten ließ, erwähnte er mit keiner Silbe. Er schlug vor, dass wir uns kommenden Sonntag am selben vereinbarten Ort trafen.

Diesmal gab das FBI grünes Licht.

Scheinverhaftung

Kurz nach elf verließ ich am Sonntag, dem 28. Oktober, die Wohnung. Ich lenkte die Corvette aus dem Parkhaus und fuhr den West Side Highway entlang. Die Temperatur lag bei 16 Grad. Der Morgen war sonnig und klar. Ich trug Jeans, ein blaues Hemd mit langen Ärmeln und eine schwarze Baseballkappe des New York Motor Club. Die Adresse der Pizzeria Uno hatte ich bereits in mein GPS eingetippt: West Belt Plaza, Route 23 South, Wayne, New Jersey.

Drei nervenaufreibende Jahre, eine Familienbeziehung über ein Vierteljahrhundert, Tausende Stunden an Nachdenken und Planen, Betteln und Beantragen, Überreden und Koordinieren – und jetzt sollte alles damit enden. Ich war darauf gefasst, gleichzeitig konnte ich es nicht ertragen, dass es zu Ende ging. Ich war aufgedreht und ausgelaugt, hoffnungsvoll und niedergeschlagen, so konzentriert, wie es nur ging. Ich steckte voller widersprüchlicher Gefühle. Meine Nerven waren zum Zerreißen gespannt. Der Adrenalinspiegel war am Anschlag.

Als ich auf die George-Washington-Brücke auffuhr, bemerkte ich, dass mein Handy nicht funktionierte. Die Anrufe wurden ohne Klingeln direkt an die Mailbox weitergeleitet. Mir kam der Gedanke, dass mir jemand womöglich einen Streich spielte. Hatten die Russen mein Mobiltelefon angezapft? Oder das FBI? Ich hatte auf der West Side von Manhattan noch nie Probleme mit dem Empfang gehabt. Bildete ich mir das nur ein? Zugegeben, ich war gestresst. Aber trotzdem.

Ich rief Terry an. »Bei Ihnen alles in Ordnung?«, fragte er mich. »Von unserer Seite ist alles bereit. Frank wird dabei sein. Er hat das Oberkommando.« Da fiel der Name Frank wieder. Allmählich bekam ich einen Eindruck von dem ganzen Team, das beteiligt war.

Während ich mit Terry sprach, erhielt ich eine Nachricht, dass Ava angerufen hatte. Was war verdammt noch mal mit meinem Telefon los?

Ich rief Ava zurück. Ich hörte, dass sie Wörter sagte. Ich wusste auch, dass es englische Wörter waren. Ich wusste, dass sie wegen etwas frustriert war. Aber es wollte mir nicht gelingen, das zu verarbeiten, was sie mir sagen wollte. Sie klagte, glaube ich, über etwas, das bei der Arbeit passiert war. »Ave«, sagte ich barsch, »ich kann jetzt nicht darauf eingehen.«

Ich rief Terry noch einmal an. »Ich komme gerade bei dem Einkaufszentrum an«, meldete ich. »An Route 23.«

Als ich an der Stelle auf dem Parkplatz ankam, die Lisa und er mir gezeigt hatten, rief ich noch einmal an. Ich war froh, dass der Platz frei war. Kein Mensch hatte mir gesagt, was ich tun sollte, falls er belegt wäre. Ich holte tief Luft. Ich schluckte schwer. Von mir aus konnte es losgehen.

»In Ordnung«, sagte Terry. »Viel Glück.«

»Viel Glück?«, gab ich zurück. »Was soll das denn, Mann? Was ist das hier? *Men in Black? Streets of Fire?* Werde ich hier womöglich erschossen?« Ich ging regelrecht in die Luft. »Soll das etwa heißen ›Hals- und Beinbruch‹? Hören Sie mir bloß auf damit. Gleich werde ich da reingehen. Spielen Sie nicht den Piloten, der sagt: ›Ich liebe Sie‹, während das Flugzeug abstürzt.«

Ich weiß, dass die Worte von Terry, der von Anfang an dabei gewesen war, als ehrlich gemeinte Aufmunterung gemeint waren. Er suchte nach den richtigen Worten und ich war ihm über den Mund gefahren. Ich war kurz davor, die Nerven zu verlieren, aber der Ausbruch hatte den

Druck in mir zum größten Teil gelöst. Ich hatte noch einen letzten Job zu erledigen.

Ich holte tief Luft und zitierte meinen Lieblingsspruch von Gary Buseys FBI-Agent in *Gefährliche Brandung:* »Bitte alle auf Position. Es ist Showtime.«

Ehe ich aus dem Auto stieg, prüfte ich die G-Shock Armbanduhr. Sie zeigte 11.55 Uhr. Ich schaute aus dem Fenster, nach links, nach rechts, dann hinter mich. Ich vergewisserte mich, dass niemand in der Nähe war, machte die Tür auf und stieg aus.

Ich kauerte mich auf dem Parkplatz nieder und tat so, als würde ich mir den Schuh binden. Ich schob meine Kappe zurecht.

Ich blies in das Aufnahmegerät in der Uhr und spulte das Band zurück. Ich prüfte, ob das LED-Licht funktionierte. Es blinkte.

Es konnte losgehen.

Ich ging über den spärlich gefüllten Parkplatz zum Eingang der Pizzeria. Ich war zwei Schritte entfernt, wollte gerade nach der Tür greifen, als ich eine Stimme hörte.

»Naveed.«

Ich drehte mich um, hinter mir stand Juri. Irgendwie hatte er es geschafft, sich unbemerkt anzuschleichen. *Oh, Mist!,* dachte ich. *Wir sollten uns doch drinnen treffen.*

Ich gab mir Mühe, nicht erschrocken auszusehen. Lächelnd hielt ich ihm die Hand zur Begrüßung hin. Er packte sie und ließ sie nicht sofort wieder los. Das Herz schlug mir bis zum Hals.

»Wie geht es?«, fragte er. »Natürlich war ich in Sorge.«

»Mir geht's gut«, sagte ich. »Schön, Sie zu sehen.«

»Was war beim letzten Mal?«, fragte er und hielt immer noch meine Hand. Ich fragte mich, ob er meinen rasenden Puls spürte.

»Ich hatte Probleme in der Familie. Es tut mir leid. Ich konnte einfach nicht weg. Sorry.«

»Ist schon in Ordnung«, sagte er. »Alles bestens.«

»Es war der Geburtstag meiner Nichte. Da musste ich einfach hin. Tut mir leid, dass Sie umsonst gekommen sind.«

»Hören Sie«, sagte er, »gehen wir lieber nicht hier rein. Möchten Sie nicht wieder zu Hooters gehen? Es ist gleich da drüben.« Er zeigte auf die andere Seite des weiten Parkplatzes.

Mist, Mist, Mist!

»Klar«, sagte ich möglichst ungezwungen. Gar nichts war klar. Waren nicht schon ein paar Agenten in der Pizzeria Uno? Würden sie wissen, dass ich hier gewesen war und jetzt wieder ging? Wie würde sich das auf ihren Part auswirken? Juri hatte wieder einmal in letzter Minute den Plan geändert. Genau wie bei dem Stick fiel mir kein Grund ein abzulehnen. »Okay, gehen wir zu Hooters«, sagte ich.

Es war nicht »gleich da drüben«. Das Restaurant lag am anderen Ende des Parkplatzes und auf der anderen Seite einer Ausfahrtstraße, gut zehn Minuten zu Fuß. Vielleicht hätte diese Planänderung in letzter Minute mich gar nicht überraschen dürfen. Ich wusste ja schon, was für ein Fan von Hooters er war.

Juri machte es uns nicht gerade leicht, weder dem FBI noch mir. Innerhalb und außerhalb der Pizzeria dürften die Agenten schon mit den Füßen gescharrt haben. Würden sie zu Hooters gehen und dort Stellung beziehen? Was immer sie taten, mir war klar, dass ich Juri aus dem Restaurant und zu meinem Wagen lotsen musste.

Als wir das Hooters betraten, war das Restaurant gut gefüllt. Die Fernseher plärrten. Die Bloody Marys zum Brunch wurden jetzt von dem Bier zu den Spielen abgelöst. Die sonntägliche Menge stimmte sich johlend bereits auf einen Nachmittag voller Footballspiele ein. Das Spiel der Giants-Steelers wurde um eins angepfiffen. Was für einen Höllenlärm die Armbanduhr aufnahm, mag sich jeder selbst ausmalen.

Als die Bedienung in dem ärmellosen Top und den knappen Shorts
kam – diesmal war sie blond und hatte genauso üppige Brüste wie alle
ihrer Kolleginnen –, war mir der Appetit vergangen. Aber wir bestellten
als Vorspeise mild gewürzte Chicken Wings. Juri nahm Fish-and-Chips,
ich bestellte das Steak quesadilla. Wir tranken beide Cola. Das letzte Mal
hatte ich den Salat probiert, aber wir waren hier bei Hooters. Hier galt
es eine Lektion aus Terrys Ernährungsratgeber zu beachten: Wozu überhaupt an die Gesundheit denken?

Ich registrierte nur halb, was um mich herum vorging. Ich versuchte
zu beurteilen, was unsere Änderung in letzter Sekunde für das FBI zu
bedeuten hatte. Ich nahm an, dass sie sich hektisch berieten und versuchten, neu Stellung zu beziehen. Ich zwang mich, nicht jedes Mal,
wenn ein neuer Gast kam, zur Tür zu schauen.

Bei dem Lärm im Restaurant lehnte sich Juri über den Tisch und
fing an, mich nach DTIC auszufragen. Die ganze Idee mit der Datenbank hatte es ihm eindeutig angetan.

»Welche Suchläufe können Sie noch durchführen?«, wollte er wissen.
»Warum dauert es so lange, die Dokumente anzufordern? Haben Sie
nicht Zugang zu mehr Dokumenten?«

Seine Worte waren klar und deutlich. Aber er konnte nicht über
seinen Schatten springen. Er fiel wieder in die herablassende Haltung
der Russen zurück, in den Tonfall, der für mich klang wie: »Was du uns
zu bieten hast, beeindruckt uns überhaupt nicht, aber wir würden dich
gerne weiterhin ausnutzen.« Das war noch nie eine gute Taktik gewesen,
um mich zu motivieren, aber offenbar wurde sie in der russischen Spio-
nageschule den Leuten beigebracht, und Juri versuchte, sie bei mir anzu-
wenden.

Vorerst dachte ich bei mir: *Schauen wir mal, wie unbeeindruckt du
bist, wenn du merkst, dass ich dich benutze.* Allerdings hatte ich das
Gefühl, dass ich mich weiter auf das bevorstehende Geschäft konzen-

trieren musste. Es war mein Job, auch wenn das Ende in Sicht war, so zu tun, als würden wir Fortschritte machen. Ich musste ihn motivieren und das so bewerkstelligen, dass er keinen Verdacht schöpfte. Ich würde ihm gnadenlos den Mund wässrig machen und so viel aus ihm herausquetschen wie nur möglich. Ich musste den materialistischen, jungen Verräter spielen, den er nach und nach kennengelernt hatte. Und wie schwer konnte das in diesem letzten Akt unseres Stücks schon sein?

Ich musste nicht einmal liefern, was immer ich ihm versprechen mochte. Das FBI würde sich ohnehin vorher einschalten. Ich konnte Juri alles versprechen. Mein einziges wirkliches Problem war, ihn zum Auto zu locken. Ich nahm an, ein paar Agenten waren im Hooters. Viele lebten in diesem Teil von New Jersey. Soviel ich wusste, hingen sie gerne am Sonntagnachmittag hier in der Bar herum, stopften sich gebratene Mozzarellasticks in den Mund und schauten sich das Spiel an. Sie haben doch bestimmt gesehen, wie wir vor dem Unos kehrtmachten und gemeinsam über den Parkplatz gingen – oder nicht? Nicht?

»Hören Sie«, sagte ich zu Juri und schnitt seine Tirade an Fragen ab. »Ich kann Ihnen noch mehr beschaffen, viel mehr. Sie brauchen mich nur zu bezahlen.«

»Haben Sie das Material von neulich mitgebracht?«, fragte er. Er sprach von Dokumenten im Zusammenhang mit Kampfsystemen der Navy, dem F-22 Raptor und Marschflugkörpern.

»Ich habe jede Menge Material für Sie im Auto«, sagte ich. »Ich wollte es nur nicht in das Restaurant mitbringen. Ich beschaffe Ihnen gerne mehr. Sie können es sich anschauen, wenn Sie wollen. Ich muss nur meine Suchanfragen absichern, und ich will bezahlt werden.«

Er fing an, nach anderen Kategorien zu fragen, militärische, technische Begriffe, die mir kaum etwas sagten. »Wissen Sie, was das ist?«, fragte er mich.

»Das spielt keine Rolle«, sagte ich. »Sagen Sie mir, was Sie wollen. Ich werde einfach danach suchen. Sie können mir ruhig weitere Themen nennen. Wir können die Sache ins Rollen bringen.«

Ich gab mächtig an. Er wurde ganz aufgeregt. Und ich ließ nicht locker.

»Ich möchte zuerst übers Geschäft reden«, fuhr ich fort. »Wie viel haben Sie bei sich? Wenn ich Ihnen das übergeben soll, was ich mitgebracht habe, dann will ich alles, was Sie haben.«

»Ich nehme an, Sie werden zufrieden sein«, sagte er.

Als wir einig waren, die Bedienung um die Rechnung zu bitten, teilte mir Juri mit, was ich schon wusste: Seine Mission in New York gehe dem Ende zu, und er werde bald nach Hause fahren.

»Es tut mir leid, dass ich abreisen muss. Aber machen Sie sich keine Sorgen«, sagte er zu mir, eine Spur persönlicher und freundlicher. »Ich werde Sie mit den Nachfolgern bekannt machen. Sie können es kaum erwarten, Sie zu treffen. Sie werden eng mit Ihnen zusammenarbeiten.«

Das klinge ja ganz nett, sagte ich unverbindlich. Wir würden sehen, was die Zukunft bringe. Aber hätten wir nicht zuerst noch ein kleines Geschäft zu erledigen? Ich sagte es ganz schlicht und einfach, wie immer mit Juri, wie immer beim FBI. »Sie geben mir das Geld«, sagte ich. »Wir gehen zum Auto. Ich gebe Ihnen die Daten, die ich habe.«

»Einverstanden«, stimmte er zu.

Juri schien ganz aufgeregt wegen allem, was ich versprochen hatte. Er wirkte großspurig und absolut selbstzufrieden. Er würde als Held nach Hause zurückkehren

Ich bat um die Rechnung, dann standen wir auf und gingen.

Mein großzügiges Versprechen wertvoller Dateien im Auto war absoluter Unfug. Ich bluffte einfach nur. Im Kofferraum der Corvette befand sich nur ein Karton mit einem Stapel Papiere, die mir höchstens zwanzig

Sekunden Aufschub verschaffen würden, bis Juri merkte, dass sie nichts wert waren. In dem Moment, in dem ich den Kofferraum für Juri aufschloss – noch bevor er merkte, dass man ihn an der Nase herumgeführt hatte –, würden die Agenten aus allen Richtungen kommen, und dieses dreijährige Theater wäre zu Ende. Es spielte keine Rolle, was in dem Kofferraum war oder nicht. Es spielte auch keine Rolle, was Juri noch erwartete. Es spielte keine Rolle, wie viel Geld er gezahlt hatte.

Ich würde den Kofferraum aufschließen, und ich würde die Kappe abnehmen, während er einen Blick hineinwarf. Die Agenten würden uns mit quietschenden Reifen umstellen. Juris Welt würde sich für immer verändern. Meine Karriere als selbsterklärter Doppelagent wäre vorüber.

Als wir Hooters verließen, reichte Juri mir einen dicken, weißen Umschlag. »Das sind zwanzigtausend Dollar«, sagte er. »Ich habe Ihnen doch gesagt, dass Sie zufrieden sein werden.«

Ich nickte und sagte nichts.

Als wir gemeinsam in Richtung Parkplatz gingen, sah ich die schwarze Corvette zuerst gar nicht. Zwischen Hooters und dem Parkplatz des Uno-Restaurants lag eine viel befahrene Ausfahrtstraße. Juri und ich hatten noch ein paar gemeinsame Sekunden. Ich nutzte sie. So gut wie sicher war das die letzte Gelegenheit. Fünfzig Schritte von unserem jetzigen Standpunkt entfernt würde ich Juri womöglich nie wiedersehen.

»Ich habe auch noch andere Neuigkeiten für Sie«, sagte ich, als wir aufbrachen. »Große Sache.« Ich wusste, dass Juri keine Überraschungen mochte. Er schaute mich an, halb aufgeregt, halb alarmiert. »Der Brief von der Navy ist angekommen. Ich bin genommen worden.«

»Sie sind aufgenommen? Das ist großartig!«, rief er.

»Ich werde Nachrichtenoffizier der U.S. Navy.«

»Gratuliere! Das ist eine wundervolle Neuigkeit! Haben Sie eine Kopie des Briefes?«, fragte er. Juri liebte Papierkram.

»Nicht dabei.«

»Zeigen Sie sie mir einfach später«, sagte er.

Diese Neuigkeit war, genau wie die Dokumente, die angeblich im Kofferraum auf ihn warteten, ein bisschen mehr als eine Übertreibung. Selbst wenn ich wollte, könnte ich ihm den Brief nicht geben, weil er noch gar nicht bei mir angekommen war. Ich wusste, dass das Komitee demnächst zusammentreten würde. Es gab einige vielversprechende Indizien für eine positive Antwort. Aber es war noch keine offizielle Entscheidung gefallen, geschweige denn eine an mich abgeschickt.

Dennoch genoss ich es, davon zu reden, und Juri schien es noch mehr zu genießen, die Nachricht zu hören. »Das ist ausgezeichnet«, wiederholte er. In Anbetracht der kurzen Dauer unserer gemeinsamen Zukunft, warum sollte ich da meinem vorgeblichen Spionagepartner nicht eine letzte Freude gönnen? Für mich war es eine letzte Gelegenheit, mein Geschick beim Anlügen des Feindes unter Beweis zu stellen. Ich wusste nicht recht, ob ich nun besonders nett oder gemein zu ihm war. Aber ich marschierte mit voller Kraft voraus, wie immer bei Juri und beim FBI.

Aus dem Parkplatz kam ein endloser Strom an Autos. Der sonntägliche Brunch in billigen Restaurants war in Wayne offenbar sehr beliebt. Während Juri und ich am Bordstein darauf warteten, dass die Ampel umschaltete, steckte er die Hand in die Tasche und zog ein Blatt Papier heraus, das er mir reichte. Ich warf einen kurzen Blick darauf. Es enthielt ein handschriftliches Netz aus Linien und Kästchen mit einer Liste von Berufsbezeichnungen bei der Regierung – hohe ebenso wie niedrige – und deren Sicherheitsstufe: streng geheim, geheim, eingeschränkter Zugang, und so weiter.

»Was soll das sein?«, fragte ich Juri.

»Das sind die Codes für die verschiedenen Sicherheitsstufen«, sagte er. »Ich dachte, das würden Sie vielleicht sehen wollen.«

311

Und er meinte sie *alle*. Die Stellenbezeichnungen reichten von den untersten »Zivilisten« bis hinauf zu Mitgliedern des Kongresses und Senats und sogar dem Präsidenten der Vereinigten Staaten.

»Hier befinden Sie sich derzeit«, sagte er und zeigte auf ein Kästchen im unteren Drittel seiner Tabelle. »Sie haben Zugang zu Material, dessen Export kontrolliert wird und allem darunter. Das ist gut. Aber schauen Sie, wo Sie als Nachrichtenoffizier der Navy stehen werden.« Er zeigte auf einen Punkt sechs oder acht Reihen weiter oben im Netz, den jemand bereits mit einem Bleistift markiert hatte. »Ein großer Unterschied«, sagte er mit einem breiten Lächeln.

»In der Tat«, stimmte ich zu.

Nach dem, was ich über die staatlichen Einstufungen wusste, dürfte das Raster korrekt sein, auch wenn ich die praktischen Details des Zugangs zu Geheiminformationen noch nie so klar präsentiert bekommen hatte. Hatte er diese Tabelle von der US-Regierung erhalten? Oder hatten die Russen sie selbst angefertigt? Eigentlich hätte mich das nicht überraschen sollen. Immerhin war das Juris Geschäft.

Ich ließ Juri keine Gelegenheit, die Tabelle zurückzufordern. Genau in dem Moment, als die Ampel umschaltete, faltete ich das Blatt in der Mitte und schob es in meine Tasche. Ich marschierte los, sobald die Fahrbahn frei war. Das war zu wichtig, um es zu verlieren.

»Ich kann Ihnen noch so vieles beschaffen«, sagte ich zu Juri.

»Das könnte sehr gut sein«, sagte er.

»Ich hoffe«, gab ich zurück.

Während wir gingen und redeten, klang Juri fast schon wehmütig. Als wäre er stolz auf den Aktivposten, den er für sein Land aufgebaut hatte, den jungen Amerikaner, von dem er überzeugt war, er habe ihn in der Hand. Dieses eine Mal sprach er mit mir so, als habe er erkannt, wozu ich fähig sei, und wisse zu schätzen, was ich getan hätte.

»Wir möchten eine große Party für Sie geben«, sagte er. »Wodka und Hummer, Musik. Es wird lustig werden. Es wird eine sehr große Party sein.«

Ich hörte zu, sagte aber kein Wort.

»Sie werden ein Nummernkonto bekommen«, fuhr er fort. »Sie werden einen Rentenplan bekommen. Man wird Sie wie einen echten Profi behandeln. Sie sind sehr aufgeregt wegen dieser Sache.«

Er sagte nicht, wen er mit *sie* genau meinte. Ich nahm an, er meinte seine Vorgesetzten oder seine Kollegen im Hauptquartier. In Moskau? An der Ständigen Vertretung? Vielleicht beides. Aber er gab mir eindeutig zu verstehen, dass sie, wer immer sie waren, sehr zufrieden mit dem waren, was ich imstande gewesen war, für sie zu tun, und mit allen Dokumenten, die ich ihnen hatte beschaffen können.

Und bei meiner neuen Stellung im Navy-Nachrichtendienst erhofften sie sich noch mehr, viel mehr.

Wir gingen diagonal über den Parkplatz. Als wir uns der schwarzen Corvette näherten, hielt ich mich genau an das Drehbuch, auf das die Agenten und ich uns geeinigt hatten. Die Zeit für Improvisationen war vorbei. Meine überreichlichen Versprechen hatten Juri nicht nur dazu gebracht, das zu tun, was ich von ihm wollte. Er ahnte mit Sicherheit nicht, was ihn in Kürze erwarten sollte.

»Es ist alles gleich hier«, sagte ich zu ihm, als ich den Autoschlüssel in der Hand hielt.

Er trat einen Schritt näher.

Ich drückte einen Knopf an dem Schlüsselanhänger, und der Kofferraum ging auf.

Er lehnte sich vor.

Ich warf einen Blick über meine rechte Schulter und sah keinen Menschen in der Nähe. Mit der linken Hand warf ich den dicken

Umschlag mit dem Geld in den Kofferraum, direkt neben den leeren Karton.

Juri beugte sich vor, um nachzusehen, was in dem Karton war. Er blinzelte aus dem hellen Nachmittag in den dunklen Kofferraum. Diesmal rammte ich ihm nicht den Deckel auf den Kopf.

Während er sich umsah, trat ich einen Schritt von der Stoßstange zurück. Ich blickte nach links, dann nach rechts, und sah immer noch niemanden.

Mit der rechten Hand nahm ich die Kappe vom Kopf und ließ den Arm mit ihr sinken.

Eine halbe Sekunde lang tat sich gar nichts.

Juris Kopf war im Kofferraum. Er starrte den Karton an, in dem die Papiere sein sollten, wartete darauf, dass sich die Augen an das dunkle Licht gewöhnten. Dann drehte er den Kopf zu mir, als wollte er fragen: »Wo sind die Dokumente?«, aber er brachte keine einzige Silbe heraus. Denn eine weitere halbe Sekunde später herrschte auf dem eben noch ruhigen Parkplatz das reinste Chaos.

Aus dem Nichts rasten drei Autos von rechts heran. Keine Lichter, keine Sirene. Nur drei Ford Fusions: Terrys schwarzer, dazu ein silberner und ein goldener. Der Preis für das coolste Auto auf dem Platz ging heute eindeutig an mich.

Alle Autos kamen abrupt fast gleichzeitig nur gut einen Meter vor uns zum Stehen. Sofort flogen fünf Türen auf, und fünf FBI-Agenten sprangen heraus. Unter ihnen waren Terry und Lisa, mein Team.

Wie der Bösewicht in einem Film, der überraschend von den Behörden gestellt wird, hob ich meine Hände auf Schulterhöhe, zum Zeichen, dass ich mich ergab.

Zwei junge Agenten waren dabei, die ich nicht kannte. Und Frank, der Leiter. Terry zeigte ihn mir unmerklich. Weitere Agenten standen am Rand des Geschehens.

Einer der jungen Agenten stellte sich neben mich. »Wer ist dieser Mann?«, fragte er und deutete auf Juri.

Ich gab keine Antwort.

»Wer ist das?«, schrie er jetzt fast.

»Niemand«, sagte ich.

»Wer?«, schrie er nochmal.

Er bedrängte mich, und ich starrte Juri an. Das Ganze kam mir wie eine Außerkörpererfahrung vor, als würde ich daneben stehen und zusehen, wie das alles passierte.

Der Agent ließ nicht locker. »Wie lautet sein Name?«

»Pascha«, sagte ich.

Pascha? Wie war ich denn darauf gekommen.

Ich wusste wie. Gestern Abend hatten Ava und ich, als ich versuchte, mich für den großen Auftritt zu beruhigen, zusammen im Fernsehen die Show *So You Think You Can Dance* angesehen. Ein Kandidat hatte Pascha geheißen.

Während sich das alles abspielte, stand Juri einfach nur da. Er sagte kein Wort, rührte sich nicht.

Terry ging zu dem offenen Kofferraum. »Hab' was gefunden, Boss«, rief er Frank zu. Er hielt den dicken, weißen Umschlag mit Juris Geld in der Hand. Er drehte sich zu mir. »Was ist das?«, fragte er. Terry, der Agent, der am längsten mit mir zu tun hatte und mich am besten kannte.

Nach Pascha sagte ich nichts mehr. Juri hatte immer noch kein Wort gesagt. Kein Mensch fasste ihn an. Er stand mit weit aufgerissenen Augen da, sein Gesicht vermittelte einen winzigen Eindruck von der Verwirrung, die in seinem Kopf herrschen musste.

Mir kam ein Gedanke: *Sieh dir Juri an. Er ist der einsamste Mensch auf der Welt.* Ich verstand seine Verwirrung und beobachtete, wie es ihm gelang, leicht entrückt zu bleiben. Von einem Moment auf den nächsten war aus diesem netten Nachmittag ein furchtbares, rasendes Chaos für ihn geworden.

Die Agenten in ihren authentischen Ford Fusions.

Meine Verhaftung vor seinen Augen.

Die hoffnungsvolle Euphorie, die er noch wenige Sekunden zuvor empfunden hatte – die eigene bevorstehende Abreise, der Stapel an Dokumenten, den er bekommen sollte, meine sehnlich erwartete Aufnahme in die Navy, das Gerede von Hummer und Wodka, die Nummernkonten, der Rentenplan, der Triumph zum Greifen nahe – all dies war ihm plötzlich entrissen worden.

Er zuckte mit keiner Wimper.

Die Agenten ihrerseits hätten einen Oscar verdient gehabt.

»Haben Sie vielleicht etwas in Ihren Taschen, das mir gefährlich werden könnte?«, fragte ein Agent, als er anfing, mich abzutasten. »Etwas Scharfes?«

Juri äußerte, wie mir auffiel, keinerlei Besorgnis um mich, um den jungen Amerikaner, dem er vor Kurzem noch so geschmeichelt hatte. Er sagte nichts, um mich zu schützen, kein Wort zu den Agenten in meinem Namen. Er sagte überhaupt nichts zu irgendjemandem.

Welche aufrichtige Wertschätzung oder Sorge um mein Wohlergehen er auch immer empfunden haben mochte – und ich vermute, letztlich nicht allzu viel –, sie wurde eindeutig von seiner eigenen Angst, seiner militärischen Ausbildung und dem instinktiven Selbsterhaltungstrieb verdrängt.

Ohne ein Wort zu sagen, drehte er mir den Rücken zu und ging einfach langsam weg.

Niemand legte mir Handschellen an. Ich weiß nicht warum. Aber ich wurde auf den Rücksitz des goldenen Ford Fusion geschoben. Die beiden jungen Agenten setzten sich auf die Vordersitze. Genauso schnell wie sie uns umstellt hatten, fuhren mich die Agenten weg.

Ich konnte Juris Gesicht durch die Heckscheibe nicht sehen. Er verließ gerade den Parkplatz. Ich sah nur den Rücken seiner stämmigen Gestalt, wie er sich langsam entfernte.

Die Agenten fuhren nicht weit mit dem goldenen Fusion, nur so weit, bis wir sicher sein konnten, dass Juri gegangen war und uns nicht länger sehen konnte. Dann hielten sie an.

»Übrigens, ich heiße Fred«, sagte ein Agent und drehte sich auf dem Sitz um. »Das ist Sam. Wir freuen uns beide, Sie kennenzulernen.«

»Sehr gute Arbeit«, sagte Sam.

»Gut gemacht«, sagte Fred. »Wir haben früher mit Ihren Eltern zusammengearbeitet.«

Sie fuhren mich auf die dritte Ebene eines Parkhauses in der Nähe. Als wir oben ankamen, wimmelte es dort von Agenten und Polizisten. Ich kannte die wenigsten von ihnen. Es waren bestimmt mindestens ein Dutzend Fahrzeuge und doppelt so viele Menschen. Ich hatte keine Ahnung, dass im Hintergrund so viele an der Aktion beteiligt waren. Wir fingen mit einer kleinen Gruppe an, nur ein paar Agenten und ich. Nun sieh einer an, was daraus geworden war! Alle schienen eingeweiht in das, was eben passiert war. Verglichen mit dem angespannten Wahnsinn auf dem Parkplatz herrschte im Parkhaus eine gelöste Jubelstimmung. Ein ganzer Haufen Polizeibeamter, die sich alle gegenseitig beglückwünschten und mir gratulierten.

Es war surreal. Ich sah zwei Männer, die in Alufolie eingepackte Reste aus der Pizzeria Uno dabei hatten. Ich konnte mir nur ausmalen, wie sie von dem Wechsel erfahren und schnurstracks dort rausgerannt sind – aber nicht ohne ihr Essen.

Ein paar Leute sprachen in Funkgeräte und bekamen laufend Berichte von Agenten, die den Auftrag hatten, Juri in die Stadt zu folgen.

»Gefällt Ihnen unser Sammelpunkt?«, fragte Terry.

»Ziemlich cool«, sagte ich.

»Hören Sie«, sagte Terry, der bemerkte, dass ich aufmerksam die Funkgespräche über Juri verfolgte. »Er ist auf dem Weg, das Land zu verlassen. Seine Karriere ist hiermit beendet. Der Himmel weiß, was mit ihm passiert, wenn er heimkommt. Bestimmt nichts Angenehmes.« Er drückte mir die Schlüssel für die Corvette in die Hand. Sie wollten nicht, dass ich noch länger blieb. »Sie gehen jetzt besser«, sagte er.

»Ist es sicher, dass er gegangen ist?«, fragte ich Terry. Ich wusste, dass sie ihren Job verstanden, aber ich wollte hören, dass Juri uns nicht hinter einem Briefkasten versteckt oder auf dem Autositz zusammengekauert beobachtete.

»Er ist gegangen, und er schaut sich nicht einmal um«, versicherte Terry mir.

»Werde ich ihm auf dem Highway begegnen?«

»Höchst unwahrscheinlich.«

» Was ist mit meiner Familie? In welcher Gefahr schweben wir jetzt?«

»In keiner.«

Ich nickte. Sie schienen sich sicher, dass Juri aus meinem Leben verschwunden war, dass mein jahrelanges Doppelleben und ständiges Über-die-Schulter-Blicken jetzt wirklich vorbei war.

Ich stieg in den Wagen, drehte den Schlüssel um und lauschte auf das beruhigende, laute Brummen des Motors. Sie hatten Juri so viel Zeit gelassen, dass er bestimmt weit vor mir war. Ich gab ihnen recht, es war Zeit, sich zu verabschieden.

Mein Verstand raste. Sogar noch schneller, als ich in der Regel fuhr.

Welchen Wirbel hatten wir im russischen Spionageapparat in den Vereinigten Staaten ausgelöst?

Sorgten sich die Russen womöglich um mein Wohlergehen? Wohl kaum. Machten sie sich Sorgen, was ich ausplaudern könnte? Mit Sicherheit. Was machten sie jetzt aus der dreijährigen Beziehung zu mir oder aus den zwanzig Jahren, die sie meine Familie gekannt hatten?

Zum jetzigen Zeitpunkt konnte niemand sagen, was als Nächstes passieren würde. Aber als ich einen letzten Blick auf die Feier in dem Parkhaus warf, spürte ich, dass hier ein Triumphgefühl herrschte. Der Himmel weiß, was die Russen denken mochten. Aber um ganz sicher zu gehen, nahm ich einen Umweg zurück zur 96th Street.

Ehrenrunde

Ich hatte eine Voicemail von Juli. Aus irgendeinem Grund hatte ich ihren Anruf verpasst. Bevor ich versuchte, sie zurückzurufen, verließ ich mein Büro und fuhr in den vierten Stock hinauf. Dort war ich ungestört, der ideale Ort für ein Telefongespräch, ohne dass jemand zuhörte.

Juli ging sofort ran. Sie zog die Sache nicht in die Länge. »Hören Sie«, sagte sie. »Glückwunsch. Ich habe es eben erfahren. Sie sind aufgenommen.«

Jaa!!

Julis Mitteilung klang fast schon nüchtern, meine Reaktion ganz und gar nicht. »Oh, mein Gott!«, rief ich. »Ich kann es nicht glauben! Bin ich wirklich dabei?« Ich war laut und aufgeregt. Wenn ich das im Büro gemacht hätte, dann hätten mich alle angestarrt.

Es war kein Traum. Ich sei wirklich aufgenommen, versicherte Juli mir. »Das überrascht mich überhaupt nicht«, sagte sie. »Aber es freut mich sehr, dass ich Ihnen die Neuigkeit mitteilen darf. Das ist ein großer Erfolg, Naveed. Sie haben so hart dafür gearbeitet – seit *sechs Jahren.*«

»Vielen herzlichen Dank für alles!«, sagte ich. Endlich bekam ich Luft und brachte wieder vollständige Sätze zustande. »Ich schätze das wirklich sehr. Bekomme ich einen Brief oder so? Wie geht's weiter?«

Juli lachte. »Seltsamerweise«, sagte sie, »verschickt die Navy in der Regel keine Briefe an erfolgreiche Bewerber. Sie schicken nur denen etwas, die nicht genommen werden. Wenn man aufgenommen wird, bekommt man einfach einen Telefonanruf.«

Was soll's. Das Protokoll der Kommunikation war mir völlig schnuppe. Sie hätten mir die Nachricht auch mit einem Papierflieger schicken können, wenn es ihnen Spaß machte – solange die Antwort »Ja« lautete!

»Es gibt einen Aufnahmebrief im System«, sagte Juli. »Ich kann für Sie einen ausdrucken, wenn Sie möchten. Die Navy hält es einfach nicht für angebracht, sie zu verschicken.«

»Und was ist mit dem Fahneneid?«, fragte ich.

Laut Juli legte die Navy auch keinen großen Wert auf Aufnahmezeremonien. »Das wird mehr oder weniger jedem selbst überlassen«, sagte sie. Manche Leute unterschrieben nur die Formulare und schicken sie zurück – überhaupt keine Zeremonie. Andere organisierten eine öffentliche Feier mit Freunden, Angehörigen, Mitarbeitern und einem großen Programm. Juli hatte für mich eine andere Idee.

»Wie wäre es, wenn wir eine etwas persönlichere Zeremonie für Sie organisierten?«, frage sie. »Wenn Sie möchten, können wir eine private Aufnahme hier im Büro feiern. Das haben wir schon mal gemacht. Ihre Frau könnte auch kommen. Sie könnten Ihre Freunde vom FBI einladen. Alles ganz zwanglos.«

Das klang gut. Ich war zweifellos auf eine unorthodoxe Art in die Navy aufgenommen worden. Warum sollte meine Vereidigung nicht dem entsprechen? Ava machte sich nichts aus Prunk und Zeremonien. Sie war die Frau, die ihre eigene Examensfeier an der Columbia University und den Aufruf ihres Namens als eine der besten Studentinnen ihres Jahrgangs verpasste, weil sie zusammen mit mir ein Kätzchen adoptieren wollte. Außerdem gefiel mir die Idee, dass ein paar Agenten, mit denen ich so eng zusammengearbeitet hatte, dabei sein durften. Wie ich in den gemeinsamen Jahren gelernt hatte, gingen diese Leute nicht gern das

Risiko ein, dass ihre heimliche Arbeit kompromittiert würde. Aber eine kleine, private Zusammenkunft in der Rekrutierungsstelle der Navy? Warum nicht!

Die Navy plante nicht als Einzige eine Feier. Wie sich herausstellte, wollte das FBI auch feiern.

Terry sagte mir am Telefon, dass seine Vorgesetzten im FBI mich gerne in ihrem Büro begrüßen würden und mir offiziell den Dank der Behörde überreichen wollten. Ich sagte zu Terry, ich sei nicht sicher, ob ich überhaupt einen offiziellen Dank haben wolle. Ich hätte mich nicht deswegen engagiert. »Ach, kommen Sie schon«, sagte Terry. Ich wehrte mich nicht allzu heftig. Die Geste bedeutete mir wirklich viel. Und in der dreijährigen Arbeit mit Terry, Ted und den New Yorker Agenten von der Spionageabwehr hatten sie mich bisher kein einziges Mal in ihr Büro eingeladen. Wir hatten uns immer draußen getroffen.

»Sie meinen, ich komme also endlich rein?«, neckte ich Terry.

Er lachte nur. »Sie dürfen gerne Ihre Frau mitbringen«, sagte er. »Ich möchte, dass Sie meine Vorgesetzten kennenlernen. Vielleicht gehen wir anschließend noch zum Dinner«, fügte er hinzu. »Sie müssen doch was essen, nicht wahr?«

Ava und ich hätten zu unserem kleinen Treffen beim FBI die U-Bahn nehmen sollen. Das wurde mir fünf Minuten, nachdem wir das Haus verlassen hatten, klar. Wir wohnten schon so viele Jahre in der Umgebung von New York City, da sollte man eigentlich meinen, dass wir bei der Vermeidung des Berufsverkehrs Experten sein müssten. Aber Ava war im fünften Monat schwanger, und ich nahm an, dass wir spät nach Hause kommen würden. Also nahmen wir uns ein Taxi ins Zentrum.

Eine blöde Idee, eine ganz blöde Idee.

Der Verkehr in Manhattan war furchtbar. Wir sollten um siebzehn Uhr am Federal Plaza Hausnummer 26 sein. Ich rief Terry unter tausend Entschuldigungen an, während wir über den West Side Highway krochen. Ich wiederholte nicht nur einmal: »Wir hätten die Bahn nehmen sollen, ich weiß.«

Wir brauchten eine Stunde und zehn Minuten für eine Fahrt, die höchstens eine halbe Stunde hätte dauern sollen. Wir kamen angespannt und ein wenig beklommen mit vierzig Minuten Verspätung an. Was war ich doch für ein toller Kerl! Ich schaffte es nicht einmal, zur eigenen Feier pünktlich zu kommen!

Terry erwartete uns in der Eingangshalle.

»Mann, es tut mir so leid«, sagte ich.

»Machen Sie sich deswegen keine Sorgen.« Er zuckte die Achseln. »Sie warten.« Er zeigte an der Sicherheitskontrolle seinen Ausweis vor und führte uns zu einem Aufzug für besondere Benutzer.

»Hübscher Aufzug«, sagte ich, nachdem sich die Tür geschlossen hatte und wir unsere schnelle Fahrt in die Führungsebene des FBI antraten. »Nehmen Sie den, wenn Sie ins Büro gehen?«

»In all den Jahren, in denen ich in New York arbeite, habe ich den Aufzug noch nie benutzt«, sagte er. Ich glaube, er meinte das ernst. Ava warf mir einen »Das ist merkwürdig«-Blick zu. Aber Terrys Kommentar zum Aufzug war nur das erste Indiz dafür, wie einzigartig unser Besuch ausfallen würde. Green Kryptonite und seine Betreuer, verschwiegen bis zum Ende.

Terry führte uns in einen großen Konferenzsaal. In der Ecke war eine amerikanische Fahne und ein großer Fernsehbildschirm. Der Saal hatte einen blauen Teppichboden. Lisa und ein Fotograf warteten schon, als wir eintraten.

Vom Konferenzsaal aus hatte ich einen Blick auf ein Großraumbüro mit Schreibtischen und Aktenschränken, die sich über die ganze Etage verteilten. So spät am Tag waren die meisten Schreibtische leer. Frank und Jerry kamen zu uns. Dann trat ein großer, gepflegt gekleideter Mann mit Glatze ein. Am Anfang wusste ich nicht, wer das war, merkte allerdings, dass die anderen Agenten ihn offenbar mit Respekt behandelten.

Während er sich mit den anderen im Raum unterhielt, flüsterte mir Terry zu, dass er die Nummer eins des FBI in New York sei. Er war stellvertretender Direktor des FBI und zuständig für die New Yorker Dienststelle, die größte FBI-Dienststelle des Landes. Damit trug er die Verantwortung für einige der prominentesten und wichtigsten Fälle. Mindestens tausend Leute arbeiteten für ihn.

»Wie geht es?«, sagte er zu mir und reichte mir die Hand. »Ich bin Joe Demarest. Ich hörte, Sie hatten Schwierigkeiten mit dem Verkehr.«

»Ein wenig«, sagte ich kleinlaut.

Trotz seiner hohen Stellung hätte Demarest kaum liebenswürdiger oder verständnisvoller sein können. »Es freut mich wirklich sehr, Sie kennenzulernen«, sagte er. »Ich bin froh, dass Sie heute zu diesem besonderen Anlass herkommen konnten.«

Er schien besonders erpicht darauf, mit Ava zu reden. »Sie sollten stolz auf Ihren Ehemann sein«, sagte er. »Er hat etwas sehr Wichtiges für sein Land getan. Er hat einen einzigartigen Beitrag geleistet. Ich hoffe, Ihnen ist klar, wie bedeutend das ist.«

»Na ja, jetzt weiß ich es«, sagte Ava.

Die beiden unterhielten sich mehrere Minuten. Ich hörte nicht alles, aber was ich hörte, war extrem schmeichelhaft. Ich schätzte es, dass er so mit meiner Frau sprach. Ich weiß nicht, ob er glaubte, ich hätte Ava im Dunkeln über alles gelassen, was mir zugestoßen war, oder ob ihm klar war, wie viel sie bereits wusste. Ich hatte gegenüber Ted, Terry und Lisa nicht immer alle Details erwähnt, die ich Ava erzählt hatte. Aber der große Boss schien Wert darauf zu legen, das Ava wusste, wie außergewöhnlich die Rolle war, die ich gespielt hatte, und von welch großer Bedeutung.

Bis zu jener Zeremonie war mir wohl selbst nicht klar, wie hoch das FBI das einschätzte, was ich getan hatte. Für mich war es immer schon eine große Sache gewesen, aber jetzt, da ich es von einem so angesehenen Mann hörte, wurde mir allmählich bewusst, wie einzigartig meine Leistung wirklich war.

Das Ganze kam mir surreal vor: in diesem Konferenzsaal mit dem Chef der New Yorker FBI-Dienststelle zu stehen und zu hören, was für tolle Sachen ich gemacht hatte. Eine so große Aufmerksamkeit war ich nicht gewohnt. Immerhin hatte ich drei Jahre undercover gearbeitet!

»Okay, bringen wir's hinter uns«, sagte Demarest endlich.

Während ich neben ihm stand und der Fotograf ein Bild nach dem anderen schoss, fing der Vize-Direktor an zu reden: »Im Namen des Federal Bureau of Investigation möchten wir Ihnen für Ihre Zusammenarbeit und Unterstützung danken. Das war wirklich bemerkenswert. Sie haben eine große Tat vollbracht.«

Er überreichte mir einen gerahmten Brief, den ich in der kurzen Zeit nicht lesen konnte, und fuhr fort: »Außerdem möchte ich Ihnen einen Scheck überreichen.« Es war ein Scheck über 15 000 Dollar und ein paar Zerquetschte, ausgestellt auf meinen Namen. Die Summe war kein Zufall. So viel Geld befand sich im letzten Bündel, das Juri mir gegeben und ich den Agenten weitergereicht hatte.

Mit einem Blick auf Terry und Lisa fügte er hinzu: »Wir haben noch etwas für sie, nicht wahr?«

Terry pflichtete ihm bei. Mit einem breiten Grinsen verkündete er: »Einen Becher, auf dem steht: › The FBI Always Gets Its Man!‹«

Ich wusste, dass der Ausspruch von J. Edgar Hoover stammte. Tim Curry hatte es in der Rolle des Undercover-Butlers in dem Film *Alle Mörder sind schon da* auch gesagt. Und jetzt hatte ich einen Becher, auf dem der Satz stand. Mir gefiel die Botschaft, so klar und unmissverständlich. Diesmal, dachte ich voller Stolz, hatte ich dazu beigetragen, dass er sich bewahrheitete.

Ich dankte Demarest für seine lobenden Worte und den anderen für ihr Kommen. »Ich wäre schon früher gekommen, wenn ich gewusst hätte, dass ich so einen coolen Becher bekomme«, sagte ich. Dann versicherte ich Demarest und den anderen, dass es eine große Ehre für mich gewesen sei, bei einem so wichtigen Fall wie diesem mitgemacht zu haben, und welch großes Glück ich gehabt hätte, mit diesen Agenten zusammenzuarbeiten. »Als Zivilist«, schloss ich, »weiß ich, wie selten unsereiner in ein Gebäude wie dieses eingeladen wird. Ich danke Ihnen allen ganz herzlich.«

Demarest lächelte und nickte. »Zumindest«, sagte er, bevor er sich verabschiedete, »habt ihr alle, denke ich, ein anständiges Essen außerhalb verdient.« Er wandte sich an Lisa, Terry und Jerry, den Vorgesetzten von Frank, der unmittelbar Demarest unterstand und auf und ab lief wie ein Linebacker: »Ihr werdet Mr. Jamali und seine Frau doch in ein gutes Restaurant führen?«

»Aber sicher«, sagte Lisa.

Dann machten Jerry, Lisa, Terry, Frank, Ava und ich uns auf den Weg zu einem französischen Restaurant in der Nähe. Unterwegs hatte ich Gelegenheit, den gerahmten Brief zu lesen, den Demarest mir überreicht hatte. Er war auf einem Bogen mit dem Briefkopf des US-Justizministeriums, Federal Bureau of Investigations, geschrieben.

»Es ist mir ein Vergnügen, mich dem Dank meiner Mitagenten in New York für Ihren bedeutenden Beitrag zur nationalen Sicherheit unseres Landes anzuschließen«, stand in dem Brief. »Über einen längeren Zeitraum widmeten Sie uns Ihre Zeit und Ressourcen, um unsere Bemühungen zum Schutz unseres Landes zu unterstützen. Ihre Ideen, Begeisterung und Hingabe ermöglichten es uns, auf diesem wichtigen Gebiet unserer Verantwortung einen Erfolg zu erzielen. Sie können stolz sein auf die Rolle, die Sie gespielt haben, und auf den erreichten Erfolg.«

Der Brief war unterschrieben: Joseph M. Demarest, Jr., Stellvertretender Direktor, zuständig für die New York Division des Federal Bureau of Investigations der Vereinigten Staaten.

Es war ein schönes gemeinsames Essen. Ava, die schon so viel von den Agenten, insbesondere Terry, gehört hatte, bekam endlich die Gelegenheit, ein wenig Zeit mit ihnen zu verbringen, und ich erfuhr ein paar neue Dinge. So fand ich heraus, dass Frank in Westchester lebte, nicht weit von dem Haus entfernt, in dem ich aufgewachsen war. Er hatte eine Tochter bei SUNY Purchase. Lisa, von der ich wusste, dass sie in West Point die Offiziersausbildung gemacht hatte, sprach über ihre Zeit als Captain in der Army und ihren Einsatz im Irak. Sie hatte dort ein streunendes Kätzchen adoptiert, und es war ihr tatsächlich gelungen, es mit nach Hause zu nehmen – mit Sicherheit nicht einfach, nach dem, was ich über die militärische Bürokratie weiß. Es war eine Seite von Lisa, die ich noch nicht kennengelernt – oder sie vielleicht nie gezeigt hatte.

Jerry erzählte, dass er einmal in Frankreich gearbeitet habe, dass er dort einen BMW gefahren habe und wie gut der Wagen auf der Straße gelegen sei.

Ein Bimmer? Ich lächelte höflich und dachte: *Guter Mann, du hast keine Ahnung, was gute Straßenlage ist.*

Jerry fragte uns alle aus: Ava, mich und die anderen. Offenbar kannte er sie nicht sonderlich gut. Viele Leute arbeiteten für ihn.

Nach all den Jahren, die ich mit den Agenten verbracht hatte, empfand ich immer noch eine seltsame Mischung aus Unbehagen und Faszination, wie ich da am Tisch saß, lachte und mich unterhielt und von diesem Führungsoffizier des FBI wie ein Ebenbürtiger behandelt wurde. Ich hatte mit ihnen gearbeitet. Ich hatte sie als meine Teamkameraden betrachtet. Aber ich hatte nie richtig zu ihnen gehört. Ich fürchtete fast schon, jemand könnte an den Tisch kommen und mich fragen: »Mein Herr, dieser Tisch ist für das FBI reserviert. Was haben *Sie* hier zu suchen?«

Terry und ich neckten uns wie immer gegenseitig. Ich sagte zu ihm, die Toilette des Restaurants sei vermutlich schicker als sein Wohnzimmer. Und obwohl ich ihm in der Gegenwart seiner Vorgesetzten nicht allzu arg zusetzen wollte, konnte ich mir ein paar Nadelstiche nicht verkneifen. »Nehmen Sie heute Abend Karotten?«, fragte ich ihn. »Vielleicht ein bisschen Gemüse? Sie ziehen wohl das *Steak frites* vor. Ich denke, da sind Sie auf der sicheren Seite.«

»Nichts Grünes, bitte«, sagte er.

»Überhaupt nichts Gesundes, meinen Sie. Sie sind der einzige Mensch, den ich kenne, der regelmäßig Cola trinkt. Für Sie ist Diät-Cola schon gesund.« Terry fiel darauf keine schlagfertige Antwort ein, aber ich konnte einfach nicht aufhören. »Es ist schon so lange her, dass Sie etwas Gesundes gegessen haben, ich glaube Ihr Körper würde den Schock für Ihren Verdauungsapparat nicht verkraften. Die bösen Jungs brauchen Sie gar nicht mit Anthrax zu vergiften. Schon eine einzige Erbse würde Sie erledigen.«

Einmal nahm Frank mich beiseite und sagte mir: »Wissen Sie, jedes Mal, wenn meine Leute sich mit Ihnen getroffen hatten, kehrten sie mit hängenden Köpfen ins Büro zurück. Sie ließen sich auf den Stuhl fallen und wirkten extrem frustriert und erschöpft. Sie hatten immer das Gefühl, dass Sie die Mühe wert waren, aber sie wussten genau, dass es nie einfach mit Ihnen sein würde.«

Es kam mir nicht so vor, als würde Frank sich beklagen. Er erzählte mir das einfach. Mir war klar, dass es eine gewisse Herausforderung war, mich als Partner zu haben: Ich lernte unablässig während der Tätigkeit. Mir gefielen die Regeln nicht immer, an die sich das FBI halten musste. Ich legte Wert darauf, erheblich stärker eingebunden zu werden, als es für den üblichen, hilfsbereiten Zivilisten infrage kam. Das trug sicher dazu bei, dass ich ihnen ständig auf die Nerven ging.

»Ihr Talent, sie an den Rand der Verzweiflung zu bringen, war einzigartig«, sagte Frank.

Ich war keineswegs gekränkt. Im Gegenteil – ich hielt es für eines der ehrlichsten Komplimente, die ich in meinem Leben bekommen hatte und auf das ich wirklich stolz sein konnte. »Danke, Frank«, sagte ich. »Das ist sehr liebenswürdig von Ihnen.«

Ich glaube, das war nicht die Reaktion, die er erwartet hatte.

Bevor wir uns an diesem Abend trennten, gab es noch etwas, das ich den anderen zeigen wollte. Zuvor hatte ich es nicht erwähnen wollen, weil ich mir nicht sicher war, wie die Agenten darauf reagieren würden. Jetzt war die Gefahr vorüber. Der Fall war offiziell abgeschlossen. Wir mussten voreinander keine Geheimnisse mehr haben.

Ich war bereit, ihnen meine Tätowierung zu zeigen.

»Wollen Sie was sehen?«, fragte ich Lisa und Terry, ehe wir vom Tisch aufstanden. Ich krempelte den Ärmel hoch, und sie sahen sich meinen Arm genau an. »Wissen Sie, was da steht?«

»Das sind Morsezeichen, nicht wahr?«, sagte Terry. »Punkte und Striche, richtig? Es ist schon lange her, dass ich bei den Pfadfindern war. Was steht da?«

»Green Kryptonite«, sagte ich. »Zu Ehren von Ted.«

»Woww«, sagte Lisa. »Sie haben sich ›Green Kryptonite‹ auf den Arm tätowieren lassen? Sie müssen wirklich überzeugt sein. Das muss man Ihnen lassen.«

Terry schüttelte nur den Kopf. »Ich bin froh, dass ich das nicht früher wusste«, sagte er. »Seit mindestens drei Monaten füllen wir Formulare aus und beantworten die Fragen unserer Vorgesetzten über Sie.« Er hielt inne und sah mich ernst an. »Sie haben sich tatsächlich ›Green Kryptonite‹ auf den Arm tätowiert?«

Leutnant zur See Jamali

Seit Jahren habe ich immer wieder von Quantico gehört.

Der Stützpunkt des Marine Corps mit seinen 155 Hektar Waldfläche in Virginia ist Sitz der Hauptausbildungseinrichtung des FBI, der FBI Academy. Nach Quantico fahren neue Rekruten und erfahrene Special Agents, um zu lernen und ihre Fertigkeiten zu verbessern. Der gigantische Campus ist gleichzeitig der Sitz des Forensic Science Research and Training Center sowie mehrerer anderer Programme, welche die Strafverfolgung auf Bundesebene unterstützen, darunter die Einheit des FBI zur Verhaltensforschung, die Technologieeinheit und die National Academy des FBI, die führende Polizeibeamte aus der ganzen Welt ausbildet. Kaum jemand dürfte mir widersprechen, wenn ich sage, die FBI Academy gilt gemeinhin als das beste Ausbildungsprogramm für die Strafverfolgung in ganz Amerika.

Auch wenn ich noch nie in der FBI Academy gewesen war, so hatte ich sie in Filmen gesehen und in Dutzenden packender Thriller über sie gelesen. Allerdings hatte ich im Zuge meiner Arbeit einige Male die Seeseite des Komplexes aufgesucht. Die Marine Corps University, die dort ihren Sitze hat, zählte zu den Kunden von Books & Research. Der Komplex ist eine abgesicherte, für die Öffentlichkeit geschlossene Einrichtung. Aber jetzt, nach meiner offiziellen Würdigung durch Joe Demarest, sah es ganz so aus, als wolle die FBI Academy unbedingt von mir hören. Die Ehrenrunde des Sieges über Juri ging weiter.

Ich wurde eingeladen, in Quantico einen Vortrag zu halten.

Ava und ich flogen Ende April nach Washington. Wir übernachteten im noblen Hotel Mayflower, das für viele Dinge berühmt ist, unter anderem dafür, dass hier der Gouverneur von New York Eliot Spitzer (Deckname: Client No. 9) dem Vernehmen nach Callgirls zu Gast hatte.

Von Washington aus fuhren wir mit dem Mietwagen nach Virginia, zu einem unscheinbaren Einkaufszentrum gegenüber dem Stützpunkt. Terry holte uns dort ab und brachte uns im Handumdrehen durch einen Checkpoint der Marines zu einem zweiten Tor, das von einem FBI-Beamten in Uniform bewacht wurde. Niemand sollte wissen, dass wir da waren. Soweit ich das beurteilen konnte, wusste es auch niemand – bis der FBI-Wächter darauf bestand, meinen Ausweis zu sehen, und Terry in das Besucherzentrum gehen musste, um die Sache zu klären.

Vor meinem Vortrag sollte Lisa einige Worte sagen und die Zuhörer ausführlich über Juris Fall informieren. Wenn sie fertig war, sollte ich hereingebeten werden: der echte Doppelagent im Zentrum der Operation. »Die werden uns an den Lippen hängen«, versicherte Terry mir.

Während wir warteten, führte er Ava und mich durch die Akademie. Er zeigte uns die Bibliothek, den Speisesaal, die drei Wohnheime, die Sporthalle, den Hörsaal mit tausend Plätzen, die Schießplätze für Pistolen und Gewehr und den Ort, der meinen Puls höher schlagen ließ: die Übungsbahn für Verfolgungsjagden. Wir sahen Hogan's Alley, eine vier Hektar große Stadt mit Gebäudefassaden, die von Kulissenbauern aus Hollywood so angelegt wurde, dass sie einer kleinen amerikanischen Stadt glich. So manche wilde Schießerei dürfte sich dort schon abgespielt haben! Ein Schild hieß die Besucher in Hogan's Alley willkommen. Darauf stand, dass es zu Schusswechseln und Verhaftungen kommen könne. Ganz unten stand noch: WIR WÜNSCHEN EINEN SCHÖNEN TAG.

Während Terry, Ava und ich uns umsahen, liefen ständig Rekruten in Khakis und Polohemden an uns vorbei. Sie trugen leuchtendorangefarbene Spielzeugpistolen in Lederhalftern an ihrem Gürtel. »Auf diese Weise sollen sie sich daran gewöhnen, eine Pistole zu tragen, ohne andere zu verletzen«, erklärte Terry.

Er zeigte auf die unzähligen Hirsche, die gemeinsam mit den FBI-Agenten und Marineinfanteristen den Stützpunkt bewohnten. »Sie sind inzwischen völlig desensibilisiert für den Knall einer Schusswaffe«, sagte er. Tatsächlich fraßen die Tiere glücklich und zufrieden am Unterholz des Waldes und zuckten bei den Schießübungen in ihrer Nähe nicht einmal zusammen.

Im Souvenirladen traf ich einen französischen Polizeibeamten, der sich die Kollektion »FBI Fashion« ansah. Er kam aus Marseille und war zur Ausbildung in Quantico. Er schien hocherfreut, jemanden zu treffen, der seine Sprache beherrschte.

Im Scherz – zumindest denke ich, dass ich einen Scherz machte – fragte ich Terry, ob es wohl in Ordnung sei, wenn ich mit meiner Amex-Karte ein FBI-T-Shirt kaufte. »Werden sich die Russen ein bisschen wundern, wenn sie das auf meiner Rechnung auftauchen sehen: ›Was macht er denn in einem Souvenirladen der FBI Academy?‹« Terry antwortete, seiner Meinung nach sei das *wahrscheinlich* in Ordnung.

Inzwischen kam Lisa zum Ende ihrer Präsentation, und Terry führte mich in den sicheren Saal, ein gewölbeartiger Raum, in dem die Agenten geheime Dinge besprechen konnten, ohne dass Außenstehende sie belauschten. Er sah aus wie ein Klassenzimmer ohne Fenster und mit langen Sitzplatzreihen. Ava wurde nicht eingelassen. Wenn man bedenkt, wie viel sie wusste, schien das ein wenig seltsam. Aber das spielte offenbar keine Rolle. Sie musste in einem »Klassenzimmer« nebenan warten.

Bevor ich meinen Vortrag begann, traten ein paar Leute auf uns zu, um mich zu begrüßen und mir zu gratulieren, und sagten ein paar nette Worte. »Ich habe früher in Irvington gewohnt«, sagte ein Mann. Irvington ist nur zehn Minuten von Hastings und Dobbs Ferry entfernt. Ich fragte mich, ob die Leute, zu denen ich sprechen sollte, im Vorfeld die Akte Naveed Jamali bekommen hatten. Sie wussten offensichtlich sehr viel über mich. »Ich habe Ihre Eltern gekannt«, sagte ein Agent, der Anfang Vierzig war. Das überraschte mich, erinnerte mich aber auch daran, dass diese Wegstrecke nicht nur drei Jahre gedauert hatte. Es waren eher 23 Jahre vergangen, seit Mitglieder der Ständigen Vertretung Russlands und danach das FBI an meine Eltern herangetreten waren.

Während ich wartete, dass Terry mich vorstellte, warf ich einen Blick auf das Anwesenheitsformular auf einem Schreibtisch. Ich hatte angenommen, die Zuhörer würden alle vom FBI sein. Aber hier hatten sich Leute von der Central Intelligence Agency, der Defense Intelligence Agency und der Drug Enforcement Administration, eingetragen. »Mir war nicht klar, dass es ein so vielfältiges Publikum ist«, sagte ich zu dem Aufsichtsbeamten.

»Darf ich kurz«, sagte er eilig und schnappte sich das Formular vom Schreibtisch. Ich nahm an, dass ich nicht wissen sollte, woher die Leute kamen, schon gar nicht ihre Namen.

Terry trat auf das Podium und stellte mich vor. »Das ist der Mann, mit dem wir zusammengearbeitet haben«, sagte er vage. »Im Lauf von drei Jahren saß er viele Stunden lang mit Kulikow an einem Tisch. Seine Erfahrung und sein Wissen aus jener Zeit sind einzigartig.« Er schaute mich an. »Und damit übergebe ich das Wort an Sie.« Es war seltsam, dass er kein einziges Mal meinen Namen nannte.

Stets der junge Geschäftsmann, begann ich mit einer verhassten PowerPoint-Präsentation und erklärte den Bundesagenten meine eigenen Regeln, um einen Spion zu fangen.

»Ich war ein Vertreter im wahrsten Sinne des Wortes«, sagte ich. »Meine Aufgabe war es, in gewisser Weise sowohl die Russen als auch das FBI in einer komplexen Verhandlung zu vertreten, weil keine Partei direkt mit der anderen sprechen konnte. Ich musste den idealen Punkt finden, den Punkt in der Mitte, der die Russen in Versuchung führen, gleichzeitig aber das Risiko des FBI begrenzen würde.«

»Aber zuerst«, erklärte ich, »musste ich eine Beziehung zu Juri aufbauen. Als ich dem FBI signalisierte, dass ich mich stärker engagieren wollte, hatten meine Eltern die Russen schon seit zwei Jahrzehnten gekannt. Ich musste also einen Weg finden, eine langjährige Beziehung zu verändern. Ich musste Juri überzeugen, der anschließend wiederum seine Vorgesetzten überzeugen musste, dass ich bereit und imstande war, ihnen etwas Wertvolles zu liefern.«

Dabei hätte ich nie den vollen Kontext von dem, was ich tat, gekannt, führte ich aus. Die Agenten hätten es nie für nötig gehalten, mich darüber zu instruieren. »Ich war nur der Doppelagent«, sagte ich. »Aber während der ganzen Zeit, in der ich mit Juri in Kontakt stand, registrierte ich Hinweise auf eine größere Hintergrundgeschichte, die sich jenseits meiner eigenen Wahrnehmung abspielte. Der Presse und den Fernsehnachrichten entnahm ich Anzeichen einer eskalierenden Spannung zwischen den Vereinigten Staaten und den Russen.«

Die Entscheidung Moskaus ein Jahr zuvor, zwei amerikanische Attachés auszuweisen, indem sie ihre Reiseerlaubnis annullierten, während sie unterwegs waren, habe mich verblüfft, sagte ich. »Und im Januar befahlen die Russen General Henry Nowak, das Land zu verlassen«, fügte ich hinzu. »Er war der ranghöchste amerikanische Militärattaché in Moskau. Die Lage wurde immer angespannter.«

Die Agenten und ihre Kollegen hörten mir anscheinend aufmerksam zu. Ein paar machten sich sogar Notizen.

»Der erste Schritt ist, sich Zugang zur Zielperson zu verschaffen«, sagte ich. »Aber Zugang allein reicht noch lange nicht aus. Sie müssen dafür sorgen, dass sich die Beziehung weiterentwickelt. Wie viele von Ihnen fahren mit einer Person, die Sie seit Jahren vom Gesicht her kennen, in der Bahn oder im Aufzug?« Fast jeder nickte oder lächelte. »In den meisten Fällen wissen Sie nichts über diese Person, nicht einmal ihren Vornamen. Die Beziehung muss wachsen und sich verändern. Man muss die betreffende Person von einem zufälligen Kontakt zu einer freundlichen Bekanntschaft führen, zu einem Menschen, mit dem man sich durchaus zum Essen verabreden könnte. Es ist ein Prozess. Es ist ein behutsames Herantasten. Man trifft nicht jemanden im Aufzug und sagt zu ihm: ›Möchten Sie heute Abend mit mir Essen gehen?‹ Oder ›Möchten Sie mit mir ein Geschäft abschließen?‹ Oder ›Möchten Sie gemeinsam mit mir eine Spionageverschwörung gründen?‹« Die Männer und Frauen lachten. »Wenn man glaubt, dass die Person interessiert sein könnte, muss man geduldig darauf hinarbeiten. Man könnte ein Gespräch anfangen. Nach ein paar Kontakten ist es eventuell vernünftig, die Unterhaltung bei einem Essen oder einem Bier fortzusetzen. Allmählich bauen Sie so eine reale Beziehung auf.«

Zum Teil waren dies Grundelemente der zwischenmenschlichen Kommunikation. Die Regeln galten nicht allein für die Welt der Spionageabwehr, sondern überall. Doch die Agenten hörten allem Anschein nach so hingebungsvoll zu, als würden sie zum ersten Mal davon hören – oder als sei es das erste Mal, dass jemand die Regeln direkt bei der Arbeit umgesetzt hätte.

»So ging ich bei Juri vor«, sagte ich. »Langsam aufbauen. Ihm ein angenehmes Gefühl vermitteln. Das Vertrauen wachsen lassen. Natürlich ist das erheblich schwieriger, wenn die andere Partei völlig paranoid und geheimhaltungsbesessen ist. Dem trat ich entgegen, indem ich ihn in dem Glauben ließ, er habe immer alles unter Kontrolle. Unser Ziel war es, ihn dazu zu bringen, dass er mich beauftragte, für ihn Informationen zu beschaffen – oder, wenn Sie so wollen, dass ich mein Land für seines ausspionierte.«

»Es gab immer wieder Schlüsselelemente, die einen Fortschritt signalisierten«, fuhr ich fort. »Als wir von der Kennenlernphase in die Entwicklungsphase und zur operativen Tätigkeit übergingen, war jede neue Phase durch einen dieser Momente gekennzeichnet: Treffen außerhalb statt innerhalb meines Büros, die Annahme der NATOPS-Handbücher durch Juri, die Registrierung bei der DTIC – insbesondere Letzteres brachte unsere Operation weiter in die nächste, tiefere Phase.«

Die Agenten hatten unzählige Fragen. Für mich war das der interessanteste Teil dieses außergewöhnlichen Tages.

»Wie viel Vorbereitung war dafür erforderlich?«, wollte ein Agent wissen.

»Eine Menge«, sagte ich. »Auf jede Stunde, die ich mit Juri verbrachte, kamen wohl sechzig mit Terry und Ted.«

»Was glaubte Juri, sei Ihr Motiv?«

»Die Russen kennen natürlich auch MICE, die Auffassung, dass Menschen ihr eigenes Land aus einem von vier Gründen verraten: Money, Ideology, Coercion (Zwang) oder Ego. Als ich das passende Motiv für mich suchte, entschied ich mich für Geld. Deshalb ging es immer, wenn ich mich mit Juri traf, um Geld. Nicht, dass ich dringend welches gebraucht hätte, sondern dass ich mehr wollte. Viel mehr. Diese Entscheidung, diese klare Entscheidung engte ein, worauf ich mich konzentrieren musste. Es hatte zur Folge, dass es in unseren Verhandlungen und Gesprächen in erster Linie darum ging, wie viel er mir zahlen würde. Genau genommen lief alles auf die Beantwortung einer entscheidenden Frage hinaus: ›Was verlangen Sie dafür, Ihr Land zu verkaufen?‹«

»Wie war Juri persönlich?«

»Er war eine Nervensäge«, sagte ich. »Er war so verdammt geizig, dass es fast schon erschreckend war. Er neigte dazu, allzu viel zu verhandeln.« Ich erzählte ihnen von den Freiexemplaren, die er bei jedem Besuch im Büro einsteckte. »Ich hatte fast den Eindruck, er würde sogar das Papier aus dem Drucker nehmen, wenn er wüsste, wie man den Schacht öffnet.«

»Hatten Sie Angst?«

»Erst wenn ein Treffen vorbei war. Wenn wir ein Treffen verabredet hatten, dann musste ich in eine Rolle schlüpfen. Ich hatte Filme gesehen. Ich hatte Bücher gelesen. Ich kannte alle kleinen Tricks. Der Mann, der sich mit Juri traf, hatte zwar den gleichen Namen wie ich. Er sah genauso aus und klang wie ich. Aber er war nicht der echte Naveed. Er war habgieriger, materialistischer und eindeutig konzentrierter. Er war bereit, sein Land zu verkaufen. Das war der diametrale Unterschied. Jedes Mal wenn ich Juri traf, musste ich zu dem Mann werden, der wie ich aussah. Er hatte nie Angst. Er hatte ein Ziel. Und in dem entscheidenden Moment hieß es Mann gegen Mann, nur wir beide. Es war niemand sonst da. Die ganze Planung und die Diskussionen – gehen, nicht gehen, ja, nein – sie hatten sich allesamt in Luft aufgelöst. Sie lagen hinter mir. In diesem Moment musste eine völlige Klarheit von Ziel und Methode herrschen. Danach, wenn mir das, was ich getan hatte, allmählich bewusst wurde, erkannte ich das enorme Ausmaß des Ganzen. Aber in der Situation war die Auseinandersetzung mit Juri alles, auf das ich mich konzentrieren konnte. Es war eine Herausforderung, faszinierend, und es machte gewaltig Spaß.«

Eine andere Agentin hob ihre Hand. »Wie setzten Sie eigentlich fest, wie viel Geld Sie von ihm verlangen wollten? Hielt er Sie wirklich für so geldgierig?«

»Meine Forderungen mussten immer realistisch sein«, sagte ich. »Das darf man nicht forcieren. Es muss immer ein Geben und Nehmen sein.« Ich machte eine Pause und trank einen Schluck Wasser. Ich musste einen Augenblick über die Frage nachdenken. »Es war immer ein starkes, theatralisches Element dabei«, fuhr ich fort. »Ich baute meine Matrix der Kosten auf der Basis dessen auf, wofür Juri mich hielt. Was ich damit sagen will, ist Folgendes: Wenn man mit einer 10000-Dollar-Breitling-Armbanduhr zum Treffen kommt und dann anbietet, für ein paar hundert Dollar zu arbeiten, dann wissen die, dass da etwas nicht stimmt. Aber wenn die Forderung zu hoch ist, dann sind sie einfach außerstande, sie zu erfüllen. Ich hatte Verständnis dafür, dass ihnen nur begrenzte Mittel zur Verfügung standen. Sie verstanden mein Motiv. Es drehte sich immer um Geld mit einem zusätzlichen Schuss Ego. Und sobald sie mein Motiv geschluckt hatten, ging es nur noch um die richtige Summe. Er wusste genug über das, was ich mochte, um abzuschätzen, wie viel ich wahrscheinlich brauchte. Es ging immer auch um die Frage: War die Summe hoch genug, um mich zu motivieren, und konnten sie sich leisten, so viel zu zahlen? Für welches Motiv man sich auch entscheidet, letztlich muss man selbst damit leben können. Man wird es immer wieder rechtfertigen müssen.«

»Werden Sie ein Buch schreiben?«

»Darüber habe ich noch gar nicht nachgedacht«, sagte ich, und damals hatte ich das auch nicht.

Wirklich.

An den Fragen – und daran, wie viele mir gestellt wurden – merkte ich, dass diese Ermittler selten eine Gelegenheit bekamen, mit jemandem zu sprechen, der so viel Zeit persönlich mit einem echten, russischen Spion in Amerika verbracht hatte. Diese Agenten mochten ihr Berufsleben, zwei oder drei Jahrzehnte oder noch mehr, der Bekämpfung feindlicher Spionage widmen. Aber sie hatten selten die Gelegenheit, das zu tun, was ich getan hatte: stundenlang mit jemandem zusammensitzen, der das Verbrechen wirklich begeht. Ich hatte diese

Gelegenheit gehabt, und sie schienen begierig zu erfahren, welche Erfahrungen ich dabei gemacht hatte. Ich möchte wetten, dass ich mehr Stunden mit einem russischen Spion angesammelt hatte als alle Agenten in dem Saal zusammen.

Als keine Fragen mehr kamen, schloss ich mit einem Tribut an die Agenten, mit denen ich zusammengearbeitet hatte. Sie hatten es verdient. »Ein ganz wichtiger Grund, weshalb das Ganze funktionierte, ist der Umstand, dass man mir ein enormes Maß an Freiheit einräumte, alle diese Fragen selbst zu beantworten. Ted, Terry und Lisa schirmten mich gegen die administrativen und bürokratischen Hürden ab, die sie jeden Tag überwinden mussten. Sie überließen mir viele operative und taktische Entscheidungen. Das gestattete es mir, Methoden und Abläufe zu entwickeln, die mir natürlich vorkamen, solche, die die Russen nicht so leicht als vorgespielt entlarven konnten, solche, die schlicht zu mir passten.«

»Ich weiß«, fuhr ich fort, »wie risikoscheu die bundesweite Strafverfolgung sein kann, und wir spielten hier um einen hohen Einsatz. Ich hoffe, Sie alle gehen von hier mit dem Eindruck weg, dass es sich auszahlt, ein Risiko einzugehen. Merken Sie sich auch den zweiten Grund, weshalb es funktionierte: Die Operation war unkonventionell, und das galt auch für mich. Wir wichen von den üblichen Spielregeln ab. Wir hielten uns an kein Drehbuch, zumindest die meiste Zeit. Wenn wir das getan hätten, dann hätten die Russen mit Sicherheit die Fingerabdrücke des FBI erkannt. Dann stände ich nicht hier vor Ihnen und Juri würde nicht in Wladiwostok Däumchen drehen. Die Sache wäre ganz, wirklich ganz, ganz anders gelaufen.«

Ich machte eine dramatische Pause. »Denken Sie daran«, sagte ich, »gehen Sie das Risiko ein. Schrecken Sie nicht davor zurück. Wenn wir diese Hundesöhne schlagen wollen, dann müssen wir kreativ sein, und wir müssen genau die Wege meiden, auf denen sie uns erwarten.«

Nach diesen Worten brach lauter Applaus im ganzen Saal aus, und ich bemühte mich, nicht rot zu werden.

Meine Überlegungen hörten in Quantico nicht auf. Ich verbrachte viele Stunden damit, mir selbst Fragen zu stellen und die Antworten neu zu überdenken, die ich zu kennen glaubte. Noch lange nach meiner Scheinverhaftung war ich überzeugt, das FBI habe einen Fehler gemacht, indem es ausgerechnet jetzt handelte. Aber ich begriff allmählich, dass der Zeitpunkt, so aufgebracht ich auch über die Weise war, wie die Operation urplötzlich endete, ein Stück weit durchaus nachvollziehbar war. Ted, Terry und ich waren nicht in einem Vakuum tätig. Es hatte, wie ich erfuhr, andere Ermittlungen gegeben, die sich mit unserer überschnitten. Mein interner Einblick in die amerikanisch-russischen Beziehungen war ein zwar wichtiger, aber eben nur kleiner Teil des gesamten Komplexes.

Ich dachte immer wieder darüber nach, was diese drei Jahre zu bedeuten hatten. Wie wichtig war Juri für die Russen und für die Sicherheitsinteressen der Vereinigten Staaten? Wie stark beeinträchtigten wir die russische Aufklärung? War das, was ich gesehen hatte, das volle Ausmaß der Unterwanderung der Diplomatie durch Moskau oder war es nur die Spitze des russischen Spionageeisbergs? Wie eng hatten die Russen mich beobachtet? Wie sehr hatten wir sie an der Nase herumgeführt? Inwieweit ahnten sie womöglich, dass der junge Amerikaner, dem sie vertraut hatten, ein Doppelagent war, der für das FBI gearbeitet hatte?

Auf manche Fragen würde ich wohl nie die Antwort bekommen. Über zwanglose Unterhaltungen, Hintergrundbriefings und geflüsterte Fingerzeige vertiefte ich nach und nach mein Wissen. Einige Schlussfolgerungen von mir machten mir richtig Mut. Andere werden, fürchte ich, nur Vermutungen bleiben.

Zum Beispiel war ich mir sicher, dass ich nicht die einzige aktive Informationsquelle für die Russen in New York war. Ich gelangte zu der Überzeugung, dass Juri noch mehr Naveeds und die Russen noch mehr Juris hatten. Die Verhaftung von Anna Chapman und anderen im Anschluss an meine Operation sollte das beweisen, ob mit oder ohne offizieller Bestätigung. Chapman war eine glamouröse, russische Staatsbürgerin, die im Jahr 2010 zusammen mit neun weiteren Personen in New York verhaftet und der Spionage für Russland angeklagt wurde. Sie wurde rasch zu einer internationalen Berühmtheit und Heldin im eigenen Land. Nachdem man sie der Verschwörung schuldig gesprochen hatte, wurde sie im Zuge eines Gefangenenaustauschs zurück nach Russland gebracht und dort von Wladimir Putin für ihren tapferen Patriotismus ausgezeichnet.

Terry sagte mir, nach seiner Überzeugung sei die Russische Föderation ebenso erpicht darauf, amerikanische Geheimnisse auszuspionieren, wie ihr sowjetischer Vorgänger es war. Sie widmeten diesem Ziel ebenso viel Ressourcen und Leute. Die Etiketten wurden natürlich ausgetauscht. Es ging nicht mehr um das Kräftegleichgewicht der Supermächte. Aber die Leidenschaft und das Engagement, die Zielstrebigkeit und die Hingabe waren allesamt durchaus vergleichbar mit den früheren.

Wie sehr warfen unsere Anstrengungen die Russen zurück? Ein ganzes Stück, wie ich meine. Wir banden ihnen die Hände. Wir nagelten sie fest. Wir erfuhren, was ihnen fehlte und was sie von uns wollten. Wir warteten nicht ab, bis sie tätig wurden. Wir trugen den Kampf zu ihnen. Wir folgten von dem Tag an, als wir die NATOPS-Handbücher bekamen, Terrys Parole. Wir fingen einen Spion, indem wir spionierten. Die Agenten und ich bewiesen, inwiefern eine proaktive Tätigkeit Erfolg haben kann, wenn sie richtig durchgeführt wird. Im Laufe unserer dreijährigen Operation entlarvten wir Techniken, Methoden, Aktivposten und Netzwerke, welche die Russen gegen ein Land einsetzen, das angeblich ihr Verbündeter ist. Nie wieder wird jemand selbstgefällig glauben, dass

Russlands Diplomaten nichts anderes als Diplomatie betrieben. Sie sind Spione – zumindest einige von ihnen. Es ist nur eine Frage von: wie viele, wie oft und wo. Ob die Informationen, die sie sammeln, nun offen zugänglich oder unter Verschluss sind, sie sind für sie auf jeden Fall wertvoll und eine Gefahr für uns.

Ava und ich hatten aus unserem Fiasko im Berufsverkehr gelernt. Ich wollte auf keinen Fall zu meiner eigenen Vereidigung als Nachrichtenoffizier zu spät kommen. Also fuhren wir am 5. Juni 2009 mit der U-Bahn ins Zentrum. Inzwischen war sie im neunten Monat schwanger mit unserem ersten Sohn. Ehrlich gesagt, war es erstaunlich, dass sie in ihrer Umstandshose und dem dehnbaren weißen Top die Stufen zur U-Bahn runter und wieder rauf kam. Ich trug die Kameratasche und meinen leichten grauen Anzug: Immerhin fuhren wir zu einem ernsten Anlass in die City, und ich dachte, ich sollte mich entsprechend anziehen, auch wenn ich mich in ausgebeulten Jeans, einem weiten Sweatshirt und einem Paar Nikes wohler fühlte.

Wir schlenderten gemächlich von der U-Bahnstation Chambers Street zum Federal Plaza. Nach der Sicherheitsüberprüfung fuhren wir im – normalen – Aufzug nach oben und gingen durch den Korridor zum Rekrutierungsbüro der Navy, demselben, in dem ich den Test zur Aufnahme in die Fliegerei abgelegt und mich über die Geschichten von Commander Jeff Jones amüsiert hatte.

»Treten Sie ein«, sagte Juli freundlich zu Ava und mir. Sie trug ihre üblichen Kakis, und ihr dunkles Haar war wie immer straff hochgebunden. Aber sie strahlte eine aufrichtige Wärme aus, die ich bislang kaum wahrgenommen hatte.

»Sie haben viel Geduld bewiesen«, sagte sie. »Ich kenne nicht allzu viele Leute, die so hart wie Sie dafür gearbeitet haben. Sie haben lange auf die Navy gewartet.«

Ich lächelte daraufhin, sagte aber nichts. *Wenn Sie wüssten, was ich tun musste,* dachte ich bei mir.

Bevor wir anfingen, reichte Juli mir einige Formulare. Wie ich inzwischen gelernt habe, fängt im Militär so gut wie alles mit Papierkram an. Sie bat mich an einen Tisch und legte mir ein Formular nach dem anderen zum Ausfüllen vor: medizinisches Gutachten, Lebensversicherung, eine vollständige Liste meiner Angehörigen. Schon bald würde ich hier einen Namen ergänzen müssen. Ich gebe zu, selbst der profane Akt, Formulare der Navy auszufüllen, kam mir wichtig vor, vor allem, als ich zur Frage nach »Rang/Gehaltsstufe« kam.

»Leutnant zur See/O1«, schrieb ich stolz.

Terry kam, nachdem ich fertig unterschrieben hatte, obwohl seine Fahrt erheblich kürzer als unsere war: Er kam einfach mit dem Aufzug runter. Er trug seinen üblichen, dunklen FBI-Anzug.

»Hat man also endlich beschlossen, Sie zu nehmen, ja?«, sagte er. »Sie sagten, Sie müssten erst Erfahrung sammeln, und das haben Sie gemacht. Also, was soll's?«

Das war seine Art auszudrücken, wie stolz er war.

»Langsam wird mir so manches klar«, sagte er. »Um in die Navy zu kommen, muss man einen russischen Spion fangen.«

»Mindestens einen«, antwortete ich.

»Ich kann mich nicht erinnern, dass ich das in den Vorschriften gelesen hätte«, sagte er. »Aber irgendwo steht es bestimmt.«

»Danke, Terry«, sagte ich.

Juli blickte bei »russischer Spion« auf, aber sie verlangte nie eine ausführlichere Erklärung. Frank kam auch – wir waren vollzählig.

»Sind Sie bereit?«, fragte Juli mich.

»Bringen wir's hinter uns«, sagte ich, »bevor sie es sich anders überlegen.«

In jedem Witz steckt ein Körnchen Wahrheit. Ich hatte wirklich das

Gefühl, dass mir jeden Moment das alles noch vor der Nase weggeschnappt werden könnte. Das wollte ich auf keinen Fall riskieren.

Juli zeigte mir, wo ich mich hinstellen sollte, neben ein großes Navy-Abzeichen auf dem hellblauen Teppich. Eine amerikanische Fahne lehnte rechts von mir in der Ecke.

Sie bat mich, die rechte Hand zu heben. Ohne Notizen zu Rate zu ziehen, führte sie mich durch den Amtseid der U.S. Navy, sprach die ganze Zeit über klar und deutlich.

»Ich, Naveed Jamali«, fing sie an.

»Ich, Naveed Jamali«, wiederholte ich.

»… der ich zum Leutnant zur See in der Navy der Vereinigten Staaten ernannt wurde,…«

»… der ich zum Leutnant zur See in der Navy der Vereinigten Staaten ernannt wurde …«

So wiederholte ich alles, was sie mir vorsprach: »… schwöre hiermit feierlich, dass ich die Verfassung der Vereinigten Staaten unterstützen und gegen alle Feinde, äußere ebenso wie innere, verteidigen werde … dass ich derselben im rechten Glauben und Treue dienen werde … dass ich diese Verpflichtung aus freien Stücken auf mich nehme, ohne mentale Vorbehalte oder die Absicht, mich zu entziehen … und dass ich gut und treu die Pflichten des Amtes erfüllen werde, das ich in Kürze antreten werde – so wahr mir Gott helfe.«

Dann wandte sich Juli an die anderen drei und erklärte: »Meine Damen und Herren, darf ich Ihnen den neuesten Leutnant zur See in der Navy der Vereinigten Staaten vorstellen: Naveed Jamali.«

Sie lächelten mich alle herzlich an und klatschten begeistert Beifall. Ich grinste selbst so breit, dass ich schon fürchtete, meine Zähne könnten Risse bekommen.

Juli ging an ihren Schreibtisch und holte eine gerahmte Kopie des Aufnahmebriefes hervor, den sie aus ihrem Computer gezogen hatte, jenen Brief, den die Navy nach ihren Worten in der Regel gar nicht mehr verschickte. »Hier«, sagte sie.

Ich sagte zu Juli, wie sehr es mich beeindruckt hatte, dass sie den Amtseid auswendig kannte. Sie lachte. Darauf war sie eindeutig stolz.

»Ich möchte, dass Sie mir etwas versprechen«, sagte sie. »Wenn Sie einer Einheit zugeteilt werden und anfangen, den Eid für die Aufnahme vorzusprechen, lesen Sie ihn bitte nicht vom Blatt ab. Der Eid ist nicht allzu lang. Lernen Sie ihn auswendig! Lesen raubt der Handlung die Ernsthaftigkeit und Würde.«

Damit hatte sie recht, dachte ich. Mir gefiel, dass sie die tiefe Bedeutung des Eintritts in das Militär verstand, auch wenn sie natürlich nicht den Antrieb jedes einzelnen Rekruten kennen konnte. Sie wusste gewiss nicht, welche Schritte die Betreffenden unternommen hatten und welche Träume sie an diesen Ort geführt hatten. Ich versprach ihr, dass ich den Treueeid nie ablesen würde, solange ich die Uniform trug.

Ava hatte die Kamera herausgeholt und machte Fotos. Ein Bild von mir mit dem gerahmten Brief, ein Bild von mir vor der Fahne. »Ich brauche noch eine Aufnahme von Naveed und Juli«, sagte sie.

Während Juli und ich uns nebeneinander stellten, bemerkte ich, wie Terry sich davonschlich und darauf achtete, dass er nicht auf der Aufnahme war. »Ich möchte die Bilder nicht ruinieren«, sagte er. Sogar in der Sicherheit der Navy-Dienststelle mochten die Agenten es nicht, wenn man sie fotografierte.

Ich kann mir nicht vorstellen, was mich mit mehr Dankbarkeit oder einer größeren Euphorie hätte erfüllen können. Ich hatte mir ein Ziel gesetzt und ich hatte es erreicht. Ich hatte dort angeknüpft, wo meine Eltern aufgehört hatten – sie sind die wahren Helden, weil sie ihrem selbst gewählten Land dienten –, und ich baute auf das auf, was ihre zwanzigjährige Geduld bewirkt hatte. Ich hatte meinem Land geholfen und schlug das nächste Kapitel meines Lebens auf. Ich feierte das Ganze auf meine

Art mit ein paar Leuten, die dazu beigetragen hatten, dass sich der Traum erfüllte. Dieser Tag, diese Ernennung war das, wonach ich gestrebt hatte.

Jetzt konnte ich, davon war ich überzeugt, für die Navy das tun, was ich für das FBI getan hatte. Undercover arbeiten, Spionage bekämpfen. Diesmal ganz offiziell einem Programm zugeteilt. Ich würde als vollwertiges Mitglied des Teams meinen Dienst tun, nicht als eine Person, die sich auf eigene Faust dort herumtrieb.

»Das wird fantastisch«, sagte ich zu Juli. »Da bin ich ganz sicher.«

Alles war möglich. Vielleicht landete ich in Singapur oder Brüssel oder in einem Küstenstaat in Afrika, wie Commander Jones vorgeschlagen hatte, oder ich wurde an Juris alte Wirkungsstätte versetzt, zu den Vereinten Nationen.

Ich hatte immer Menschen sagen hören: »Trachte danach, aus der eigenen Leidenschaft einen Beruf zu machen.« Genau das tat ich. Und künftig war ich kein Tochterunternehmen ohne offizielle Anbindung mehr. Ich würde es für die U.S. Navy tun. Der Doppelagent, der sich zur Ruhe gesetzt hatte, kam wahrhaftig aus der Kälte.

Ava umarmte mich lang und fest. Terry und Frank drückten mir die Hand und klopften mir auf den Rücken.

»Ich möchte euch beiden wirklich für alles danken…«, sagte ich, dann versagte mir die Stimme.

»Hören Sie, Naveed«, sagte Terry ernst. »*Sie* haben das getan. Das ist Ihre Leistung. Wir haben Ihnen geholfen, ein paar erste Kontakte zu knüpfen. Aber das ist allein Ihr Verdienst.«

Das war sehr freundlich von ihm, aber ich war auf jeden Fall stolz. Ich hatte etwas für mein Land getan, das kein Mensch von mir hätte erwarten können. Ich hatte in mich geschaut und dort Talente entdeckt, von denen ich nichts geahnt hatte. Ich war stark geblieben, hatte daran geglaubt und mich auf Kurs gebracht. Ich hatte die Russen geschlagen, Amerika geholfen und einige Freunde fürs Leben gefunden. Jetzt steuerte ich auf ein faszinierendes neues Abenteuer zu. Nur einen Wermutstopfen hatte das Ganze: Es ist wirklich schade, dachte ich, dass Commander Lino nicht hier war, um zu erfahren, was er ins Rollen gebracht hatte.

Während mir diese Gedanken durch den Kopf schossen und alle in dem Raum beschäftigt waren, nahm mich Frank sanft beiseite. »Erinnern Sie sich an den Eid, den Sie eben abgelegt haben?«, fragte er.

»Ja, und?«, sagte ich.

»Wir legen einen ganz ähnlichen Eid ab«, sagte er. »Willkommen im Team, Mann.«

Großer Gott, wie lange hatte ich darauf gewartet, dass jemand das zu mir sagt!

Dank

Wie sich zeigt, haben die Durchführung einer Spionageabwehroperation und das Schreiben eines Buches vieles miteinander gemeinsam: Für beide braucht man ein Team engagierter Profis. Zu allererst möchte ich meinem brillanten Co-Autor Ellis Henican danken, der mir half, die Geschichte richtig zu erzählen. Als Neuling in der Buchbranche bin ich dem Team der Agentur Foundry Literary + Media überaus dankbar, die mir von Anfang an half, das Projekt zu konzipieren: meiner Betreuerin Hannah Brown Gordon, der Agentin für Lizenzen in Fremdsprachen Kirsten Neuhaus und dem Partner Peter Mc Guigan. Es war ein ebenso großes Glück für mich, von dem hervorragenden Team beim Verlag Scribner betreut zu werden: mit den zwei ausgezeichneten Lektoren Paul Whitlatch und Brant Rumble sowie einer engagierten PR-Gruppe unter Leitung von Brian Belfiglio, unterstützt von Kyle Radler. Für ihre klugen Einblicke und großzügige Unterstützung schulde ich ferner drei aufsteigenden Fachkräften im Verlagswesen großen Dank: John Glynn, Jane Callahan Dornemann und Roberta Teer. Ganz herzlichen Dank auch an die Creative Artists Agency, insbesondere Michelle Weiner und Zach Nadler, dafür, dass sie die Story weit über die gedruckte Seite hinaus lebendig werden ließen.

Auch wenn ich ihre echten Namen nicht verwenden darf, bin ich den FBI-Agenten, die mich beaufsichtigten, Ted, Terry und Lisa, mein

Leben lang dankbar. Sie sind echte Profis, deren tägliche Pflicht in der verantwortungsvollen Aufgabe besteht, unser Land sicher zu machen. Ich fühle mich geehrt, sie kennengelernt zu haben, und es war mir ein Vergnügen, mit ihnen zusammenzuarbeiten.

Der Wechsel vom Amateur-Doppelagenten zum uniformierten Mitglied des Militärs war für mich ein gewaltiger kultureller Schock. Zum Glück hatte ich ausgezeichnete Mentoren und Freunde, die mir in der Übergangsphase halfen. Dieses Projekt wäre nie zustande gekommen, wenn mein guter Freund und Schiffskamerad Jake L. mich nicht angespornt hätte, über meine Erlebnisse zu schreiben, und mich nicht mit meiner Literaturagentin bekannt gemacht hätte. Meinen innigen Dank auch an die Navy-Werber Lino Covarrubias und Juli Schmidt, die mir halfen, meinen Traum zu verwirklichen, und an meine Mentoren bei der Navy John B., Tony A. und Mark W., die mir zeigten, dass ein guter Führer immer auch ein guter Lehrer ist. Zu den unbeabsichtigten, positiven Nebeneffekten meines Eintritts in die Navy zählte, dass ich Freunde kennenlernte, deren Humor und Unterstützung lebenslange Bande knüpften: John W., Charles A., Dan M., Chris F. und Kris C., um nur einige aus einer langen Liste zu nennen. Dazu zählt auch Doug K., ein Mann, der sich selbst als »der spanische George Clooney« bezeichnet und den ich einen Freund nenne, vor allem deshalb, weil die Alternative geradezu unerträglich wäre.

Das Buch wurde sehr stark von zwei außerordentlich tüchtigen, technischen Beratern unterstützt: von Frank Figliuzzi, dem ehemaligen Vize-Direktor des FBI für Spionageabwehr, und Captain Gary Barron, aus der Führung der Nachrichtengemeinde der Marinereserve. Das sind die Männer, die einfach alles wissen.

Schließlich danke ich Alice und Stuart Brent für sämtliche wertvollen Vorschläge und Einblicke. Ganz herzlichen Dank an Nancy, Mark,

Alice und Adam für ihre Freundschaft. Wie immer möchte ich meinen Eltern Claude und Naseem Jamali, die mich immer unterstützt haben, dafür danken, dass sie dieses lange Abenteuer ins Rollen brachten, indem sie als Erste die Russen in unser Leben holten.